教育部人文社科规划一般项目“培养学生公民意识的学校生活建构研究”（11YJC880158）项目成果

道德选择与
道德教育的现代性危机

张夫伟◎著

Moral Choice and Moral Education's Modernity Crisis

中国社会科学出版社

图书在版编目(CIP)数据

道德选择与道德教育的现代性危机 / 张夫伟著. —北京：中国社会科学出版社，2014.4

ISBN 978-7-5161-4160-1

Ⅰ.①道… Ⅱ.①张… Ⅲ.①德育-研究 Ⅳ.①G41

中国版本图书馆 CIP 数据核字(2014)第 073507 号

出 版 人　赵剑英
责任编辑　任　明
特约编辑　乔继堂
责任校对　安　然
责任印制　李　建

出　　版　中国社会科学出版社
社　　址　北京鼓楼西大街甲 158 号（邮编 100720）
网　　址　http：//www.csspw.cn
　　　　　中文域名：中国社科网　　010-64070619
发 行 部　010-84083685
门 市 部　010-84029450
经　　销　新华书店及其他书店

印刷装订　北京市兴怀印刷厂
版　　次　2014 年 4 月第 1 版
印　　次　2014 年 4 月第 1 次印刷

开　　本　710×1000　1/16
印　　张　12.5
插　　页　2
字　　数　207 千字
定　　价　55.00 元

目　录

导　论

哲学是一种没有任何启示的信仰，它呼唤着同道者。它不是迷途中的一个客观的路标，一个人们只是以为能够实现自我的可能性。但它却敢于尝试为着超验的目光将此在（dasein）中之在（sein）彰显。在一个一切都变得可疑的世界，虽然我们没有一个明确的目标，却在用哲学找寻方向。

——［德］威廉·魏施德：《通向哲学家的后楼梯》

哲学在最初因以获得其名称的追求智慧的工作，逐渐退居于幕后。因为智慧与知识不同，智慧是应用已知的去明智地指导人生事务之能力。哲学现在所处的困境之原因是：有用的知识越增加，哲学则越忙于完成其与人生无关的任务。

——［美］杜威：《人的问题》

一　研究的缘起

现代人正在遭遇一个价值多元的社会。多种价值的共存且相互分歧和冲突已经成为公民现实生活的常态，“我们生活在一个剧变、动荡和革命的时代，我们的生活方式、人生哲学都有了激变。我们目睹古老文化传统的碎裂以及完全不同的思想流入。我们得在一个全球性通讯的以及无止境的思想多元化的世界寻求我们自己。我们被卷入种种不同的世界观相互冲突的旋风里，我们渴望对这个世界及我们自己有更深刻的理解，却不知道何去何从。”① 可以说，现代性使公民遭遇到从未有过的生存处境和价值冲突，道德选择从未像现在这样如此复杂，如此充满不确定性，成为一个

① ［德］孙志文：《现代人的焦虑和希望》，陈永禹译，生活·读书·新知三联书店1994年版，第1页（自序）。

令人困惑且无法回避的根本性议题。但无论如何，人们必须作出自己的道德选择，因为选择是人无法逃避的宿命。人正是在选择中体认自我、建构自我与完善自我的。维护个体的选择权利是现代公民较为重视的。同时，追求自由、民主和平等的现代社会对公民自由和权利的强调和捍卫也为个体多元化的道德选择提供了合法性依据。于是，基于自己的生活立场与价值旨趣进行选择，是传统社会中的民众所无法想象的，现在则成为现代公民的基本权利和生活常态。

然而，在充分享受自由选择所带给自己的巨大解放与无穷乐趣的同时，人们似乎有点“忘乎所以”了。人们只是沉浸在自由选择所带来的愉悦之中，只知道选择的自由是人不可剥夺和侵犯的权利，并继续为争取更大的选择空间、更多的选择机会、更好的选择条件而孜孜努力、不懈奋斗。但选择什么样的生活才是正当的、合理的，成为什么样的公民才能更好地展现人的品性和尊严变得越来越不重要，即道德选择的道德维度越来越逃离了人生活的视野。进一步来说，似乎选择仅仅是为了选择，选择仅仅来证明个体的权利和自由，选择权本身成为最重要的了。个体的道德选择不再是为了追求更好的、更值得过的生活。人活着的尊严也仅仅在于你有无选择的权利。关键在于你有没有选择，而不管你选择了什么和怎样选择，这是现代公民的旨趣和追求。仅此而已吗？这就足够了吗？如果道德选择仅仅演变成一种自由选择，如果现代公民仅仅看重选择的自由，那么生活的意义维度何以体现，人性的提升完善何以体现？“当我们从各个方面更为广泛地体验非道德化——在道德从日常生活中被剥离后的感受，我们一定会感到自己已经迷失了方向：尽管很富有，却令人沮丧地无法拥有幸福。”①

道德选择的困境就是生活的困境，就是人存在的困境，意味着人的意义世界和精神家园陷入了困境。尽管很有可能走不出困境，但人必须正视道德选择的困境。对此情况，现代道德教育能做什么，应该做什么，我们需要道德教育做什么，此类问题道德教育无法且不应回避。可以说，现代公民个体道德选择困境的缓解，教育的力量无法否认，应该说至为关键。面对现代公民道德选择的困境，现代教育和道德教育不应带着无奈、无能为力的态度漠视现代人所信奉的价值，所作出的选择，也不应带着无批

① ［英］R. W. 费夫尔：《西方文化的终结》，丁万江、曾艳译，江苏人民出版社2004年版，第6页。

判、无反思的态度认可或附和现代人的道德选择。然而现代道德教育在很大程度上偏离了或背离了自己的精神教化本性，从而不仅未能较好地引导人的道德选择，使选择向着道德自我的生成与完善，反而在很大程度上推波助澜，加剧了人在道德选择上的困境：道德选择未能实现人性的提升与完善，反而导致了人性的迷失、扭曲或堕落。换句话说，道德选择失去了“道德的”向度，而单纯变成了自由选择。道德教育虽然高度重视人的选择权利的保障和选择能力的培养，但此种选择无助于公民德性的生成，无助于公民对美好生活的追寻，无助于公民对意义世界的建构。从教育世界里走出来的人呈现出物欲化与私己化的倾向与特征，缺失人之为人的气质与品性。他们在纵欲与偏见的支配下放弃了精神的提升与心灵的净化，却醉心于财富、金钱、感官刺激、权力与地位之中，盲目且又贪婪地追逐着想要的东西，从而不再去追问与洞察何为真正的自我，自己真正喜欢做的是什么，真正需要的是什么。他们对生活与生命缺乏敏锐的感受力与洞察力，对自己的内心世界与精神生活缺乏热情，缺乏爱，缺乏省思，对公共生活、公共事务与公共福祉漠不关心，熟视无睹，认为这些与个体的生成与完善无关，个体可以飘离于这些东西之外。除了沉迷于现实利益之中，醉心于享乐与消费之中，满足于平庸地活着，他们似乎别无所求，也不应再有所求，以为这就是真正的生活，这就是生活的意义与价值所在。可以说，他们的心灵处于麻木状态，精神处于封闭状态，思想处于禁锢状态。公民个体生活和人类生活陷入盲从、混乱、无序、空虚、迷惘甚至绝望之中。

人最大的无知是不自知。道德教育最深刻的危机亦是其不自知。人性的拯救与追寻，社会的和谐与有序呼唤道德教育的自醒与新生。担负启蒙与教化使命的道德教育必须先启蒙自身。回到思想的原点，去追思什么是我们需要的道德选择，什么是我们需要的教育，是道德教育启蒙的必需。在我们看来，只有向善的生命才是真正的生命，只有向善的选择才是真正的道德选择。道德选择应导向成“人”之路，如此道德选择方可以称为是“道德的”选择，具有道德的意蕴。而道德教育则理应引导人选择合乎道德的生活，促进人性的提升与完善。于是，对于探究人之存在和命运，关乎人之生成和发展的教育和道德教育而言，如下问题是值得认真思考与深入探讨的：道德选择对于人究竟意味着什么？现今的道德教育为人的道德选择做了些什么，应为人的道德选择做些什么，又能为人的道德选择做些什么？怎样才算是学会道德选择？道德教育如何引导人的道德选择走向展现人性的丰富与美好之路？……此类问题直接关乎道德教育的本性与使命。为此，道德教育应走上深刻的反思与艰辛的探索之路，探究道德的真谛，寻求生活的真相，追问教育的本性，给自己一个合理正确的定位，从而捍卫自身的尊严，践履自己的使命，这是道德教育应尽的义务，也是其未竟的事业。

道德选择作为人存在的根本性方式，在很大程度上可以反映出现代公民的生活处境和现代道德教育的存在状况。而道德教育的根本任务，在很大程度可以说是引导人学会选择。在此意义上，道德选择与道德教育具有本体论上的联系。因此，本书借助于道德选择这个靶子作为切入点来思考教育、人、生活的问题，或许可以帮助或促使人们更深刻地追思人的本性问题，更深刻地探究教育和道德教育的本性和使命问题。而这种思考的方向与探究的努力对于教育研究和教育实践来说是有一定的启迪意义的。

人性是复杂的，道德是复杂的，这自然决定了道德教育的复杂。为此，我们对问题的分析一定要具有一种复杂性的视野，避免简单化的取向。简单化的思维方式不仅不利于问题的思考与探究，反而会遮蔽或阻碍我们对问题的思索，如同昆德拉所言："简化的蛀虫一直以来就在啃噬着人类的生活；即使最伟大的爱情最后也会被简化为一个由淡淡的回忆组成的骨架。但现代社会的特点可怕地强化了这一不幸的过程。人的生活被简化为他的社会职责；一个民族的历史被简化为几个事件，而这几个事件又被简化为具有倾向性的阐释；社会生活被简化成政治斗争，而政治斗争又被简化为地球上仅有的两个超级大国的对立。人类正处于一个真正简化的漩涡之中。"① 目前，教育研究领域中也广泛存在着简单化的倾向。因此，本书的分析与探讨为了尽可能避免使复杂问题陷入简单化、片面化的误区，力求保持追问的虔诚与言说的审慎，而这也正是教育哲学研究的基本要求。当然我们的虔诚和审慎依旧无法避免问题分析的简单、肤浅和片面，甚至陷入错误乃至荒谬的地步。怀着对人之生命的尊重与敬畏，怀着对教育和道德教育的虔诚和守望，我们以道德选择为切入点展开对道德教育、对生活、对人的追问与探究，以求通过对道德选择问题的探讨来促使人们更进一步地认识现代性教育和道德教育的生存处境和时代使命，不断

① ［捷克］昆德拉：《小说的艺术》，董强译，上海译文出版社 2011 年版，第 22 页。

探寻和趋向本真的教育和道德教育。

二 研究现状及其不足

关于道德选择问题的探讨不仅在教育领域是个重要话题，在哲学、经济学和社会学领域中也都是一个比较重要的研究议题。在道德教育领域中关于道德选择问题的探讨是比较丰富的。下面就从不同的研究视角，即主要从社会学视角、心理学视角、教育学视角和哲学视角四个方面来对已有关于此问题的研究作一简要阐述。

社会学视角中的道德选择。比较有代表性的是吴康宁的《教会选择：面向21世纪的我国学校道德教育的必由之路——基于社会学的反思》一文。论者从社会学的视角来分析，突出人的选择问题，强调学校道德教育必须关注学生的选择问题。文章指出21世纪是选择的世纪，选择的世纪需要选择的人。选择将成为21世纪的中国人在价值生活（包括道德生活）中的一种日常行为。因此，传统的学校道德教育培养的顺从型学生，无法适应社会发展的趋势，学校道德教育应树立新的角色定位——教会选择，即教学生学会自己选择道德取向。教会选择既是选择的世纪对学校道德教育的一种根本期待，也是选择的学生对学校道德教育的一种根本需求。达成这一目标需要学校和道德教育工作者至少具有四个方面的思想素质，即更新的观念、开放的精神、民主的作风与反思的意识。孙晓丽的《让学生学会道德选择》、何欢的《试论“学会选择”的道德教育》和吕修军《学校德育从强迫服从走向教会选择》、张爱国的《教会选择——析学校德育对社会现实的适应和超越》等论文虽从不同的方面探讨了这一问题，但究其实质，基本都未超越吴文思想的视野，可以看作是对吴文的进一步阐释。

心理学视角中的道德选择。何建华在《道德选择论》一书中分析了道德选择的心理机制，指出道德意识是道德选择的目标和方向；道德图示是其心理制约机制；良心是其心理控制要素。马向真在《道德选择的心理分析》一文中指出道德选择是内外自由耦合作用的结果，其主要的心理机制是道德判断力和自我意识。通过对道德选择的流程进行信息加工分析，可以进一步理解道德选择的具体过程。另外还有孟昭勤的《论道德选择的心理基础》、高兆明的《道德行为选择中的德行成本分析心理》等。

教育学视角中的道德选择。提教育学的视角或许有些牵强，我这里主要是指对道德选择问题的分析，主要是立足于道德教育内部来探讨的。蔡志良的《灌输与选择的整合：道德教育的基本原则与方法取向》指出，灌输和自由选择是现代中西方道德教育的基本思路和原则，它们各具优点和缺陷，具有很强的互补性。道德教育的基本原则和方法应该以学生自主选择与教育者灌输引导的有机结合为取向。冯建军的《自主选择性道德人格：主体道德教育的现实目标》以主体道德教育为立论点，强调主体道德教育是21世纪我国道德教育的必然走向，其现实目标就是要培养自主选择性道德人格。自主选择性道德人格与被动服从式道德人格相对，其本质特征是自主性和选择性，主要包括自主选择意识、自主选择需要、良好的道德直觉和自主选择能力。自由自主的选择必须以每一个道德个体的自主选择意识、自主选择需要及良好的道德直觉和道德判断能力、坚定的自主选择信念和勇气为基础。另外，还有李耀臻的博士论文《大学生道德选择教育研究》（华中科技大学，2006年）、李慧玲的硕士论文《教会学生道德选择——当代我国学校德育的重要使命》（华中师范大学，2008年）、徐丽艳的硕士论文《多元文化背景下我国青少年道德选择能力培养研究》（华中师范大学，2009年）、司有平的《德育过程不是个体的自由选择——关于道德和道德教育的几点思考》、王磊的《正确引导学生选择道德行为》、李先军《试论学生道德选择能力的培养》等研究成果。上述研究成果大多数侧重把道德选择看做一种能力，着重探讨学生道德选择能力培养的必要性和可行性。

哲学视角中的道德选择。哲学史上关于道德选择问题的探讨是丰富的。古希腊三哲的哲学思想和教育思想的根本就是要使人学会正确的道德选择，选择善的生活。亚里士多德将选择看作人活动的两个根本要素之一。康德宣称人的道德选择应服从善良意志，遵循心中的道德律令。功利主义则主张人的道德选择应遵循功利的原则，趋乐避苦。存在主义哲学家克尔凯郭尔和萨特则从本体论的角度论述了选择，将选择置于前所未有的高度，存在即选择。国外学者巴恩斯在《冷却的太阳》中专门探讨了存在主义伦理学视野下的选择问题，详细区分了伦理存在的选择与非伦理存在的选择，并强调可以抽象地论证出人们应作出伦理的选择。西方自文艺复兴和启蒙运动以来，尊重和保障个体选择的权利和自由成为社会发展的追求之一。当今的政治哲学流派，无论是自由主义，还是社群主义和保守主义，尽管其在许多观点方面存在着诸多分歧，但皆非常重视选择对于人存在的价值，形成了不同的关于道德选择的理论和主张。在教育领域，金生鈜在《规训与教化》一书中指出生活的主题永远是选择的，选择是人的责任，因为选择是走向存在的唯一方式。正是通过选择，人成为了“这一个”人。就其实质而言，选择是过什么样的生活的选择，也就是成为什么人的选择。选择决定了生活的伦理性，意味着生活将导向何方。在现代性自由的条件下，选择本身构成了教化的条件。这些观点深化了对道德选择问题的认识，对于客观分析道德选择问题具有重要的启迪意义。

概括来说，现有大多数研究主要集中在道德选择的必要性以及主体道德选择能力的培养方面，并且大多数研究者都从自由的角度来探讨道德选择问题，进一步深化了自由与道德选择的关系，使人们进一步认识到自由对于道德选择的重要性，加强了对公民自由选择权重要性的认识。不过，道德教育视阈中的选择远非自由所能说明的，还应深入考虑与道德选择相关的其他范畴。进一步来说，大多数研究成果未能将道德选择作为关乎人之生存和人性提升的根本性事件来看待，即从存在论意义上探讨道德选择，从而未能真正触及道德选择对于人存在和生活的更深层次的意义。仅仅将道德选择作为一种具体行为来探讨，未能从人性成长与提升的视野来看道德选择对于存在的根本意义，自然无法入思道德选择与人的精神世界和道德生活的深层关系。而当从哲学的视角来探讨道德选择的规定性时，道德选择实质上是人实现自我提升与人格完善的根本方式。因此，本书关于道德选择的探讨，不是将其界定为人们日常生活中所说的具体个人在某种具体情景下的选择行为，而是将道德选择看做人追寻和建构本真自我的根本方式，这是本书的一个根本观点。在我们看来，道德生活的主题是选择，道德选择决定了个体的生活旨趣和人生追求。人正是通过道德选择，建构自我，创造自我，生成自我，并使自我与他人、社会和世界发生联系的。成人之路即选择之路，人正是通过道德选择而成为“人”。这决定了我们对道德选择问题的探讨自然放在了生活本体论的视野之中。在道德教育的世界里，每个受教育者都是自由自主的个体，都有权利选择自己的生活方式，决定自己的生活方向。只不过道德教育的本性决定了其把人的道德选择引向善的方向，即有利于展现与提升人性的方向。

在这里，我们有必要指出价值观的选择与本书所强调的选择之间的区别。关于价值观的选择同样是道德教育关注的重要问题。价值多元社会为人们提供了各种各样的价值观，人们自然要在各种价值观之间作出自己的选择。但价值观选择可以不具有道德的关怀，当然也可以抛弃一种道德的选择。因为价值观的问题不仅仅是道德领域所独有的，各种各样的价值观存在于人类的经济领域、政治领域和文化领域。在这些领域里，人们的选择固然要考虑道德的因素，但这种选择可以不涉及人对生活意义的追寻，可以不涉及人的生成问题。而我们所探讨的道德选择是从生活意义的角度切入的，是从人之为人的角度切入的，这自然决定了道德选择必须要进行价值的探寻和问责，必定要去反思什么样的道德选择才是向着恢弘与提升人性的，与自我的内在本性相适合的。

可以说目前在教育和道德教育领域，从哲学的视角对道德选择进行深入分析的研究还相当薄弱。这一方面是由于实证主义的研究模式主导着当前教育研究的格局，只关注事实、不探讨应该，将价值与意义问题悬置起来，因此，以探讨价值应然为旨趣的教育哲学研究则处于一种比较弱势或边缘的尴尬处境；另一方面是由于道德选择的确是一个不好把握、不容易分析的复杂问题。而道德教育不仅要关注教育实践已经做了什么和在做什么的问题，更根本的是要关注教育实践应当做什么的问题，即道德教育必须关涉什么是好教育的问题，而此类问题恰恰是教育哲学得以安身立命的问题。教育哲学根本上探讨的是价值应然的问题，守护的是教育理想和教育智慧。教育哲学是对教育实践的反思，是对现实的与可能的教育实践的条件及可能性的反思，并在此基础上追问究竟什么是好的教育，什么是好的生活，什么是好人与好公民，而这些问题恰恰引领着道德教育的发展，体现了教育的本性。因此要想深刻地分析道德教育在人选择上的“无为”与“有为”，克服现代人在道德选择问题上的认识不足与实践缺失，从哲学的视角进行追问与考究是不可或缺的，是不得不为之且理应为之的。

三 基本结构

第一章“道德选择的不可避免”主要探讨了道德选择之于生活与道德教育的价值和意义。道德选择自古以来就是道德教育的主题，而在价值多元的现代社会语境下，道德选择更是成为道德教育关注的重要话题。选择是人与动物的根本区别之一，而道德选择则是提升与恢弘人性的根本方式。道德选择是自由选择和向善选择的有机结合，从根本上决定了生活的方向，见证着生活意义的追寻。生活意义的展现体现在人不断追问什么是美好生活的过程中，每个人在追问的过程中选择与自我本性尽可能适合的生活方式。而以精神教化为本性的道德教育关注的选择应是“道德的”选择，而非仅仅是自由选择。道德选择与道德教育具有本体论上的联系。

第二章“非道德的选择：现代性道德教育的困境”主要探讨了处于困境中的现代人的道德选择、现代性道德教育及两者的关系。立足于现代社会和现代性道德教育的背景，从现代社会所呈现出来的三个主要特征即道德相对主义的盛行、欲望的泛滥和工具理性的僭越入手分析了现代人道德选择的困境：道德选择缺失了道德的关怀与意蕴。确切来说，现代人的道德选择不仅未能促进道德自我的生成，反而在很大程度上弱化甚至是取缔了个体的精神建构，诱发了自我本性的迷失。而在道德相对主义、欲望主义和工具理性三者合力作用下的道德教育则背离了精神教化的本性，或变成价值中立的道德教育，或变成娱乐化的道德教育，或变成工具化的道德教育，结果不仅未能保证道德选择具有道德的意义，使道德选择成为合乎道德的选择，反而在很大程度上加剧了道德选择的道德意义的阙如与迷失。迷失本性的道德教育无法引领人的道德选择通向道德自我的完善，通向意义世界的建构，从而导致了人性的迷失甚或是堕落。现代人存在的非精神化、价值追求的平面化和人性的庸俗化，现代性道德教育难辞其咎。身陷困境的现代性道德教育亟需一场深刻的反思与觉醒。

第三章“道德选择的教育视阈”主要探讨了道德选择具有教化的价值，必须置于一定的教育视阈中。自由仅为道德选择提供了前提和可能，无法保证道德选择的合乎道德性。生活中构成性善的价值不仅为人提供了道德选择的背景，还从根本上决定着道德选择的方向。正是在追求善的过程中，人的道德选择才能建构道德的自我。善的价值构成了道德选择的教育视阈。道德教育只有在问询善的过程中才能引导人选择向善的生活。价值引导与自由选择构成了道德教育的实践。选择的自由是道德教育的前提，价值引导则是道德教育的根本方式。价值引导与个体选择的自由始终处于张力之中，道德教育在张力中前行。

第四章“德性教育：学会道德选择的合理路径”指出德性教育是道德教育引导人学会道德选择的根本途径。现代社会和道德教育所出现的种种困境充分反映了规范作用的乏力与低效甚至是无效，德性的回归与复兴成为合理之路。德性教育是在规则教育基础上的超越，是道德教育本性的根本体现。德性保证了道德选择向着人性提升的方向，使人过一种合乎道德的生活。有德性的生活就是善的生活。传统社会的德性思想，如儒家和亚里士多德的德性思想并未过时，仍值得今日道德教育从中汲取诸多启迪。现代社会仅将德性生成看作私人之事是不正确的，公共生活是德性生成和价值显现的必要条件。回归生活世界是道德教育的根本理念，但回归生活绝不是要附和于日常生活，而需保持超越的品性。德性教育本身即好生活。

道德教育永远充满着未知与可能。未完成的追思说明对教育和道德教育的思考，是没有止境的，是永远开放的。但不管如何，在善的问询下，引导人选择合乎道德的生活应是道德教育的内在要求和根本使命。道德教育使命的践履需要其保持对理想的捍卫与守护，而这也体现了道德教育的超越性。我们对道德选择的思考，对道德教育的思考，对人和生活的思考，只是体现了一种可能。在可能中思考，思考出来的也仅是一种可能。

四　本书的研究方法及预期创新之处

我是学习教育哲学的，也是喜欢学教育哲学的，因此对问题的分析自然力图从哲学或教育哲学的视角来介入。

批判是教育哲学保持生机与活力的根本方法，亦是其基本立场。没有批判，教育哲学就无法体现其价值，发挥其作用。正如乔西亚·罗依斯所指出的那样："当你批判地思考你在世界上所做的事情时，你便在从事于哲学思维。当然，你所做的事情首先是过生活。过生活牵涉到情绪、信仰、怀疑和勇敢。批判地研究这些东西的意义和涵义，这便是哲学。"①批判不是漫无目的地探讨，亦不是无病呻吟地言说。批判意味着对现实幻象的审视，对既定片面观点的宣战。批判标识着不盲从不轻信的态度，体现着对真理的虔诚和敬畏，对智慧的热爱和探寻。教育哲学对问题的批判更多的是发问、拷问与追问。教育哲学的目标不是直接解决问题，但却在根本上有利于人们较深刻地去认识问题和分析问题。且教育哲学对问题的批判，不是脱离于现实的，依旧是关照现实教育世界和教育生活的。批判总是针对现实中问题的批判。然观照现实并不是融入现实，附和现实，听命于现实。教育哲学无法融入现实，更不应附和、听命于现实。融入现实的教育哲学导致的往往是批判本性的隐退，追问精神的消失。教育哲学总

① ［美］杜威：《人的问题》，傅统先等译，上海人民出版社1965年版，第13页。

是与现实的教育实践保持必要的张力。教育哲学根本上是超越于现实教育实践的，对现实的超越恰恰保证了其对现实作用的展现。其对教育实践的作用方式更多地采取引领、审视、警示、启迪、鞭策等方式。值得强调的是，教育哲学的批判亦包括对研究者自身的批判，不断地反思自己的学术立场，不断地检讨自己的学术主张。任何一种学术立场都不可能是绝对正确的，而必然存在着某种局限性和不合理性，亦即任何研究都存在着一定的代价意识和危险因素。只有不断地反观自身，意识到自身研究的局限性和片面性，才能更好地使教育哲学研究观照现实教育世界，透视教育问题，也可更好地促进教育哲学自身的发展。

历史与逻辑相结合也是教育哲学研究所经常遵循的方法。问题在历史中孕育、展开与延伸。借助于历史的维度，通过问题出现和发展的历史脉络的钩沉，我们可以较深刻、较全面地认识问题，把握问题的实质。当然，历史的分析并不是对历史材料的简单罗列、编织与复述，而是通过历史的分析来透视问题如何一步步演化与发展的，为什么会呈现出现在这样的基本态势，在其过程中延续了什么，抛弃了什么或背离了什么。现代社会诸多问题的出现决非一蹴而就，而是一个不断发展、不断累积的过程。不仅如此，历史的视野还可以为我们提供一个参照系，形成一种古今对比，由古观今、由今看古，从而更深刻地观识现代生活和现代社会的基本处境。不断地向后看，不断地反观历史，根本上还是为了更深刻地观照现在，审视现实，从而更好地向前看。艾伯特·赫希曼在《欲望与利益》中说："人们能够祈求于历史的，尤其是思想史的，很可能是：不是消除争议，而是提高争论的水平。"① 本书对道德选择现代性困境的分析，对德性的探讨基本上遵循了历史与逻辑相结合的方法。传统社会的德性及其教育思想，尤其是亚里士多德的德性伦理学思想，依旧值得现代道德教育从中汲取许多有意义的养料。

另外，值得指出的是，问题的研究总是与自我的生活经历、自我对生活的感悟联系在一起的。因为是我在研究问题，问题在我的视野里。我走进了问题，问题也走进了我，走进了我的生活。只有这时，问题才与我发生了联系，问题成为我的问题。在此意义上，我们也可以说问题研究本身就成为自我生命的一部分，对问题的研究成为自己的生活方式、存在方

① ［美］艾伯特·奥·赫希曼：《欲望与利益：资本主义走向胜利前的政治争论》，李新华、朱进东译，上海文艺出版社2003年版，第125页。

式。研究者的研究就是研究者的生活。不仅如此，在很大程度上似乎可以说研究问题就是研究自我，就是直面自我，我也成了问题，成了研究的构成部分。就本书而言，自己和周围人的生活和道德选择经常逼迫我去思考现代公民到底该选择什么样的生活方式，秉持什么样的生活态度，具备什么样的公民德性与公民人格。所以，写作中包含了对自我、对自我生活的反思和批判。书稿对现代人道德选择所呈现出来的特点，自然融入了个体的体验，因为自己同样以现代人的身份置身于现代社会，遭遇现代社会所带来的机遇与困惑，体悟现代性教育和道德教育的存在困境，而不可能逃离这一时代背景。

本书在对道德选择与道德教育现代性危机研究的基础上，在以下方面有所创新：

在研究视角上，本书将道德选择置于道德教育领域的本体论地位，强调道德选择是人存在的根本方式，是人追寻和建构本真自我的根本方式，突破了已有研究就自由论道德选择的简单化思路，回归道德选择的本真面目，凸显道德选择的“道德性”，这便打开了道德教育研究的一个新视野，有利于深化对道德教育本性和使命的认识，还可以通过道德选择来重释和重读道德教育的其他相关基本问题，深化和拓展了道德教育研究，从而丰富了道德教育的理论成果。

在具体理论观点上，本书从政治哲学的视角审视道德选择与道德教育，对道德教育中的一些基本范畴和概念进行了重读和重释。比如，自由仅为道德选择提供了前提和可能，无法保证道德选择的合乎道德性；善的价值构成了道德选择的教育视阈；道德教育是自由选择与价值引导的二重变奏；德性教育体现了道德教育的本性，是学会道德选择的合理路径。

第一章　道德选择的不可避免

现在我们都非常关注自然环境，知道我们赖以生存的自然环境是脆弱的，知道就能力来说我们能够毁灭自然环境，从而毁灭自己的生活，或更确切地说，毁灭子孙后代的生活。然而，我们当中鲜有人认识到所谓的道德或伦理环境。道德或伦理环境是关于应该如何生活的意识氛围，它决定我们的思想——什么可以接受，什么不可接受，什么令人向往，什么令人鄙视。道德环境决定我们对一帆风顺和时运不佳的概念。在与人交往时，道德环境让我们知道该得到什么，该付出什么。它成就我们的情感世界，决定什么事令人骄傲或耻辱，什么事令人愤怒或感激，什么事可以原谅或无法饶恕。它是我们的标准——我们的行为准则。

——［英］西蒙·布莱克本：《我们时代的伦理学》

我们确实相信的是，在这些时代以及在所有的时代，道德教育都是必要的。一个人没有受过教育，是不会成为有道德的人的。无视道德教育的中心地位，或任意地进行道德教育，就会导致我们管理工作的失败；我们这样做是为社会负责，为孩子们的生活负责。

——［美］琼·F. 古德曼、霍华德·莱斯尼克：《道德教育：一种以教师为中心的取向》

人是什么？人的本性是什么？换句话说，就是“人何以为人”或“人以何为人”，这既是哲学探究的永恒话题，也是教育和道德教育关注的永恒话题。卡西尔认为人的自我认识是生命中最首要和最重要的事情，认识自我是哲学探究的最高目标，“在各种不同哲学流派之间的一切争论中，这个目标始终未被改变和动摇过：它已被证明是阿基米德点，是一切思潮的牢固而不可动摇的中心”。① 教育是人的教育，且教育使人成为人。人与教育存在天然的内在联系，对人的本性的认识决定了教育的目的和方向，所以对于教育和道德教育而言，人的本性问题无疑是其予以思考的根本性问题。在我们看来，人借助于道德选择对善的追求与践行而彰显并充实人的本质，实现生命的不断提升与完善。正是通过道德选择，个体把现实性与理想性结合起来，不断完善自己的内心信念并付诸实践，实现道德意义上的人格完善。因此，道德选择自古以来就是道德教育的基本范畴，引导人学会道德选择则成为道德教育的使命和追求。

第一节 选择：人存在的基本处境

选择是人生特有的生存方式。选择是一种对象性的活动。② 作为对象性活动，选择只能为人所有。虽然动物也能从若干选项中挑出其一，但这是本能使然，是被自然决定的状态。而人的选择却是“自由自觉的活动”，它不服从任何自然规律或必然性。同样一种情境，不同的个体往往根据自己的意愿作出不同的选择。

自由主义大师密尔认为人与动物相区别的首要之处既不是其有理性，也非工具与方法的发明，而在于选择，人在选择而不是被选择时才最可能成为自己。雅斯贝尔斯说得更干脆、更直接，即“我选择，故我存在；如果我不存在，我就不选择”。人作为道德的主体，选择性是其根本性特点。道德主体的生成过程就是一个主动选择的过程。关于此点，福柯曾作过专门的研究。主体一直是福柯关注的重要问题，但其关于主体的观点在前期和后期存在很大的差别。在“考古学”和“系谱学”时期，福柯研究的目的是消解主体，并宣布主体已死，而到了20世纪80年代，福柯又进一步深化了对主体的认识，开始从积极的方面来认识主体，分析主体的自由和解放问题，提出了自我照看的伦理是一种自由的实践。他认为人成为主体有三种模式：（1）赋予人一种科学地位，通过知识的方式，使人成为说话的主体，劳动的主体。通过这种模式形成的主体可以称为知识主体或科学主体。（2）“分离实践”，即将人进行分隔，通过权力的方式实现自己同自己、自己同他人的分隔。人和人的分隔，导致了不同的主体类

① ［德］恩斯特·卡西尔：《人论》，甘阳译，上海译文出版社1985年版，第3页。

② 韩东屏：《论道德选择的所指、前提、责任与方式》，《河南社会科学》2012年第4期。

型，如疯癫和正常人。通过这种方式形成的主体可以称为权力主体。(3) 人使自身变为主体的方式，可以称为伦理主体。前两种模式都是人被动地成为主体的，唯有第三种是个体主动地成为主体的，是自我主动选择的结果。伦理主体通过自我技术来创造自我，生成自我，发展自我。伦理主体是主动性的、选择性的，而不是被动性的、服从性的。这种主体既不屈从于各种现代权力，也不屈从于这种权力施加于他的各种真理、法则和同一性，不屈从于国家对个体强制而巧妙的设计，而是自我主动选择、积极创造的主体。正是由于福柯对主体观点的转变，所以他认为当今哲学的主要任务可能不是发现我们之所是，而是去拒绝我们之所是。我们应该去想象和构造我们可能之所是。我们应该通过拒绝几个世纪以来的强加于我们的个人化，实现主体的转变。这种转变，在福柯看来，就是实现从屈从性的被动主体变为选择性的主体。

选择是人存在的基本处境，是人无法逃离的宿命。人无法不选择，因为不选择就意味着生命的结束，不选择就意味着放弃了自我，就意味着放弃了做人的权利与资格。选择构成了人的生活，而生活自然是人选择的产物。萨特认为，人的选择是绝对的、无条件的，“我永远在进行自我选择，而且永远不能作为已被选择定的存在，否则，我就会重新落入单纯的自在的存在中去。永远进行自我选择的必然性和我所是的被追求的追求是一回事”。① 人总要去选择且总是在选择的，不选择是不可能的，不选择其实也是一种选择。因此，在他看来，选择创造了人的本质，选择使人的存在成为可能。人存在的价值根本上取决于人的选择。“选择可能是在屈从或不安中进行的，它可以是一种逃避，它可以在自欺中得以实现。我们可以自我选择为逃遁的、不可把握的、犹豫不决的等等；我们甚至能选择不进行自我选择；在这些不同的情况下，目的就在事实的处境之外提出来了，而对这些目的的责任就落到了我们身上：不论我们的存在是什么，它都是选择；把我们选择为‘伟大’和‘高贵’或‘低贱’和‘受辱’的人，这是取决于我们自己的。”②克尔凯郭尔认为在世界中唯有人可以使用存在，而存在就是选择，就是选择成为自己的可能性，“伦理的个人认识他自己，但这种认识不是一种纯粹的沉思（因为那样一来个人就会为他

---

① ［法］萨特：《存在与虚无》，陈宣良译，生活·读书·新知三联书店 1997 年版，第 616 页。

② 同上书，第 602 页。

的必然性所决定)，而是对他自己的反思，它本身就是一种行动，因此我已经审慎地宁愿用‘选择自己’这一术语代替‘认识自己’”。① 人过什么样的生活、选择什么样的生活方式取决于选择本身，是选择本身给人的存在带来了价值。每个人的现实存在都是自我选择的结果，每个人都应选择他自己应走的一条路。在克尔凯郭尔看来，选择是生存着的个体的行动原则，因此选择的行为之实现远远比选择了什么要重要得多。选择的原则是最为重要的，根本的是要去选择、去行动。

在此意义上，选择实际上成了人的代名词，人就是选择中的人，就是选择的存在，这也就是选择的本体论意义。因此，我们可以说对人的研究，也就是对人的选择的研究。如何生活，如何做人，如何做事，归根结底，还是取决于个体的选择。“我们生而为人，这并不足以使我们成为人；我们活着，这并不说明我们进入了人生；要进入人生，必须凭自己的自由意志去设计人生。”② 生活没有现成的或既定的模式和范本，每个人的生活皆理应依靠自己去选择、去创造。本真自我的生成，自我生活的设计与践行，只能取决于个体的选择。在这种意义上，我们完全可以说生活就是选择，选择就是生活。选择是生活的呈现，是生活的见证，是生活的主题。再进一步讲，也可以作此结论：人因选择而存在，选择是人的存在特质。一个被剥夺了选择权利的人也就丧失了追寻他自己、成为他自己的条件和资本，其实也就是丧失了人之为人的尊严与权利。尽管一个人的一生可以是完全在别人的支配下生活着，但严格意义上来说，我们不能说这种生活是人的生活。“如果一个人不能再进行选择，而只能无意识地和不可避免地从一个行为过渡到另一个行为，那么，他就可能不是一个正常的人，而是一个强迫性神经官能症患者。”③

第二节 道德选择：人存在的根本方式

一 道德：人的构成性因素

人生活的过程，就是成为人的过程。生活的根本问题就是做人的问

① 王平：《生的抉择》，商务印书馆2000年版，第121页。

② 邓晓芒：《灵之舞——论中西人格的差异性》，东方出版社1995年版，第252—253页。

③ [美] 阿拉斯代尔·麦金太尔：《伦理学简史》，龚群译，商务印书馆2003年版，第81页。

题。“做人是伦理学最根本的维度，是做事的伦理意义的根据。如果不以做人为最终根据，那么任何一件事情都可以具有‘道德价值’。”[①] 做人的过程就是在道德价值的引导下和追求中不断生成和创造的过程，而成人就是成为有道德的人，而不是非道德的人，更不是不道德的人。赵汀阳指出：人的概念必须在能够表达出人的独特价值时才是有意义的。显然，只有道德才能表达出人的特殊性，才能表达属于人的独特生活问题。最合适的人的概念是“道德人”而不是“生理人”，甚至连社会科学一般都喜欢的“经济人”概念也并不能准确表达人，因为动物行为其实更符合经济的选择。生理人只能表明人的自然行为，却不能表达社会行为，更不能表达人的精神价值。人因道德行为而成为人，道德行为使人的概念具有可识别特征。人本身不是目的，人为自己创造目的，人的目的就是由生理人做成道德人。[②] 若离开了道德的追求，人将无法成为人，他既无法让自己有尊严地活着，也无法使他人有尊严地活着。查尔斯·泰勒认为用中性的概念来定义自我脱离了所有本质的问题框架，自我只能是存在于道德问题中的某种东西，自我是在道德空间中存在和发展的。正是在此意义上，我们说选择首先和根本上都应考虑伦理或道德的向度。失去了成为道德的机会，也就失去了成为自我的机会。康德之所以把道德看得高于知识，强调实践理性的根本性，主张实践理性优先于理论理性，根本上源于人自我认识的需要。康德关心的核心问题就是人的问题。知识在本质上体现的是人与自然界之间的连续性关系。因此，人如何从自然界中把自身提升出来，不可能依赖知识的力量，而只能通过道德的自觉。只有道德律才是异于并超越自然律的规定，从而才能标识出人之所以为人的特质。爱因斯坦指出：“人类最重要的努力莫过于在我们的行动中力求维护道德准则。我们的内心平衡甚至我们的生存本身全都有赖于此。只有按道德行事，才能赋予生活以美和尊严。”“仅凭知识和技巧并不能给人类的生活带来幸福和尊严。人类完全有理由把高尚的道德标准和价值观的宣道士置于客观真理的发现者之上。”[③]

---

① 赵汀阳：《论可能生活》，生活·读书·新知三联书店 1994 年版，第 39 页。

② 赵汀阳：《坏世界研究：作为第一哲学的政治哲学》，中国人民大学出版社 2009 年版，第 330—331 页。

③ ［美］海伦·杜卡斯、巴纳希·霍夫曼：《爱因斯坦谈人生》，高志凯译，世界知识出版社 1984 年版，第 83、61 页。

国内相当一部分学者认为，可以设想一个无道德的生活世界，但无法设想一个无生活的道德世界，其意在说明生活对于道德的优先性，离开生活，道德就失去了载体。这固然从一个方面揭示了道德与生活的本质联系，但这种观点从根本上把道德看作是外在于人的，道德仅仅是人存在的工具和手段。这种观点和弗兰克纳对道德的规定同出一辙，他认为："道德的建立是为了人，但不能说人的生存是为了体现道德"，"道德是为了人而产生，但不能说人的生存是为了体现道德"。[①] 他们对道德的理解仅仅停留在工具意义的层面上，这自然会导致这样一种结果：人的生活可以没有道德，道德是外在于人和人的生活的，是与生活相脱离的。这种观点其实是对道德本性的误识。我们不否认道德具有工具性的价值，但道德与生活的关系问题不单纯地是手段与目的的关系。如果仅仅把道德理解为一种谋取利益的工具，或者外在于生活，自然会导致这样一种结果：人类可以无道德地生存和生活。如此，道德与人类生活就成了两个缺乏内在关联性的东西。事实上，道德源于人性，是人性的内在规定。西方学者米尔恩强调没有道德就没有共同体，社会生活也将无法存在，"道德怎么样呢？它贡献于人类生活的是什么呢？究竟为什么必须有道德呢？简而言之就是，没有道德就没有任何社会生活。……假如没有道德及其构成规则，就不可能有任何财产制度，也不可能有任何对承诺的履行。因为两者在每一个人类共同体中都是必不可少的，而人类生活又必需在共同体中进行，所以，假如没有道德，就不会有人类共同体，从而也不会有人类生活"。[②] 我国著名教育学者鲁洁先生强调应把道德理解为生活、生活的方式，并强调在生活中，道德存在于它和生活的方方面面联系之中。道德附着于生活的方方面面，生活的方方面面也都负载着道德，道德作为生活的一个维度，它无所不在。万俊人对"人为什么要有道德"的问题进行了深入分析，他将此问题分成四个相关的伦理学问题："无道德地生活是否可能"、"是否能够成为人的生活方式"、"人为什么应当有道德地行动"、"人怎样做到有道德地行动"和"人该有怎样的道德"。通过对这四个问题的分析，他得出如下结论：当道德成为人类生活的必要条件时，道德或道德的

① ［美］威廉·W. 弗兰克纳：《善的求索——道德哲学导论》，黄伟合等译，辽宁人民出版社1987年版，第95、247页。

② ［美］A. J. M. 米尔恩：《人的权利与人的多样性》，夏勇、张志铭译，中国大百科全书出版社1995年版，第43页。

方式就内在地成为人类生活和生存的一部分，而不是外在于人类生活的某种工具。道德地存在或有道德地生活本身就是文明人类的生活方式。[①] 在我们看来，道德作为人之为人的内在规定性，其与人的生活事实上是无法分离的。道德固然离不开人的生活，道德扎根于人的生活，但与此同时，人的生活同样无法脱离道德，道德内在于人的生活之中。离开道德，人将无法体现人之为人的尊严。道德是人走向成人的不可或缺的根本性因素。有的西方学者甚至认为可以这么说，不是我们选择道德与不道德，而是人类生活本身无法逃离道德的向度，无法摆脱道德的影响和作用。人存在着，就要追寻有道德的生活，以此来实现人性的提升与完善，这是人难以摆脱的宿命。

同时，也要客观认识到，道德性不是人的唯一和全部本性，而只是人性的一个侧面，尽管至为重要。道德并不涉及和规范人的所有行为。生活及其理想要比道德及道德目标更为宽广和丰富。没有道德，人类不可能达到它的目的，道德绝对是一个必要条件，但仅仅追求道德并不能实现人类的希望。我们不能过分夸大道德的价值，也不能陷入泛道德的窠臼之中。

二　道德选择的实质

关于什么是道德选择，尽管不同的学者有不同的认识和界定，但究其实质却没有根本差别。我国伦理学界的老前辈罗国杰先生的界定就很好地诠释了道德选择的实质：“道德选择是一种特殊的社会选择，是人在一定的道德意识支配下，根据某种道德标准，在不同的价值准则或善恶之间所做的自觉自愿的抉择。道德选择是一种价值取向，是人为达到某一道德目标而主动做出的取舍。道德选择是价值观的表现形式，它把人们内在的价值观念、道德品质等心理活动和行为活动的形式呈现给自己或别人。”[②] 道德选择是人类在道德生活中进行的选择，与经济选择、审美选择等其他选择不同，其根本特征是自由的选择和向善的选择的结合，最根本的特点在于对善的追寻，致力于人性的提升与人格的完善。

道德选择是人生选择的根本形式。选择必定是与道德不可分离的。事实上，选择在最初常被用来作为一个伦理概念加以使用，其基本含义是指

① 万俊人：《人为什么要有道德》（上、下），《现代哲学》2003 年第 1、2 期。

② 罗国杰：《伦理学》，人民出版社 1989 年版，第 344 页。

人们“对是或非、善或恶、好与坏的取舍行为”。[①] 但现在选择已经远远超出了伦理道德的视阈而与人的整个社会活动联系在一起。人类社会活动中存在的选择是多种多样的。就选择的内容和性质而言，可以分为政治选择、法律选择、经济选择和道德选择。其中道德选择具有特殊的重要地位，可以看成是最重要、最根本的选择，人类社会所追求和向往的人生价值和理想，比如自由、平等、正义、幸福等，都是通过且只能通过道德选择才得以实现的。

人存在着，就要以人的方式存在着，即人存在着就必定要去做人这一客观事实决定了道德选择的重要性。非道德的选择尽管其在生活中随处可见，并且对人的生存也非常重要。但这些行为较之伦理层面的选择都是次要的，都无法根本体现人存在的价值，决定人生活的方向。只有道德的选择才能从根本上体现人生活的价值与意义。道德根本上是关涉“我应该过什么样的生活”、“我应该成为什么样的人”此类问题的。查尔斯·泰勒认为，当代道德哲学的趋势给道德以非常狭窄的定义，道德只被单纯设想为行为的向导，而不关注善良生活的本性。这既把怎样做是善的，也把那可能存在或喜爱的善，当作与伦理学无关的东西加以排除了。如此理解的道德哲学是责任行为的哲学。但是，道德的内涵不仅在此，道德哲学的核心任务也不仅在此。要正确理解人的道德世界，就必须关注如下的问题，而这些问题无疑也是道德生活中的轴心问题。在他看来，道德更应关注这样的问题：我如何生活，这与什么样的生活值得过有关；或者什么样的生活能实现蕴含在我特殊才能中的希望；或以我的天资要求成为某种人的责任；或形成丰富而又有意义的生活。伦理的选择存在于这样的情况之中，“人是这样一种生物，一旦他对自己提出‘我已将自己造就成什么样的人？我如何评价我所成为的这种人？’这样的问题，那么他就必须做出回答。至此，我们或许可以说，对正当性的证明（justification）采取了捍卫（defense）的形式。如果一个人同时问自己，‘我想成为什么？’那么，他也就将自己委身于一个特定的未来。伦理的选择来自我们对这两种场合永远重复并且不可分割地联系在一起的省察”。[②]

鲍曼指出：“我们说人类生存状况首先是道德存在物而非其他，指的

① 《简明不列颠百科全书》（第8册），中国大百科全书出版社1986年版，第724页。

② ［美］黑泽尔·E. 巴恩斯：《冷却的太阳——一种存在主义伦理学》，万俊人等译，中央编译出版社1999年版，第28—29页。

是：远在被权威地告知何为‘善’、何为‘恶’之前，我们在最初不可避免地与他者相遇时已经面对着善与恶的选择。这也就是说，不论选择与否，依照顺序，我们面对的境况首先是一种道德的问题，面对的生活选择首先是道德的两难选择。”① 他还进一步强调现代社会确实道出了一种客观情况，“更加觉悟到我们的选择的道德特性，更加自觉地面对我们的选择并且更加清楚地看清它的道德内涵”。② 因此，道德选择是最重要、最根本的选择。鲍曼明确指出，事情可能的真相是，道德选择是真正的选择。生活世界作为一个客观事实呈现在每一个人的面前，如何去过，过出什么样的生活，从根本上取决于每个人的道德选择。“因为人是选择者，人自己决定自己整个的生活”③，伽达默尔如是说。道德选择体现了人们的生活志趣、生存状态和生活追求。人在选择的过程中体验生活的价值、洞察生活的秘密，创造生活的可能。一旦人停止了选择，就意味着全部的欠缺对于自我来说已经不是问题，而这事实上也说明自我失去了存在的价值。当人的存在无需选择或者无法选择的时候，人存在的意义就被消解掉了，生活对于人也就失去了魅力。人在道德选择中担负起对自我的责任，对生活的责任。人的生命成长的状态尤其是精神成长的状态在选择中得以体现，道德选择使人关于生命的畅想和生活的梦想落到了实处。

自觉自愿是道德的根本特征，这决定了个体的道德行为必须是行为主体内心意志的自由选择。自由意志是人之为人的根本，是人与动物区分的标志。只有人才有意志，动物只有欲望；只有意志是自由的，欲望则服从生物学的必然规律。失去了自由意志，就失去了做人的资格。正是意志自由赋予人可以在任何事物面前说“是”或“否”，表示接受或者拒绝的自主性，赋予人超越外在环境限制和他人控制的内在力量。正是意志自由决定了人是积极能动的主体，而非被动消极的客体。因此，意志自由是个体道德选择的基础，也是道德得以存在的根本前提。康德强调：“有别于自然法则的自由法则，是道德的法则。就这些自由法则仅仅涉及外在的行为和这些行为的合法性而论，它们被称为法律的法则。可是，如果它们作为

① ［英］齐格蒙·鲍曼：《生活在碎片之中——论后现代道德》，郁建兴等译，学林出版社2002年版，第2页。

② 同上书，第8页。

③ ［德］伽达默尔：《赞美理论——伽达默尔选集》，夏镇平译，上海三联书店1988年版，第10页。

法则，还要求它们本身称为决定我们行为的原则，那么，它们又称为伦理的法则。如果一种行为与法律的法则一致就是它的合法性；如果一种行为与伦理的法则一致就是它的道德性。”① 黑格尔也明确指出在真正的道德中，“任何东西，假如是意识所不知道的，对于意识来说，就该没有任何意义，没有任何力量；一切客观性和全部世界，都已退回到了意识的认知着的意志之中。意识是绝对自由的，因为它知道它的自由，而它对它的自由的这种知识，正是它的实体，它的目的，它的唯一内容”。② 道德选择的本性是以道德主体的身份自己为自己立法，使道德选择成为自我的选择、主动的选择，而不是被迫的选择。而只有基于个体自觉自愿的选择，个体才能对行为负责。当我们考察一种道德选择行为时，首先要考察这种选择的自愿性，看其选择在多大程度上来自外界和他人的压力和强制。

道德选择是以追求善为目的的选择。人的选择都是有目的的，但道德选择与其他选择的根本不同在于它关涉善恶评价。上面我们已经谈到，道德是生活的构成性因素。个体是在道德空间中存在和发展的，人生活的境遇就是道德性的。更主要的是道德可以促进存在本身的超越与完善，可以使人不断超越现在的生活，而追求更好的生活。人的生存可以没有道德，但人的生活无法脱离道德。对道德的追求，可以使人们尽可能生活得幸福，充满创造性和富有意义。美国当代伦理学家蒂洛强调：“我并不试图证明能使一切人都确信他们应该有道德，甚至也不想说有道德将永远符合每一个人的自身利益。但我确实认为，‘人为什么要有道德’这个问题，一般能够这样满意地予以回答：坚守道德原则，能使人们尽可能生活得和平、幸福、充满创造性和富有意义。”③ 道德的价值就是要表明人怎样才能活得像人，以人的方式来照看自我、关心他人，使人以人的方式来选择，选择有价值地生活，使生活充满意义和创造性。而这事实上也就是道德选择的最终目的和得以存在的正当理由。对善的追求是人的生活的内在需要，是促进人的生命潜能得以不断开发的根本方式。

道德选择对善的追求体现了人性的超越性。作为一种道德上的善昭示

① ［德］康德：《法的形而上学原理：权利的科学》，沈叔平译，商务印书馆1991年版，第14页。

② ［德］黑格尔：《精神现象学》（下），贺麟、王玖兴译，商务印书馆1979年版，第125页。

③ ［美］J. P. 蒂洛：《伦理学——理论与实践》，孟庆时译，北京大学出版社1985年版，第30页。

着人们不能停留于现实，而要超越现实的企求，它是一种应然。对于每个个体来说，道德选择是寻找自我与发展自我的根本途径，是完善自我与超越自我的唯一途径，“选择既是一种创造自我的方式，同时也是一种将自我与外界联系起来的方式”。① 人总是走在成为人的路上，渴望与追寻着生命的成长与完善，尤其是精神生命的充盈与提升。而道德选择的实质，从根本上来说就是人不断地超越我之所是，而走向我之所不是，即是从现在的所是走向将来的所是，从现实的自我走向理想的自我，这就是人成为人的过程。道德选择的目的不在于索取物质利益，不在于追求感官刺激，而在于追求道德自我的完善和美好生活的建构。人借助于道德选择对善的追求与践行而彰显与充实人的本质，实现生命的不断提升与完善。正是通过道德选择，个体把现实性与理想性结合起来，不断完善自己的内心信念并付诸实践，实现道德意义上的人格完善。

三　道德选择与生活的意义

人、人的命运和生活的意义一直是哲学关注的核心议题。哲学之存在的根本价值就在于对意义的不断追问。赫舍尔指出做人的秘密在于关心意义，“人的存在从来就不是纯粹的存在；它总是牵涉到意义。意义于恒星和石头来说是固有的一样。正像人占有空间位置一样，他在可以被称作意义的向度中也占据位置。人甚至在尚未认识到意义之前就同意义有牵连。他可能创造意义，也可能破坏意义；但他不能脱离意义而生存。人的存在要么获得意义，要么叛离意义。对意义的关注，即全部创造性活动的目的，不是自我输入的；它是人的存在的必然性。”②

对意义的追问反映了人的“形而上学的冲动”。人的存在是不能脱离意义的，正如蒂里希所言人的存在包括他与意义的联系。只有工具意义和价值来对实在（包括人的世界和人自身）加以理解和改造，人才成其为人。追问意义就是追问怎样生活才有意义的问题，而不是关于人怎样生活的问题。人的存在固然需要正视应当如何的问题，但更重要的是要直面为什么应当的问题。人生活在此世间，不能仅仅是为了活着，即所谓的衣食住行，还理应知道他为什么活着，如何有尊严地活着、有价值地活着，这

① ［美］黑泽尔·E. 巴恩斯：《冷却的太阳——一种存在主义伦理学》，万俊人等译，中央编译出版社1999年版，第137页。

② ［美］A. J. 赫舍尔：《人是谁》，隗仁莲译，贵州人民出版社1994年版，第46—47页。

是关涉人之存在的根本性问题和终极性问题。自然界无法给人提供生活的意义与价值，生活的价值与意义需要人去寻找、去追问。意义和价值是人赋予自身的，并且意义决不可能是固定的。正是不确定性才为人发挥自己的主动能动性、开发自己的内在本性提供了可能。人正是通过个人的生活实践追寻着生活的意义。并且意义的不确定性也决定了人必定要选择一条不断探寻的不归路，拷问生活的意义，反反复复追问这样的问题："人为什么活着"、"人生活的价值与意义究竟是什么"。"意义追寻是人类精神活动的本质。人正是通过精神的建构活动来超越给定的现实，修正无目的的世界，确立自身在历史中的生存意义。"① 对于此类问题的不懈追问暴露了人自身存在的有限性，它在根本上可以解构现实自我虚假的一面，即非本真自我的一面，使那看起来似乎是自足而又不言而喻的生存理由置入被怀疑、被审视的境地。

人之为人的尊严就在于人凭借所特有的反思能力追寻和揭示自我本性，从而具备把自己从自然界提升出来和动物界超越出来的可能性。帕斯卡尔指出："人的全部的尊严就在于思想。""我能想象一个人没有手、没有脚、没有头（因为只是经验才教导我们说，头比脚更为必要）。然而，我不能想像人没有思想：那就成了一块顽石或者一头畜牲了。"② 人对意义的追问就是说明人希望生活得有意义、有价值，而不是仅仅停留在单纯地活着这一层面上。若是如此，人的生活就与物的生活没有分别，这其实就放弃了做人的尊严。"就人与动物的根本区别而言，仅自己'活着'绝非人的真正意义所在，因为它不是人的应有存在方式，人所追寻的必定是比自己'活着'更有意义的意义。人要用这样的意义世界来引导、规约他的物质世界，使一切物质世界的发展都具有人所独有的意义，归属于人的意义世界。"③

人对生活意义的追问的本质不是向生活索取什么，而是他应为自己生活的意义做些什么，这本身就体现了人对生活的负责，对自己生命的负责。由此可见，追问意义是人存在的使命和职责，是不得不为之的事情。存在的意义是人精神生活的根基所在，也是人之为人的理由和根据。离开

① 刘小枫：《拯救与逍遥》，上海三联书店2001年版，第11页。

② ［法］帕斯卡尔：《思想录》，何兆武译，商务印书馆1985年版，第164、156页。

③ 鲁洁：《教育的返本归真——德育之根基所在》，《华东师范大学学报》（教育科学版）2001年第4期。

这一根基，人的精神生活就形同虚设。“意义这个范畴说明，人类生活具有内在性。人类生活既是外在的，又是内在的。外在性说明其条件，内在性说明其根据。非人类生活是不可能有意义的，人类生活是不可能没有意义的，因此，意义便是对人类生活的根本性规定，它使得对人类生活的理解成为可能。”① 不去追问存在的意义，就无法体现人之存在的特性，就无法展现人的本真存在，就无法实现人的自我超越与自我完善。人对自由的追求，人性中各种美好因素的展现，也理应以对意义的追问为基础。

生活问题就其根本来说就是意义问题，人的生存总是蕴含着意义阐释。人总是在为自己的生活寻找更加合理的理由来为生活辩护，不断提出改变现实生活的目前和要求以追寻更有意义的生活，实现生活的不断改进和完善。生活的意义就蕴藏在生活的实践之中，蕴藏在人们的日常生活之中，体现在人们的日常行为之中。人类藉此探询和回答自身的生存及其超越如何可能，生活的超越如何可能。超越的意向或许可以看作是最能证明人之尊严的根本因素。“生活的意义问题不是那种需要或能够给出确切答案的问题。的确，它更像是一则不可或缺的隐喻或是对生活的看法和洞察，从中你可以看出自己正扮演着何种特定的角色，有着哪些合理的期待。这个问题之所以重要，是因为你对它的看法从多方面决定了你未来生活的走向。”② 正是通过对生活意义的追寻，人可以不断发现现实生活的不完善之处，不断地超越和突破束缚或限制自我发展的各种外在和内在因素，从而不断推动自己从自在走向自为，从他律走向自律，从有限走向无限，从实然走向应然。人在追问意义的过程中追寻着自我，改造着自我。意义的追寻和自我的生成是同步同构的。

生活中存在着各种各样的意义冲突与价值冲突，甚至一些冲突是无法解决的，但面对冲突和矛盾，人又不得不作出道德选择，这是无法回避的客观事实，这正是现代社会所呈现出来的突出特点。正是生活中各种价值冲突和矛盾的存在，才为道德提供了存在的必要，“冲突是道德之母。哪里有冲突，哪里就有道德问题发生。在没有任何冲突的时间和地点，道德将会保持沉默或者休眠”。③ 如果生活是规定好的，没有各种价值观念和

---

① 周国平：《诗人哲学家》，上海人民出版社 1987 年版，第 265 页。

② ［美］罗伯特·所罗门：《大哲学：简明哲学导论》，张卜天译，广西师范大学出版社 2005 年版，第 79—80 页。

③ 万俊人：《人为什么要有道德?》（上），《现代哲学》2003 年第 1 期。

道德立场的冲突，只能按照既定的模式去做，那么对生活的意义就无需追问了，其实这也消解了生活的意义。而在冲突和矛盾面前，人无法回避或逃避，而不得不作出选择，并且必须是个体根据自身的情况作出的选择。道德选择是生活中的各种冲突与矛盾寻求化解或解决的必需，反映了个体对生活的态度与追求，折射出其人生志向与生活品位。在这个意义上，我们说道德选择回应了对生活意义的追问与诠释，个体的道德选择决定着生活的方向，决定着自己要过什么样的生活。

尽管人不得不去追问生活的价值和意义，但这绝不意味着生活的价值和意义是确定的。正如弗洛姆所说："生存的意义并没有定论：追求这种定论就会有碍于对生存意义的求索。恰恰是这种生存意义的非确定性成了激励人去拓展自己的人的力量的有利条件。"① 人的生命是一个永远展开的过程，是一个不断生成的过程，是生成着的存在，而不会最终停止于某一确定的状态。生命的本质就是尚未，就是未完成，就是充满着可能性。"妄称自己为我所不是的，这是一种虚伪；但坚持'我现在是什么，就必须是什么'，则是一种限制，是人的本性所厌恶的……人的状态是初生状态，每时每刻都在做出选择，永远不会停滞。"② 当代德国哲学人类学家兰德曼指出："人的非特定化是一种不完善，可以说，自然把尚未完成的人放到世界之中；它没有对人作出最后的限定，在一定程度上给他留下了未确定性。"③ 生活的开放性和生命的未完成性导致了生活中存在着多种多样的生活可能。人是生活在可能世界中的，在可能中追寻自我，与他人共在，与他人共生。既然如此，人的生活没有固定的答案，也没有既定的模式，亦没有任何决定个体生活的社会规律和自然规律。为此，人如何作为？作为理性的存在者，人既不应该毫无条件地接受，也不应该随便附和其中的一个，或者相信什么所谓的命运安排，而理应自己决定自己的命运，利用自己的自由意志从可能的世界中、从可能的生活中作出自己的选择。而且每个自我都在不断的选择中加入许多不确定性的因素，使自我呈现出多样性。

---

① ［美］马斯洛等：《人的潜能和价值》，林方译，华夏出版社 1987 年版，第 108 页。

② ［美］A. J. 赫舍尔：《人是谁》，隗仁莲译，贵州人民出版社 1994 年版，第 38 页。

③ ［德］米切尔·兰德曼：《哲学人类学》，阎嘉译，贵州人民出版社 1988 年版，第 228 页。

生活是过程，现在的生活本身就是生活，它并不是将来生活的准备。生活的意义也必须在现实生活中体现出来。如果人仅仅专注于未来生活的完满，并把现在的一切努力看成是对未来生活的准备，那么他就必然会遗忘现在就是生活，无法珍惜现在的生活，以获得现时生活的充盈。帕斯卡尔说得很透彻："现在永远也不是我们的目的：过去和现在都是我们的手段，唯有未来才是我们的目的。因而我们永远也没有在生活着，我们只是在希望着生活；并且既然我们永远都在准备着能够幸福，所以我们永远都不幸福也就是不可避免的了。"① 生命的意义只有借助于对现实生活的体验才能展现出来。每个生命体都有自己关于生活的体验，每个个体都应当反思自己的生活，走向生命的深处，去体验自己的生活，这对于人的存在是非常必要的。人的道德选择也无法离开对生活的体验，对生命意义的体验。道德选择需要建立在人对自我生命体验的基础之上。体验使意义显现出来，而人的选择则是人对生命意义体验的落实和践行。每个人对生活意义的追寻都离不开自己的亲身体验。体验产生了意义，而道德选择证明了人对生命意义的体验是什么。不仅如此，人对生命意义的体验也必须在人的选择中才能成为可能。人对生命的体验必须在生活实践中，没有生活实践，人对生命的体验就失去了源头，失去了养料。正是在不断的道德选择中，人体验着存在的价值、生命的意义。金里卡认为，即使我们对价值的信仰是不正确的，也不能导致那些有理由认为我们犯了错误的人，可以替我们以正确的价值观生活，以便改善我们的生活。他反倒认为，一个人如果依据自己所不能认可的外在价值生活，他一定不可能过一种好的生活；只有依据自己的价值信仰，由内在肯定的生活才可能是一种有价值的生活。②

价值由选择赋予，选择规定了人的价值，生活的意义就在于人的选择，这是存在主义的观点。在萨特看来，人类最重要的事情是我们能够为我们自己做出选择，人的价值完全是选择的结果，我们正是由我们自己的选择确定了我们的价值。正如其所说："我们发明价值，无非是意味着：生活并没有什么先验的意义。在你经历它之前，生活什么都不是，但它正

① ［法］帕斯卡尔：《思想录》，何兆武译，商务印书馆 1985 年版，第 83 页。

② Will Kymlicka, Liberalism and Communitarianism, *Canadian Journal of Philosophy*, Vol. 18, 1988, p. 183.

等着你给它一种意义。除了你所选择的这个意义外，价值什么都不是。”①照此看来，价值是单纯个人的事情，生活的意义完全取决于个体的选择。此种观点也是韦伯和伯林所强调和主张的，生活的意义取决于个体的主观选择。而在我们看来，不是个体的选择决定了生活的意义，而是个体的道德选择折射出个体对生活意义的诠释。道德选择从根本上体现了人们在生活上的态度与追求。透过人们的道德选择，我们可以看出其对生活价值的认识。人们编织的关于生活的梦想与理想，通过道德选择展现在人们的日常生活中，展现在个体与他人共同构筑的生活世界里。

经由上述分析可知，人对生命意义的体验和人的道德选择是无法截然分开的，两者是交融在一起的。生活的意义，正是在个体不断地追问与反思中，凭借一个又一个的道德选择而渐次得以展现的。生活的意义只能依靠个体在现实生活中的选择来追寻，来确证。每个个体关于生活的畅想与憧憬都只能通过个体的道德选择来落实。正是个体的道德选择，才决定了生活的意义理应源于个体自身的生活，生活的意义绝对不能是强加的。强加的生活意义，对于个体而言，不是他所追求的生活。个体对生活意义的追寻和诠释，根本上取决于个体的选择。正是通过不断的选择，人才能逐步消除生活中的各种虚妄的价值与荒唐的意义，才能不断地逼近生活的本来面目，才能更好地超越现实生活中不完善的地方而逐步走向完善。正是通过我们每个人的选择，我们诠释了自己对生活的看法与观点，编织了自己的生活梦想，演绎了自己的生活历程，叙说着自己的生命故事。人的道德选择必定要不断地叩问生活的价值与意义。道德选择若离开了意义的观照与引导，选择则完全成为形式化的行为，无法体现选择对于生活的担当，无法体现选择的伦理性价值，无法体现生活的伦理性。人们的道德选择从根本上应向着生活意义的追寻，应不断叩问生活的意义到底是什么，什么样的生活才是人值得去选择的生活。如此，道德选择才能真正促进人的整体性生成和发展。

---

① ［法］萨特：《存在主义是一种人道主义》，周煦良等译，上海译文出版社1988年版，第89—90页。

四　道德选择与美好生活①

真正的道德选择必定是为着道德自我生成的，必定是为着美好生活建构的。于是，道德选择只有在基于不断地反思与追问“什么样的生活是正当的、值得过的生活”、“我应该追求什么样的生活”的基础上展开，才能不断开发人的潜能，促进道德自我的生成。

第奥根尼的《著名哲学家生平与学说》中记载了苏格拉底和色诺芬关于“什么是美好生活”的对话。色诺芬想知道自己“应该如何生活”，但苏格拉底和他探讨的是人生变得美好的可能性。“应该如何生活”的知识，人并不能占有它，而只能是在追问的过程中分享它，即这种知识是买不到的，只有靠人的沉思才能获得。而人对“应该如何生活”的知识的不断追问与虔诚关切恰恰预设了永恒的、超人类的、普遍客观的真理的存在。“‘我们应该做什么’这样的问题，仅当在承认有永恒、超人类、普遍客观的真理这回事的前提下，才是一个问题，才有可能去寻求回答。对于怀疑论者、相对论者，尤其是浪漫主义者及其二十世纪的继承人——存在主义者来说，这些的问题根本无法、也无需回答。”② 事实上，苏格拉底一生都在追寻幸福生活，探讨什么是善，生活中的善便是他孜孜追求的最高目标，支配着他的生活；而且走出家庭，在雅典的各个地方，同人们探讨什么是美、什么是善、什么是好的生活等问题。其根本目的就在于引导人们去追寻究竟什么样的生活是美好的，是有价值的。尽管人人都生活在世上，如同海德格尔所言“此在”即人的存在结构即“在世”，在世界中存在，但并不是每个人都去追问什么才是好的生活。萨特、海德格尔等哲学家对虚无的态度进行辩护，认为人的生命的根基在于虚无，因为没有东西是有价值的和有意义的。这固然揭示了人存在的偶然性，但却也从根本上消解了人对生活意义追求的根基，绝对的虚无就是否认存在的价值和

① 关于美好生活的问题，目前是教育哲学研究关注的一个重要话题，国内学者金生鈜教授对此做了一系列的探究。他认为美好生活可以从三个层次来进行理解，最高层次的是美好生活本身，它是自然的整全的生活；第二层次的生活是理念中的美好生活，它来自我们对于美好生活的信念和理解；第三层次是我们在现实中过的良善生活，它之所以是良善生活，是因为我们在追问和追求美好生活、具有美好生活的理念条件下的生活，这是现实境遇里的生活，是我们在美好生活的理念指引下所创造的有为的真实生活。现实的良善生活就是实现了一种幸福或者福祉的生活。人的生活就是在追求美好生活的过程中实现一种良善生活。良善生活就是幸福。

② 刘小枫：《刺猬的温顺》，上海文艺出版社2002年版，第179页。

生活的意义。

在亚里士多德看来，幸福是终极性的，自足的。幸福对于人来说，是不能选择的，但人的一切选择都是为了幸福。所谓的幸福，亚里士多德指的是灵魂合于德性的实现活动，“幸福就是灵魂的一种合于德性的现实活动”。① 造成幸福的是合德性的活动，相反的活动则造成相反的结果，并且合德性的活动具有最持久的性质。由此可以看出，唯有以合乎道德的方式才能实现幸福。在亚里士多德那里，德性与幸福是一致的，即通常说的“德福一致”。这从根本上要求人的选择在目的和手段上都是合乎道德的。亚里士多德划分了三种生活：享乐的生活、政治的生活和沉思的生活。既然幸福是合乎德性的活动，那么亚里士多德认为自然最完美的幸福是沉思的生活，过着沉思生活的、有智慧的人最幸福。它在自身之外没有其他目的的追求，若一个人能够过这样的生活，就是人所能达到的完美幸福，“合于努斯的生活对于人是最好、最愉悦的，因为努斯最属于人。所以说，这种生活也是最幸福的”。② 在亚里士多德看来，人对幸福生活的追求，不能仅仅从人身上人的因素出发，而必须考虑人身上神性的因素。恰恰是人身上那部分神性的因素更能体现人的本性，更能展现生活的价值，“不要理会有人说，人就要想人的事，有死的存在就要想有死的存在的事。应当努力追求不朽的东西，过一种与我们身上最好的部分相适合的生活。因为这个部分虽然很小，它的能力与荣耀却远远超过身体的其他部分。最后，这个部分也似乎就是人自身。因为它是人身上主宰的、较好的部分。所以，如果一个人不去过他自身的生活，而是去过别的某种生活，就是很荒唐的事”。③

人对美好生活的追寻，就是为了在现实生活中过幸福的生活。离开对美好生活的追寻，人们就无法实现幸福的生活。而要实现人生的幸福，人就必须具有德性。只有德性才能保证人的幸福。现实生活中，许多人虽然得到了他们想要的东西，但却不是他们应该要的。相反，为得到他们想要的东西，他们很可能会失去许多他们需要和应该要的东西。因此他们得到

① ［古希腊］亚里士多德：《尼各马可伦理学》，苗力田译，中国社会科学出版社 1990 年版，第 16 页。

② ［古希腊］亚里士多德：《尼各马可伦理学》，廖申白译注，商务印书馆 2003 年版，第 308 页。

③ 同上书，第 307—308 页。

的往往是一个幸福的假象，而根本不是真正的幸福。所以，尽管他们获得了他们想要的东西，可他们并不幸福，他们追求的方向与幸福的本性恰恰背离。“现代社会生产了大量的财富、物质和所谓的知识，还产生了结构严密的各种制度，宣布了更多的权利和自由，提供了各种社会福利和先进技术等等无数种利益和好处，可是为什么就是不能增进幸福？财富、技术和享乐的疯狂发展很可能是幸福的错误替代物，它们把人们的思想引向生活的细枝末节，而掩盖了最要命的根本问题，即人的幸福和人类的命运。……如果没有这两个问题垫底，其他问题都是盲目漂流着的，无论是先验还是经验，分析还是解释，建构还是解构，独断还是对话，自由还是民主，制度还是规则，如果不以幸福和命运为前提，就都是无意义的。今天世界最大的危机就是人类命运的危机和人的幸福危机。”① 人的目的应该是美好的生活，好生活就是获得一切实在善的东西。而对好生活的追寻只有通过那些能使生活增添实在善和避免干扰人们获得实在善和表观善的选择与行动。艾德勒指出：“对幸福的追求使我们负有一项明确的责任，那就是要追求一切对我们真正有益的事物，而不是妨碍我们获得一切能实现人类需求的实在善的事物。要想履行这一职责，我们就必须形成欲求正当的而不欲求不正当事物的选择习惯，我们就必须以幸福为目标（因为它是我们生活内的终极善），选择正当的手段来获得幸福。”②

美好生活的根本价值就在于不断地昭示现代人所选择的生活总是孕育着可能、希望与憧憬。对美好生活的追求，总是伴随着否定、反思、奋斗与摸索。正是由于对美好生活的追寻，人们才有机会和可能比较、反思、改变与调整现在所坚持的理想和价值观，才能使自己不满足于现在的生活，而追寻更值得过的、更能开发自我潜力的生活形式。人的生活不是固定的，也不是预定的，而是动态的、开放的、生成的、超越的。而“做人就意味着在旅途中，意味着奋斗、等待、盼望。”③ 对美好生活的设定并不是要为人的道德选择设置任何限制和束缚，它只是人不断趋近却又无法达成的终极目标。正是在此意义上，我们可以说美好生活是人生活的价值和意义之源，从而是人进行道德选择的根本标准。

---

① 赵汀阳：《论可能生活》（修订版），中国人民大学出版社 2004 年版，第 6 页。

② ［美］艾德勒：《六大观念》，郗庆华、薛笙译，生活·读书·新知三联书店 1991 年版，第 102 页。

③ ［美］A. J. 赫舍尔：《人是谁》，隗仁莲译，贵州人民出版社 1994 年版，第 37 页。

如此说，是不是现实生活对于人来说，就不重要了呢？就可有可无了呢？恰恰相反，现实生活对于人的存在与生活是非常重要的。丧失意义的现实生活与无视现实生活的意义都是人无法忍受的。人们对美好生活的追求必须立足于现实生活。现实生活是人们追寻美好生活的根基所在。对美好生活的问询就是希望人们不断地超越现实生活，改善现实生活，使自己的生活形式更完善，生活内容更丰富。人们只有依托于或立足于现实生活，才可以体验到生活的乐趣，才有可能与条件去追寻幸福的生活。生活的幸福体验只能在现实的生活中体现出来，离开现实生活而谈什么美好生活只能是痴人说梦。人对好生活的追寻必定是在现实的生活世界中的，而不能脱离人们的现实生活，即只能在生活之中而不能在生活之外去追求。外在的意义无法规定个体生活的意义。个体对生活意义的追寻必须立足于个体对现实生活的感受与体验。赵汀阳指出："如果我们在生活本身中不能揭示价值和意义，那在生活之外也不可能揭示它，甚至不可能设想它（这类设想只有文学价值但毫无思想价值），因为我们不可能存在于生活之外，也不可能通过一种无价值的存在去证另一种有价值的存在。"① 生活意义的追寻必须立足于个体的现实生活。生活意义追问的首要前提就是要回到现实生活。生活的意义并不是抽象的概念，意义必须扎根和依托于人的现实生活，存在于人的行动中。如同叶秀山所说："人的生活本身提供了人'认识自己'的这种权利，而不断地打破概念知识所给出的各种'定义'框框。'人'的'意义'是在活生生的生活之中。'人'生活在'世界'之中，自从'人'有了这个'世界'之后，'人'就'有'了'意义'，所以'人'的'意义'……是从生活、从'世界'体会领悟出来的。"②

尽管生活的意义只能通过个体的道德选择来体现，因为不是个体选择的生活是不值得过的生活，但并不意味着只要是个体选择的生活就是有意义的，就是值得过的。对生活意义的追寻需要美好生活的观照来引领个体的选择。"尽管生活的善的意义远高于个体的人，但它不能作为某种现存的或依赖于外部权威的东西来接受。它必须被人自己理解，而且只可能通过信仰、理性、经验而成为他自己对生活的理解。这是一种道德的价值生

① 赵汀阳：《论可能生活》，生活·读书·新知三联书店1994年版，第163页。
② 叶秀山：《美的哲学》，人民出版社1991年版，第55页。

存的必要条件。"[①] 由此可见，尽管我们强调美好生活对于人的道德选择是必要的，是不可或缺的，但每个个体在对美好生活的追问过程中，它对个体生活的影响方式也是不确定的，而不可能是千篇一律的。每个人对美好生活的追寻必须以个体对生活的现实体验为前提和基础。个体的生存境遇是主观的、情绪化的、易变的，换句话说，每个个体都有其独特的对生活和人生的体验、看法与倾向，这自然决定了每个人都只能按照他自己所理解的生存境遇去选择。即便是有人比他更理解他的生活境遇，别人也没有权利规定，更不要说强迫你去如何选择，对他人的选择指手画脚。"一个人只要保有一些说得过去的数量的常识和经验，他自己规划其存在的方式总是最好的，不是因为这方式本身算最好，而是因为这是他自己的方式。"[②] 正是如此，每个人关于生活意义的诠释是不同的，每个人所选择的生活方式也是不同的，幸福的生活是多种多样的，这也恰恰体现了人性的丰富。每个个体对美好生活都具有不可剥夺的追寻权和解释权，但他对美好生活的诠释也决不是美好生活本身，而只是在追思什么是美好生活的基础上做出的个人诠释。

选择什么生活方式，如何选择，都必须由个体作出。但我们必须时时反思，时时审视，我们对自己是更加满意了还是更加不满意了？在进行道德选择的时候是否能停下来听一听自己的内心在诉说着什么？是否思量过现在所选择的生活是遵循了自己的内心想法？人理应按照自己对自己的生存境遇的理解去选择属于自己的生活样式。在我们看来，每个人都应在不断追问"什么是美好生活"的基础上选择适合自己的生存方式，不断挖掘自我的内在潜能，体现自我存在的独特性，追求生活的不断超越与完善。对美好生活的追问，从根本上就是要驱动和激励每个个体尽可能地去挖掘自己的内在本性，去彰显自我存在的独特性，去探寻和选择与自己的内在本性最适合的生活方式，让自己的生活更精彩、更有意义、更有活力。此时，"人"才配成为尊称。

---

① ［俄］索罗维约夫：《生活的道德意义导论》，载刘小枫主编《20 世纪西方宗教哲学文选》（下），上海三联书店 1991 年版，第 1365 页。

② ［英］约翰·密尔：《论自由》，许宝骙译，商务印书馆 1959 年版，第 80 页。

第三节　学会道德选择：道德教育的使命

一　道德教育：精神教化的事业

人的自然属性无疑是人存在与发展的前提。离开这一前提，人无法去谈精神的提升与人性的完善，因为精神超越和人性完善的对象是人的生物性存在。然而，我们应切记前提不等同于理由，人之存在尽管无法摆脱生物性存在，但人之为人的特性就在于超越生物性的存在，而走向道德的存在和精神的存在。奥伊肯强调现代人比任何时代的人都更加繁忙，也享受着比任何时代更加充盈的物质生活，却仍然感到失落和困惑，比以前任何时代有过之而无不及，这就说明存在独立于我们的身体及其外在的活动的一种东西，是它在寻求、体验和评价生活的意义，也是它在感到失落或者充实。这个东西就是我们内在的精神生命，这是奥伊肯的一个最重要的论点。①伽达默尔说："在异己的东西里认识自身，在异己的东西里感到是在自己的家，这就是精神的基本运动，这种精神的存在只是从他物出发向自己本身的返回。"② 只有精神层面才能体现人存在的特性，提供人之所以成其为人的内在理由。正是在精神的观照下，正是人对精神生活的追求，人才能不断地超越自己的有限性，超越自己的动物性，从而追求更好的生活，促进个体生命在与他人、世界交往中的积极展现，更多地展现人之为人的潜能，不断提高自己的人生修养与生命境界，完善个体的生命情态。可以看出，正是由于精神，人才可以称之为人。在此意义上，可说精神即生命。人若丧失精神的追求，无异于生命的死亡。

人是精神性的存在和道德性的存在，道德是人走向成人的不可或缺的根本性因素，恰恰为道德教育的存在与发展提供了理由和可能，并且也为道德教育限定了存在的根基与发展的使命，"教育依存于某种既超越它而又是它的源泉的东西，即依存于精神世界的生活。教育不可能从自身发源，它只能传达那直接地在人的行为中表现自身的生活……教育是通过利

① ［德］鲁道夫·奥伊肯：《生活的意义与价值》，万以译，上海译文出版社1997年版，第56、57页。

② ［德］伽达默尔：《真理与方法》（上），洪汉鼎译，上海译文出版社1999年版，第17页。

用在精神层面上被创造出来的东西而兴旺发达。我们时代中的教育必须决定这种尚具有可能性的教育的价值"。① 舍勒更是突出了人的精神超越与教育的密切关系，他将人的本质界定为精神的位格，一个不断祈祷着的X，"人是在自身中超越于一切生命及其价值，即整个自然之上的生物。人是这样一种生物，其心理已从生命的依从升华和解放为'精神'。由于这一'精神'，现在'生命'既是客体又是主体心理。这一严格意义的常新和发展着的'人类生成'，同时作为自我神化和神性观念的共同实现的人化——不期待外在的救星，不接受资本主义文化的拯救恩典；而是自我神化，以及在作为一切自然的生命形式和任何物种生成的基础的冲动中，在与任何欲望相关，通过生和死，按各种不同物种规律形式在我们称之'身体'的'形象'中显现的冲动中，精神的神性永远只是'本质化'的观念的共同实现——正是在这里，我也同样看到了一切教育的核心，以及其意义和价值的最终哲学根据"。②人是道德教育的对象，道德教育的根本使命就在于引导人如何扬弃自然之我，使人不断获得精神性的内涵与生命，即促进人的心灵完善与精神提升，不断充实和丰富人的内心世界和精神生活应成为道德教育的根本诉求。而人存在的根本职责和使命就是以积极主动的态度不断地超越已在的东西，创造出新的人性内涵、价值与意义，实现精神的不断超越。道德教育正是通过精神的教化来建构人的个性，促进人个性的完善，展现人性的美好与高贵。精神的教化是教育、更是道德教育的根本使命。失去精神的教化，人的个性便分崩离析，人的灵魂将流离失所，人的生活的整体性将不复存在。守护人的精神家园，保持人的精神自由，促进人的精神生成，应是道德教育的立身之本和存在之基。"所谓'精神家园'只是一个比喻的说法。家园是人始终不离的场所，是人生存的最近的处所。人不仅是一种物质性存在，也是一种精神存在，精神是人超越于其他动物的根本特征之一。所谓精神家园也便是人确信不移的精神努力目标，是人的终极关怀，是被人认作自己生存之根本的精神理想。"③

而教育的合法性品格，从根本上也取决于对道德的追求，对精神的追

① ［德］雅斯贝斯：《时代的精神状况》，王德峰译，上海译文出版社 1997 年版，第 103 页。

② ［德］M. 舍勒：《舍勒选集》（下），刘小枫选编，上海三联书店 1999 年版，第1382 页。

③ 卢风：《人类家园——现代文化矛盾的反思》，湖南大学出版社 1996 年版，第 2 页。

求。道德的根本功能就在于使生活成为人的生活，就在于引导人去过属于人的生活，这种生活是值得过的生活，值得追求、令人赞赏的生活，这自然决定了这种生活是向善的生活。教育若离开了道德向度，离开了精神追求，教育必定面临存在的合法性危机。教育从根本上是道德的，这是许多教育学家的共识。赫尔巴特指出："教育的唯一工作和全部工作可以总结在这一个概念之中——道德。道德普遍地被认为是人类的最高目的，因此也是教育的最高目的。"① 杜威强调"教育上合乎需要的一切目的和价值，它们自身就是合乎道德的。……教育不只是这种生活的手段，教育就是这种生活。维持这种教育的能力，就是道德的精髓"。② 正是在此意义上，道德教育无疑是教育的核心与灵魂。而在现实的教育实践中，道德教育和教育也是无法分离开的。

亚里士多德早就将教育划分为实用教育和灵魂教育。所谓实用教育指的是以谋生为目的的，而灵魂教育则是德性教育。实用教育只对人的生存有价值，对于人灵魂的净化和精神的提升是无能为力的。卡西尔说得好："一切伟大的伦理哲学家们的显著特点正在于，它们并不是根据纯粹的现实性来思考。如果不扩大甚至超越现实世界的界限，它们的思想就不能前进哪怕一步。除了具有伟大的智慧和道德力量以外，人类的伦理导师们还极富于想象力，他们那富有想象力的见知渗透于他们的主张之中并使之生机勃勃。"③ 道德作为应然的、意义的存在，不可能是只指认当下，而是更主要地指向着未来。道德教育不是实用教育，而是关注于人的精神的灵魂教育。著名学者梁燕城在创办《文化中国》杂志时发表了《重建中国人的骨气与灵魂》的宣言，他指出目前中国的问题已不再是帝国主义侵略的问题，也不再是内部斗争的问题，而是内部腐败的问题，是灵魂的屈曲的问题。因为中国要走向现代化，实现中国自己提出的民主法治等未来的理想，首先在文化上精神上需要有一种基础，属于灵性的基础，而不仅仅是实用的。当然实用可以突破过去的那种教条性，但是比实用更深的要求还需要精神的东西，需要道德的东西，因为有了道德才更实用。

道德教育对于人谋生技能的获得是没有价值的，其根本上是为了人的意义世界和精神世界的建构。鲁洁强调道德教育指向的是人自身，它的主

① ［德］赫尔巴特：《普通教育学》，李其龙译，人民教育出版社1989年版，第260页。
② ［美］杜威：《民主主义与教育》，王承绪译，人民教育出版社2001年版，第378页。
③ ［德］恩斯特·卡西尔：《人论》，甘阳译，上海译文出版社2004年版，第83页。

旨在于导人以善，使人在善的、道德的追寻中活得更有意义，与他人、与自然相处得更为融洽和谐，使人得以建构起更为完美和充实的意义世界。只有依托于道德教育，使人成为人的教育才有可能。因此，道德教育需要观照人的现实生活境遇，观照人的生存意义，观照生命中无比神圣的东西，观照人作为有限的存在如何走向不断地超越，实现精神的提升、灵魂的转向，更好地展现人性的美好和优秀。"全部教育的关键在于选择完美的教育内容和尽可能使学生之'思'不误入歧途，而是导向事物的本源。教育活动关注的是，人的潜力如何最大限度地调动起来并加以实现，以及人的内部灵性与可能性如何充分生成，质言之，教育是人的灵魂的教育，而非理智知识和认识的堆集。通过教育使具有天资的人，自己选择决定成为什么样的人以及自己把握安身立命之根。谁要是把自己单纯地局限于学习和认知上，即便他的学习能力非常强，那他的灵魂也是匮乏而不健全的。"①

二　学会道德选择：道德教育的时代使命

从上面的论述我们已经知道，道德生活的主题就是道德选择，道德自我的完善正是在选择中实现的。每个公民都是自由自主的个体，都有权利进行自我的选择。公民对自我实现的向往，对美好生活的渴望，对生活价值与意义的追寻，都取决于他的道德选择。道德选择构成了人的道德生活，也诠释着个体对生活意义的解读，于是旨在促进人性提升与完善的道德教育必然无法逃避对道德选择的关注。正是在追问人的本性的视野中，正是人对生活意义的追问的宿命，人、道德选择、道德教育密切联系在一起。道德教育是富有"人性"和"为了人"的教育，道德教育的最终目的就是不断激励人们去追寻他自己的本性，沉思与追问道德领域中的真理，从而更好地引导每个个体选择最适合自我本性、最有可能发挥自我本性的生活，构建属于自己的精神家园和意义世界，使人不断展现出人性的光辉、卓越与精彩来。正是在此意义上，我们可以说道德选择对于教育和道德教育具有本体论的意义。如何教会学生选择道德的生活自然成为道德教育关注和探究的根本性议题，而这一问题在价值多元的现代社会变得更加迫切、更加重要。

---

① ［德］雅斯贝尔斯：《什么是教育》，邹进译，生活·读书·新知三联书店1991年版，第4页。

在价值一元的情况下，只存在一种可能性，人们通常要做的是照办和服从，无所谓选择和不选择。在传统社会，整个社会的道德标尺是不容置疑的，但这种一致性的获得，是通过外在的强制性力量而不是个体的良知决断和自由选择来予以保证的。可以说，在传统社会，对于更多的是代表统治阶层利益的强制性道德规范，个体要做的就是接受和服从，不能对其批判和质疑。在此情况下，个体的道德选择缺少自由的向度。如今是价值多元的时代，这便从客观上为人的自由选择提供了可能。正是由于存在着多种可能，才彰显了个体选择的必要性和可能性，每个人都可以根据自身的情况来选择适合自身的生存方式，成为自己想成为的人，追求自己想追求的生活。每个道德主体的生活和发展都必须取决于他自己的选择，这既是人的职责，也是人的权利。“我们生活中的道德，已经从人人皆知的价值这一在传统上笔直而狭窄的小径，发展为有时令人惊慌失措的广阔的选择领域。对往日那种简朴的美好生活的向往在一定意义上是可以理解的，选择远比仅仅做显然是正确的事情复杂得多。但是，对于那些愿意进行哲学思考和选择的人来说，这一新的、道德选择的时代可能是一个最好时代，是一个智慧的岁月，是一个阳光灿烂的季节，一个面前的一切都充满希望的春天。”①鲍曼也认为道德既不是有秩序的，也不是逻辑化的，价值的多元状态恰恰是道德存在的唯一基础，恰恰为人的选择提供了更多的机会与空间。当然，与此同时，价值多元的冲突也更增加了生活中的诸多不确定性因素，从而导致现代公民个体的道德选择遭遇了从未有过的复杂局面。

价值多元的时代，选择的权利已经掌握在个体的手中，于是选择什么样的价值观念和生活方式以及如何选择，已经成为个体无法逃避的命运，也是关乎个体安身立命的根本性问题。个人成为自己生活的立法者和阐释者，生活的价值和意义由个体自我来把握，个人理应自行建构自己的生活，编织自己关于生活意义和价值的梦想。个人坚持什么样的价值观念，追求什么样的生活，从根本上取决于他的选择，任何外在的力量或权威都不能代替或侵犯公民个体选择的权利和自由。然而选择对于人存在的道德价值，从根本上取决于人选择了什么。即是说个体拥有了选择的自由和权利，并不能说明人作出的选择就是道德的选择，就是合乎人性的选择。正

① ［美］诺兰：《伦理学与现实生活——伦理学中的现实问题》，姚新中译，华夏出版社1988年版，第20页。

是在此意义上，选择什么和怎么选择已经成为现代人生活的主题。选择既是做人的权利，也是做人的义务。道德教育无法回避价值多元这一社会背景，因此也无法回避人的选择这一关乎人之存在、人之发展的根本性问题。

20 世纪 80 年代以前，我国是典型的价值一元化社会，整个社会的控制方式基本上是封闭的，在这种控制状态中，道德目标是由统治阶层设定的一元化目标，道德评判标准是不容质疑和挑战的。个人的价值观虽有差异，但都需要符合社会的主流价值观，非主流的价值观因受到主流价值观的压制而无法传播。事实上，在这种情况下，作为道德主体存在的人，只有服从。这种“服从”是全方位、绝对化的，个体没有选择的自由。价值一元的社会在很大程度上往往剥夺了个体的选择权利，因为价值一元的结果导致的往往是价值专制、价值霸权和思想凝滞。自 20 世纪 80 年代以来，西方各种道德文化观念和思潮纷至沓来，通过各种途径和各种方式影响着人们的道德观念和生活方式。与此同时，传统的道德观念，包括革命时期的道德观念也在影响着国人的生活。在此情况下，价值的分化、分歧以及价值的困惑、迷惘成为社会发展的趋势。潘晓的来信就充分体现了这一特点。1980 年 5 月，一封署名“潘晓”的读者来信《人生的路呵，怎么越走越窄》发表在《中国青年》杂志上。这位 23 岁的年轻人并不期望从编辑同志那里得到什么良方妙药，只是在走过一段“起于无私的源头而最终以自我为归宿”的思想长河后，将她“任何人，不管是生存还是创造，都是主观为自我，客观为别人”的思考结果披露出来。在讲述了自己在工作、爱情、家庭生活中所经历的种种不幸后，潘晓在信的最后如此写道：任何人，不管是生存还是创造，都是主观为自我，客观为别人，就像太阳发光，首先是自己生存运动的必然现象，照耀万物，不过是它派生的一种客观意义而已。所以我想，只要每一个人都尽量去提高自我存在的价值，那么整个人类社会的向前发展也就成为必然了。这大概是人的规律，也是生物进化的某种规律——是任何专横的说教都不能淹没、不能哄骗的规律！

价值多元社会的到来必然导致个体道德生活方式的变化。以往那种依附的、顺从的、没有自我的个体已经发生变化，取而代之的是有责任、有权利、有利益、有自我的多元主体。个体成为真正的道德主体，有机会根据自己的志趣、经历、价值取向进行道德选择。道德人格的形塑与完善是自我选择和建构的结果，而不是灌输出来的。一味地灌输只能培养出一大批唯唯诺诺的服从者，而不是具有真正道德意义上的人或公民。因此，如何增强个体自由选择的意识，培养个体自由选择的能力浮出水面，成为道德教育关注的重要议题。吴康宁教授撰文特别强调，教会选择应成为21世纪学校道德教育的根本使命。21世纪是一个“选择的世纪”，这是不以人们意志为转移的客观现象。20世纪80年代中期以后，中国的社会变革与大众传媒的迅猛发展使人们不得不面对一个“选择的世界”，而此时“教会顺从”的教育就不合时宜了，而应“教会选择”。[①] 道德教育的使命必须实现根本上的转向，从顺从型转向选择型，这既反映了社会给道德教育提出的要求，事实上也是人的本性的内在呼唤。道德教育理应和必须关注现代人的道德选择问题，培育会选择之人，而不是造就顺从之人。这势必需要道德教育为学生提供充分的自由选择机会，尊重学生的道德主体地位，发挥学生作为道德主体的主动能动性，增强他们面对道德情境、道德冲突做出自觉、理性选择的能力。

与此同时，我们还应清醒认识到，由于尚未确立起新的道德标尺和道德规范体系（当然这只是非常重要的一个方面），伴随人们自由选择而来的，还有道德文化的断裂、道德规范的失控、道德价值取向的混乱、道德行为的失范、道德理想的失落。以往提倡的“毫不利己、专门利人”的大公无私的道德原则依旧被大部分搁置，只成为部分人的追求，大多数人是在遵纪守法和不损害他人利益的前提下，奉行利己的道德原则。随之而来的，还有拜金主义、物质主义、享乐主义、自我中心主义欲望在许多人心中的暗流涌动和现实生活中淋漓尽致的发挥。在此情况下，道德存在的价值遭遇了合理性危机。

在传统社会，无论是中国还是西方，民众都非常重视道德在个体发展和社会发展中的重要性，道德常常被置于优先和根本位置，人们以做有道德的人为生活目标。而在现代社会，随着科学技术的发展，人们对世俗物质利益的追逐与占有趋之若鹜，道德文化则发生大量结构性失调，人们普遍感到道德困惑与迷惘。社会结构的转型不仅导致道德标尺的变化，更重要的则是道德在人们心目中的地位和价值节节败退，从而使道德面临着严重的合法性危机。危机最根本的表现不是人们要遵循什么样的道德，而是

① 吴康宁：《教会选择：面向21世纪的我国学校道德教育的必由之路——基于社会学的反思》，《华东师范大学学报》（教育科学版）1999年第3期。

为什么一定要遵循道德。在当前，很多人对为什么要遵守道德发生了动摇，即对道德的力量和价值产生了怀疑。人们愈发感觉到过一种有道德的生活、做有道德的人，变得日益困难与艰辛。许多仍然为现代社会所必需的传统美德遭到了嘲弄或颠覆，老实被看做傻冒，朴素被看做老土，节约被看做吝啬，专一被看做固执，甚至于所谓“恶有恶报，善有善报”这种道德观念在今天的现实生活中都受到了致命的冲击。

现在人们更愿意相信法律、权力、金钱，喜欢过开心快乐的生活。与法律相比，法律依靠权力，是硬性的，而道德则是靠个体自觉，是软性的。现代人信“硬”不信“软”，重“硬”轻“软”，怕“硬”不怕“软”，因此，法律比道德有力量。与金钱和权力相比，金钱和权力能满足人的物质利益和追求成功的需要，而道德只能满足人的精神需求和人格完善，“追逐金钱的活动，在中国从未形成这样一种全民、铺天盖地、来势汹汹的金钱潮；对金钱意义的张扬，也从来没有达到这样一种藐视任何道德法则的地步”。[①] 现代人信奉“物质至上”、“物质根本”或“物质优先”，而非“精神至上”、“精神根本”或“精神优先”，因此，金钱和权力自然比道德有用、有价值。道德存在的根本价值就在于可以为个体获得外在的物质利益，成为人们追逐利益的手段和工具。更多的人们愿意将生命过程看作一场游戏，一个梦境，人活着一定要尽情享受，游戏人生。而过有道德的生活、成为有道德的人实在太累、太辛苦，很多时候还会损害个体的权益。由此可见，道德在现代社会的“失宠”和“无助”成为客观事实。比如，道德冷漠已成为常见的社会现象。道德冷漠者缺乏对自己行为进行评价的道德审慎，对社会道德要求和外界道德刺激全无体验和反应，对现实的道德榜样没有任何感动之心和仰慕之情，甚至于冷嘲热讽；对社会上缺德、失德行为也不感到愤慨和难过，甚至会推波助澜；道德冷漠使人与人之间互不信任、相互猜疑和提防从而害怕交往，造成道德关系的分崩离析。[②] 2012 年 5 月中国青年报社会调查中心通过题客调查网对 7804 人进行的一项调查显示，76. 1% 的人坦言现在社会做好人好事的环境差，其中 39. 1% 的人认为非常差；68. 3% 的人表示做好事被嘲笑或质

① 何清涟：《中国当代经济伦理的剧变》，《开放时代》1998 年第 1 期。

② 刘学民：《社会转型中的道德自我困境及其公民伦理构思》，《伦理学研究》2010 年第 4 期。

疑的现象较多，其中 20.2% 的人表示“非常多。”① 中国社会转型所带来的道德困惑、道德问题，甚或道德危机，都是人们道德选择的结果，是人们的道德选择出现了偏差。

基于上述分析，道德教育不仅要强调选择的自由，还必须追问怎样的道德选择才是合乎道德的，才是真正有利于道德自我的生成与完善的，后者理所当然是道德教育关注的核心性问题。毕竟，求善才是道德选择所追求的根本目的。否则，一味强调个体的自由选择，而忽略对善的追寻与守护，导致的结果便是人性的迷失和道德的失落。阻止道德的滑坡、弘扬向善的力量，正成为今天我们这个社会必须直面的重大课题。实现道德的重建，重构新的道德规范体系是重要的，但更重要的是要培养能做出合乎道德选择的公民。因此，道德教育不仅要培养学生自由选择的意识和能力，还要引导学生做出合乎道德的道德选择。道德教育理应将人的道德选择引向合乎道德的方向。现行教育中的诸多做法还存在着一些弊端与缺陷，一方面剥夺了学生作为选择者的权利与自由，未能给学生的自由选择提供良好的条件与保障；另一方面又在引导学生做出合理的道德选择方面无所作为，这必定无法帮助学生树立正确的道德观，真正具备学会道德选择的能力，从而阻碍学生的人性提升与人格完善。在价值多元的现代性背景下，在国人日益重视自身的选择权利和个性成长的背景下，当代我国教育和道德教育如何发挥自身的教化使命，如何引导学生学会选择有道德的生活，自然成为一个根本性议题。

---

① 卢迪迪、黄冲：《市场经济下金钱开道——78%受访者称社会道德滑坡》（http：//finance. ifeng. com/roll/20120522/6496416. shtml）。

第二章　非道德化选择：现代性道德教育的困境

随着集中立法的烟雾的消散和代理权力回归当事人，这种选择明显交给了道德个人自己的策略去决定。伴随选择而来的是责任。如果选择是不可避免的，那么责任也是不可避免的。……这种新情况将使我们比以前更多地行善、更少地行恶吗？它将使我们生活得更好吗？负责任的答案既不是“是”，也不是“否”。……新情况确实道出了一种前景：更加觉悟到我们的选择的道德特性，更加自觉地面对我们的选择并且更加清楚地看清它的道德内涵。

——［英］齐格蒙·鲍曼：《生活在碎片之中——论后现代道德》

虽然在不同的时空背景下教育采用的形式有所不同，但其基本意思是保持不变的：那就是教育的意义往往与文化密切相关。所以，无论什么时候文化的某个方面出了差错，人们都很容易将其归罪于教育。教育在我们的个人意志、我们的社会存在和我们的人性观念的夹缝中存在，因而它成为让我们发泄所有不满的现成的目标。因为教育很容易成为一个全球化的名词，所以不管对正规学校教育的特定所指如何限定，教育都集中了我们产生绝望的所有敏感因素，并且反过来在我们人性的极限中体现我们易于绝望的特性。

——［美］丹尼尔·科顿姆：《教育为何是无用的》

对道德选择与道德教育问题的探讨无法脱离现代社会的精神背景，即无法回避现代性视域。国内学者刘小枫指出，无论欧美还是汉语知识界，一百年来关注的实质性问题是现代现象。在未来的世纪，学术思想仍将因现代幽灵的纠缠而费神。① 现代性以其特有的价值、图式和机理渗透到现

① 刘小枫：《现代性社会理论绪论》，上海三联书店 1998 年版，第 1 页。

代社会和现代个体生活的各个方面，形塑着现代人的生存方式和生活旨趣，也推动着现代化进程。当然，现代性也毫无例外地改变着人们的道德认识、道德观念和道德行为。现代性既孕育着丰富的发展可能性，又潜藏着巨大的存在危机。在我们看来，道德相对主义的盛行、欲望的泛滥和工具理性的僭越在很大程度上可以看作是现代性社会的突出现象，反映了现代社会的精神面貌与价值追求（尽管现代性社会所呈现出来的特点远不只这三个方面）。这三个方面可以说在很大程度上左右或支配着现代人的道德选择。现代人的道德选择究竟呈现出什么样的特征？又导致了什么样的结果？现代性道德教育表现出什么特点，对道德选择施加了什么影响，发挥了什么作用，是有为的还是无为的，是积极的还是消极的？这些问题都是关乎道德教育发展的重要问题。

第一节　何谓现代性

在当今学术和思想界，没有哪一个语词像现代性一样引起如此之多的关注，而其含义却又如此之模糊，以至从不同视角可以做出如此不同的界定。

一般认为，在西方文化史上最早使用“现代性”一词的是法国文学家波德莱尔。1863 年，他在《现代生活的画家》的系列评论中，第四篇的小标题使用了“现代性”。波德莱尔是从现代生活精神的角度来定义现代性的，“他就这样走着，匆匆忙忙，若有所求。他在寻找什么呢？可以肯定，如我所描述的，这个人，这个现代性的实质就是过渡性、短暂性和偶然性。富有活跃的想象力、永不停息地漫游在茫茫人海中的孤独者，有一种比纯粹漫游者更崇高的目的，一种比一时之乐更普遍的目的。他在寻找的那种性质，请允许我称之为‘现代性’，因为我没有更好的词语来表达我所谈的这种观念。他的职责就是在时尚中抽取它可能蕴含在历史中的诗意因素，从转瞬即逝中提取永恒之物。……我所说的‘现代性’就是过渡、易变和偶然，这是艺术的一半，艺术的另一半是永恒和不变”。①

对现代性的历史—社会学解释中，韦伯的解释范式是最有代表性的。人类历史是一个不断理性化、祛魅的过程，现代性在某种意义上就是理性

① ［法］波德莱尔：《1846 年的沙龙：波德莱尔美学论文选》，郭宏安译，广西师范大学出版社 2002 年版，第 424 页。

化。理性作为现代性主流的意识形态之一，通过一系列的制度安排建构起现代社会的政治、经济结构。吉登斯将现代性看做是现代社会或工业文明的缩略语，包括从世界观、经济制度到政治制度的一套架构。当然，他重点从制度层面来理解现代性，“当有人提及现代性，它就不仅仅指组织的种类，还指组织过程本身，即跨越无限时空距离而对社会关系进行规则化控制”。吉登斯特别突出了现代性与传统的断裂。现代性与传统的根本区别就是制度性的转变，具体表现为两个方面：一是对于社会而言，它确立了跨越全球的社会联系方式的全球化；二是对于个人而言，它确立了西方的个人主义的价值观念与行为方式。查尔斯·泰勒深入分析了现代性的三个主要特征：个人主义的泛滥、工具理性的嚣张和自由的扩张与误用。由此他进一步论述了现代性之隐忧的三个方面：由个人主义所导致的意义的丧失、道德视野的褪色；工具主义理性猖獗所导致的目的的晦暗；自由的丧失。并强调这三个主题虽不能概括全部，但确实触及了人们对现代社会感到困惑的大部分问题。

现代性虽然肇始于西方，但现代性也成为国内学者关注的重要议题，从不同立场和视角对现代性进行了分析。就现代性的本质特征而言，研究成果也较为丰富。国内学者张志扬曾将现代思想知识状况概括为三个方面：A. 就社会构成而言：技术—欲望—大众化；B. 就理论形态而言：相对主义—规则系统；C. 就思想性质而言：技术理性—相对主义—历史主义＝虚无主义。并指出，C 当然是 A、B 的归结式，不管你愿不愿意，事实上 ABC 已经成为当今的主流文化现象。[①] 还有学者主张现代性概念具有双重意蕴，即社会结构层面的现代性和文化心理层面的现代性，而社会结构层面的现代性就是理性化，而文化心理层面的现代性则是感性化。在历史和现实中，两者具有相互勾连对抗的错综复杂的关系。[②] 还有学者从文化社会学的角度提出西方现代性的三个主要取向：世俗趣味的高涨、工具理性的蔓延和个性表现的放纵。三个取向之间存在着交错和缠绕，也会发生程度不同的摩擦与冲撞。[③]

通过梳理有关现代性的代表性观点，我们认为现代性并不是一个性质

---

① 张志扬：《偶在论——仍是一个未思的领域》，载萌萌主编《启示与理性——哲学问题：回归或转向》，中国社会科学出版社 2001 年版，第 245 页

② 李佑新：《走出现代性道德困境》，人民出版社 2006 年版，第 22—24 页。

③ 张凤阳：《现代性的谱系》，南京大学出版社 2004 年版，第 2 页

单纯的现象，而是一幅包含着多元取向的、相互冲突的、相互关联的矛盾图景。现代性体现了启蒙的基本精神，相信社会历史的进步和发展，人性和道德的不断完善，人类将从压迫走向解放。本书对现代性基本内涵和特征的界定，主要包括三个方面：理性化、价值个体化和感性化。这三个方面虽不能概括现代性文化的全部特征，但基本表征了现代性的实质和精神。当然，这三个方面不是相互孤立和隔离的，而是相互交错和联系的。它们形成一个有机整体，并作为文化精神与内在机理几乎折射和渗透到现代社会的方方面面，形塑和推动着西方社会的发展。

第二节 道德相对主义视野中的道德教育与道德选择

一 道德相对主义的盛行

现代道德生活面临的最大挑战可以说是价值个体主义以及由此所导致的道德相对主义的盛行。道德相对主义往往成为许多人分析与探讨道德问题与生活问题的基本框架。

道德相对主义思想有着较长的历史渊源。远在古希腊时代的智者派的基本主张与思想，就可以看作道德相对主义的最早先声。他们强调道德的相对性，不承认有超越个体的更高的价值追求与人生目的，也不承认有什么普遍的道德原则，而主张每个人所作的任何价值判断皆出自于个人的情感、欲望与利益，因此，善恶好坏的标准仅仅取决于个人的感受与体验，即个体且唯有个体才能成为道德选择的支配者与道德批判的仲裁者。实用主义者（如詹姆士、杜威）、分析伦理学中的情感主义者（如卡尔纳普、艾耶尔）、存在主义者（如尼采、萨特）和境遇论伦理学家（如弗莱彻尔）基本的道德观点与道德主张都是与道德相对主义的基本观点相一致的，这自然在很大程度上促进了道德相对主义思想的扩展。

按照通常的观点，道德相对主义可以分为个体相对主义和文化相对主义。前者主张道德、道德价值和道德规范的源泉是个人，个人也是道德价值的创造者与评判者，不存在凌驾于个体之上或游离于个体之外的道德标准。每个个体皆有权利根据自己的生存境遇与价值旨趣选择属于自己的价值观与生存样式，他人对其不能进行道德上的评价。后者强调一切道德皆因社会与文化不同而不同，不存在适用于一切社会与文化的普遍的、客观的道德，不同的道德标准的正确性是相对于不同的社会与文化而言的，任何道德上善恶标准都必须放在特定的社会文化背景中进行考虑。在这里，我们主要探讨个人相对主义。事实上，两种类型的基本假设是一致的。正是在此意义上，我们说道德的个体化或主观化是道德相对主义的根本性因素。

价值个体主义的产生以及在现代社会中的重要地位与现代社会对个体自由和权利的强调是密不可分的。文艺复兴和启蒙运动之后，人道主义和个人主义就成为在西方社会中占主导地位的价值观。价值个体主义的形成可以看作现代道德与传统道德断裂的基本标志。现代性导致了道德范式和道德教育范式的根本转换，从传统社会向现代社会的转换改变了道德的奠基理念，使道德的思想前提和本体论预设发生了根本性的置换，价值个体主义正是这种转变的重大后果。在此意义上，我们说价值个体主义是一个典型的现代现象。

传统社会的道德是以目的性的宇宙观为立论基础的，世界是一个充满着意义的世界。在这样一个目的性的宇宙观之下，各种事件的安排都在一个伟大的存在之链中，有其确定的位置，有其存在的目的，并且都具有独特的功能。如果每样东西都能发挥它既定的功能，则这个世界就呈现出一种和谐有序的状态。每个事物的目的或价值，都是通过行使自己的功能而得以体现的。正是事物的功能规定了事物的本质，从而决定了事实与价值二者之间不是相互分离的，而是内在统一的。而人作为唯一具有理性的存在者，其理性能力就体现在他发现自己在这一存在之链中的位置和所扮演的角色。人之为人的道德价值就体现在人通过自己的实践来扮演好这种角色，发挥自身独特的功能，而这个过程也就是人的本质显现的过程。在这里，“人”是作为功能性的概念而存在的。

现代性的开启就是以对这个目的论的宇宙观的消解为根本标志的。这种新的宇宙观虽然认为世界是有秩序的，但这种秩序只是纯粹机械的秩序，与意义、价值、目的都不相关。世界不再是一个充斥意义和价值的场所。世界像一部庞大的机器，它本身不具有任何目的，不蕴藏某种意义，而只是人们追逐利益的舞台，只是人们用来认识和改造的对象。这就是韦伯所描述的世界的去魅。去魅后的世界里存在的都是事实，价值的问题被消解掉了。而这也自然导致了事实与价值的断裂，两者之间存在着难以跨越的鸿沟。休谟所强调的事实与价值的二分，从“是”无法推导出“应该”，“事实”与“价值”之间不具有逻辑上的推理关系，可谓深刻揭示了现代社会的一个根本特征，也为价值个体主义提供了一个重要的理论辩护和理论支撑。这并不是说不存在价值了，而只是说价值已经变成主观化或私人化的东西了，价值成为个体主观赋予和主观选择的东西，如韦伯指出价值仅仅是个体主动选择的结果，而萨特也强调价值只是个体自己挑选的意义而已。一个事物是否存在价值，完全取决于人们的主观看法与态度。道德价值的正当性和权威性的基础是个体的良知，如何理解道德价值，根据何种道德信念来生活，完全是个体自我选择的事情，没有任何外在的权威为个体提供既定的道德知识，也没有任何外在的力量来干涉个体对生活意义的阐释和对生活方式的选择。每个人都拥有不同的选择标准，且这种标准只适合于他自己，个人成为道德价值的至高无上的唯一合法权威和仲裁者。个体主观性原则成为现代性伦理学论证道德合理性的基点，个人成为了新的“上帝”。

于是，在道德相对主义的视野里，任何非个人的、具有普遍性和客观行的道德权威的存在就失去了合法性依据。麦金太尔认为现代道德和现代社会的危机恰恰在于人类传统德性根基的丧失导致了客观的、非个人的道德标准的丧失，“道德行为者从传统道德的外在权威中解放出来的代价是，新的自律行为者的任何所谓的道德言辞都失去了全部权威性内容。各个道德行为者可以不受外在神的律法、自然目的论或等级制度的权威的约束来表达自己的主张”[①]。人们的任何选择都可以立足自我而采取任何一种可能性，每个人都可以自由选择那种他想成为的人以及他所偏好的生活方式。而在麦金太尔看来，价值相对主义在现代道德领域中的集中体现可以用道德情感主义来概括。情感主义被麦金太尔看做现代性道德理论的共同特征。其基本思想是所有的评价性判断，尤其是所有的道德判断，就其在本性上是道德的或是评价性的而言，都不过是爱好、态度或感情的表达。而这些爱好、态度和感情本身不受标准、原则或价值的支配，因为这些东西正是道德的基础，因此优先于对标准、原则或价值的信奉。恰恰是情感主义导致现代道德陷入了道德危机的境地，道德语言处于严重的无序状态，各种各样的道德争论无休无止而不会产生一个合理的结论。无论在理论还是在实践上，人们都失去了道德的明辨力。查尔斯·泰勒也指出，

① ［美］A. 麦金太尔：《德性之后》，龚群、戴扬毅等译，中国社会科学出版社 1995 年版，第 87 页。

没有任何框架为所有的人所共有，或能够被当作唯一最重要的框架，确切来说，现代人认为不存在绝对可信的框架。然而框架恰恰是人们赖以使自己的生活在精神上有意义的东西。没有框架，人就会陷入精神上无意义的生活，以至于“世界彻底丧失了其精神的外观，没有任何事情是值得做的，对可怕的空虚、某种眩晕或我们的世界与肉体发生断裂的恐惧”。[①]

现代性伦理一方面是在价值上不作任何统一规定或限定，每个人都有自己的终极价值。那么现代性伦理唯一可以统一讨论的，是各人为了实现自己独特的终极价值所不可或缺的前提条件，至于终极价值本身，是每个人认为自己的内在之好，那是因个体的偏好与兴趣而定的。而价值多元的社会又为个体的自由选择提供了多种道德生活目标和可能性，个体可以根据自己的实际情况自由选择而不再为某种设定的或外在的价值所限制。正是看到了个体选择权利对于生活的重要性，所以强调个体选择权利的根本性和优先性成为现代社会的基本主张。关于这一基本主张，可以从新自由主义的代表人物罗尔斯那里得到充分说明，“罗尔斯的全部研究都基于这样一个假定，即在对各种社会政治安排予以评价时唯有个人利益才是最重要的，在这里并不存在任何诸如各种文化的、集团的、结构的利益所形成的独特主张或要求。罗尔斯是道德个人主义的典型代表”。[②] 在此情况下，究竟什么是人值得过的生活，人应该追求什么样的生活，每个人都有自己不同的诠释，不同的道德选择，选择完全是个体私己之事，是其他人和机构包括国家和政府所不能加以干涉的。“在个人相对主义的世界里，个人就是国王。尽管他或她可能选择将‘遵守法律’作为其唯一的道德标准，但是无论他（或她）做什么都是其个人的选择问题。如果一个人要选择违反法律，那么最要紧的事就是他没有被人抓住。道德成为一种纯粹个人的事。唯一的道德标准就是没有绝对的道德标准或规范，而只有个人的价值。面对道德问题，我们只负责以最适合自己的方式来解决，我们是自己的私人的法官和评审团。”[③] 于是，每个道德主体基于各自不同的利益关系与价值追求选择适合自己的价值观念与生活方式，这是他们的权利。而

① ［加］查尔斯·泰勒：《自我的根源：现代认同的形成》，韩震等译，译林出版社2001年版，第25页。

② ［澳］乔德兰·库卡斯塔等：《罗尔斯》，姚建宗、高申春译，黑龙江人民出版社1999年版，第13页。

③ ［美］凯文·瑞安、卡伦·博林：《在学校中培养品德——将德育引入生活的实践策略》，苏静译，教育科学出版社2010年版，第34页。

在权利的护卫下，许多人只是随心所欲地根据自己的利益来选择，却丝毫不关心选择的真实内容，不关心作何选择是真正有价值的。而这自然会导致这样的结果：只要是个体作出的选择，那就是正确的、合理的。不同个体之间作出的选择是无法进行比较的，因此也是不能否定的。在这里，个体的道德选择完成了一个转变，即从自我选择的合法性过渡到了自我选择的合理性，从而导致了合法性的泛滥。

道德相对主义对个体价值偏好的宽容，对个体选择权利必要性的捍卫并没有导向更有趣、更有价值的生活方式，不仅未能更好地展现人性的巨大可能性，反而在很大程度上限制了人生活的可能性，使生活变得贫瘠和狭窄，而这事实上导致的是人道德选择能力的弱化与选择空间的窄化。如果我们不能对现实生活中不合理性的东西进行深刻的批判与检讨，而一味地采取宽容与容忍，这无疑是在对恶的放纵，是在制造恶。宽容变成了纵容，权利成为奴役自我的保障。人们的道德生活和精神生活也会在这无原则、无争论、无批判的宽容中变得日趋萎缩，换来的却是对世俗物质利益的近乎疯狂的获取与追逐。“对痞子化、道德沦落要宽容，都不要批判、指责。这种宽容要求人们在不合理现实面前保持沉默，放弃批判精神，这样，价值、思想的多元化便被现实的物质的世俗的一元取代了。”① 不批判现实的人们不再反思生活的正当性与合理性，不再追问选择什么样的生活才是真正体现生活的价值的，而完全沉溺于个体偏好的满足上，随意而为或任性而为，精神的超越、心灵的净化与个性的健全皆成为“奢侈品”而被放逐，生活陷入无序与盲从之中。于是，道德相对主义的盛行所导致的问题是人生存的精神危机或意义困境，现代人的精神生活陷入了空虚与荒芜之中，在很大程度上处于一种积重难返的病理状态。

二 价值中立的道德教育与道德选择

概括来说，以价值个体主义为基础的道德相对主义承认个体是道德选择的最高标尺，生活的价值和意义完全是个体主观选择的结果。只要是个体自己作出的选择，就是合理的，就是正确的。人不能再说什么是对的、什么是错的，因为不存在好与不好，价值领域中不存在事实，不存在真理，一切都是不确定的，都是主观性的。道德选择完全成为个体主观偏好

① 刘智峰：《在精神的废墟上》，载刘智峰主编《道德中国：当代道德中国的深重忧思》，中国社会科学出版社 1999 年版，第 15 页。

的结果和产物。道德选择可以脱离个体生活的背景和空间，生活的意义完全取决于个体的选择，而不与周围的他人、世界以及自己社会的道德传统发生关系。其结果自然是一切道德选择都是允许的，选择什么都是无所谓的，都是正当的、合理的。而这会给道德教育带来什么样的影响或者后果呢？有学者指出："过分强调个体价值的相对性则从根本上否定了个体价值等级的存在，事实上是取消了学校道德教育，奉行的是放任主义的教育策略。如果学校听凭学生各自选择自己的价值，那么，任何学生都可以为自己的任何行为作出在极端相对主义者看来是合理的价值的辩解。这种教育所可能导致的后果恐怕只能是混乱和无政府状态。"① 如此，怎么能够保证选择是道德的？道德教育又何以确保是"道德的"教育呢？正如威尔逊所指出的那样："从根本上取消或拒绝权威，陷入任何一种相对主义，反对有关'正确答案'的整个思想，同样偏离了教育，因为推理观、学习观、认识观、真理观以及教育观本身都与此思想相联系。"② 不仅如此，道德相对主义发展到极端就是怎么都行，怎么都行自然会导致道德的虚无，从根本上动摇道德教育的根基与合法性，"'干什么都行'、'怎样做都容许'，其结果必然是道德秩序的崩溃，道德教育的消蚀。这类道德教育如果说它还确实存在的话，也只能说是'失去灵魂'的教育"。③由此可见，道德相对主义导致了道德的虚无和道德教育的虚无，动摇了道德教育存在的合法性与正当性。

令人担心的是，道德教育不仅未能认识到相对主义极有可能导致的道德教育困境，反而在很大程度上遵循道德相对主义的基本思想和观点，甚至将其绝对化，使相对主义成为道德教育的指导原则。道德相对主义对道德教育的影响往往使道德教育采取中立主义的教育策略，即在价值问题上保持中立，不涉足价值引导的内容，承认各种各样的价值观存在的合法性与合理性，即便明知是错误的、不正确的，道德教育也不能对其进行批判，而只能保持缄默的姿态，各种各样的价值观之间无所谓对错与高低之分。道德教育所要做的、所能做的，就是尽可能把各种各样的价值观呈现出来，让学生按照自己的意愿从中进行自由选择，教育者对学生的道德选

---

① 鲁洁、王逢贤：《德育新论》，江苏教育出版社 2000 年版，第 485 页。

② ［英］约翰·威尔逊：《道德教育新论》，蒋一之译，浙江教育出版社 2003 年版，第 25 页。

③ 鲁洁：《关系中的人：当代道德教育的一种人学探寻》，《教育研究》2002 年第 1 期。

择保持宽容与尊重，即便不认同也不能发表意见，而应保持沉默，更不要说对其加以批判或指责了。

在西方，价值澄清学派可以说是遵循道德相对主义思想的最好例证。价值澄清学派是非常重视学生的选择权利和选择能力的。拉思斯、哈明和西蒙为价值澄清理论规定了一个根本性的原则，即没有经过选择的行动不是真正的行动，没有经过思考的选择不是真正的选择。为此，价值澄清理论强调儿童的自由选择、自主思考和自我实践，反对任何形式的推销、宣传、价值灌输和强制。学校道德教育的主要目的就是通过价值澄清的方法帮助儿童澄清他们自己的价值观，促进统一的价值观的形成。在价值澄清学派看来，重要的是价值的形成、获得价值的过程，而不是什么样的价值是正确的、应培养学生什么样的价值。而价值又源自个人的经验，不同的经验导致不同的价值，每个人都有不同的生活经历和生活经验，而不同的经验会产生不同的价值观，结果是每个人都有自己的价值观。因此，价值只能是相对的。

价值澄清学派遵循了道德相对主义的基本思想，主张学校和教师都没有权利对学生的选择进行评论，而只能表示接受和认可，并且教师也不能向学生传递自己的价值观。价值澄清理论将当时学校教育中流行的传统价值教育的做法，大致归纳为树立榜样、说服、限制各种选择、运用各种规则和规章、运用艺术和文学作品以及文化和宗教信条等。在该理论看来，这些方法是不当的，甚至是无效的，真正价值观的形成必须是儿童自由选择的结果，而上述各种方法都带有灌输的味道和说服的意思，正确的价值都是预定好的，缺少自由探究、自主推理的精神，这根本上不利于儿童价值观的形成。

于是，学生仅仅凭个人的价值偏好去选择他过的生活、他要成为的人，至于他选择了什么样的生活、要成为什么样的人，道德教育是不应加以干涉的，而应保持价值中立的姿态。价值澄清学派的代表人物拉思斯指出：要澄清价值，我们需要毫无批判地接受他人的立场，我们不必对某人的所作所为加以评判。相反，价值澄清法强调，我们要接受原原本本的他人。① 按照价值澄清学派的观点，道德教育所要做的工作就是发展学生的价值澄清的能力和技巧，却不能涉及价值内容的引导与价值观点的评判，

---

① ［美］路易斯·拉思斯：《价值与教学》，谭松贤译，浙江教育出版社 2003 年版，第 2 页。

这自然会提高学生的道德认识能力和道德推理能力，但这种道德认识能力和道德判断能力却是和个体人格、道德自我相分离的。这种分离导致了学生虽可能具有好的道德认识能力和道德判断能力，但却很有可能越来越不知道什么样的选择才是道德的选择，什么样的行动才是道德的行动，即是说，“什么样的选择是合乎道德的”的问题对他们来说越来越模糊，越来越不重要，越来越可有可无，道德行动的价值难以实现，道德自我的建构也难以实现。道德判断离开人的德性品质，就很有可能偏离道德自我的建构。而这导致的是道德教育和道德自我建构的分离，也就是道德教育和精神的分离，精神的转向和提升不再是道德教育关注的对象。道德教育不再关乎什么是有道德的，道德教育的过程缺少实质性的内容，而成为“形式化”的过程。关于形式主义道德的弊端，霍克海默和阿多尔诺曾进行了深刻的批判。形式主义道德无视道德的具体内容，单纯强调道德形式的普遍性和一致性，使道德成为空洞的教条。而这种道德与其说是道德的，不如说是非道德的。因为只要赋予自己的选择以普遍性，罪恶也可以变成道德的。20 世纪 90 年代在美国兴起的新品格教育使价值澄清理论受到了越来越多的批评。尽管如此，由于道德相对主义在道德教育领域以及人们道德生活领域中的优势地位其理论主张在道德教育的实践领域依旧扮演着重要的角色。

道德教育若以道德相对主义作为自己存在与发展的理论支撑，奉行价值中立的思想观点，而放弃价值引导的操守与使命，其导致的最终结果往往是道德教育失去道德的品性、精神教化的本性，道德教育实质上非道德了，道德教育不再具有道德的关怀与向度。英国学者苏珊·曼德斯（Susan Mendus）提出了“去道德化教育”（demoralizing education）的概念和现象，指出现代道德教育从根本上失去了“道德”的意义。所谓的“去道德化教育”，是指在价值多元冲突且不可通约的社会中，教育者认为各种道德议题与道德价值是无法达成共识的问题，对此问题的探讨往往会导致对个体选择自由的侵犯，干涉个体对生活的选择与追求，因此，对此类问题采取漠视的态度，不愿传递实质的道德价值，让其归于私人领域，避而不谈，这客观上自然导致了教育与道德逐渐脱节的现象。而由于道德教育漠视道德的实质性价值，没有好好探究道德的价值，使学生除了强调个人偏好之外，缺乏选择的是非观念和基本标准。此种教育的结果导致人们对自己的道德信念缺乏信心，面对道德信念的冲突充满无力感，往往显得无所适从，道德选择很可能成为随意的，而不再追问什么样的道德选择是有意义的，是利于自我的生成的，于是道德选择失去了道德的意义。

可以看出，价值中立的道德教育使道德教育丢失了自己的教化本性，虽强调了选择权利的必要性和重要性，虽为学生提供了选择的机会和条件，但却对学生选择什么样的生活才是值得过的，什么样的道德选择才是真正符合本真自我的，其作用可以说是微乎其微。人的道德生活的确存在着多种多样的价值观点，面对此，每个人皆理应选择适合自己的生活方式。关于这点，伯林的观点不无道理。然而伯林只是强调了不存在一个完美的解决方案，突出了选择的必要性和重要性，因此并没有向人们解释在多种可能性中，人们该依据什么作出选择，在多种可能性中为什么选择这一个而不选择另一个。似乎在伯林看来，面对冲突的局面，人们只能是去选择，选择完全是偶然的，是任由人选择的，仅此而已。于是，在此意义上我们可以说伯林对价值多元论的主张尽管突出强调了选择对于人存在的必要性和重要性，但若选择不考虑理由，那么选择对于人存在的价值何以体现？而伯林之所以不愿意探讨这一问题，是因为在他看来，各种价值之间是不可通约的，是不可公度的，不论选择哪一个都是合理的、正确的，于是选择根本无需进行比较，道德选择完全成为随意之事，随便怎么选择均可。既然如此，也就无所谓选择不选择了。怎么都行等于怎么都不行。现代道德教育对于道德相对主义的痴迷与信奉似乎预示着随心所欲的选择可以给自己带来更大的幸福，但他们却忘记了道德相对主义也不是什么客观真理，也只能是相对的，而极有可能演变成不可救药的独断论或者不可知论。“相对主义价值观，如果它是真实的并为人所相信，将会使人陷于精神混乱与迷茫，陷于极端危险的政治游戏之中。”① 这是道德相对主义自身无法克服的内在痼疾。

道德教育本应具有引导学生作出正确选择的使命，却在价值中立的思想下成为不可能之事。更严重的是，一旦道德教育不再关注道德的实质性价值，那么对优秀、卓越品质的追求就在道德教育中失去了合法性依据，这完全属于受教育者个人的事情，道德教育不能加以干涉，也没有权利加以提倡与鼓励。若是如此，道德教育的教化价值何以体现？“这种荒唐的见解意味着，不允许人们去寻求人类优秀的品质，即便找到了，也不要加

① ［美］艾伦·布鲁姆：《走向封闭的美国精神》，缪青、宋丽娜等译，中国社会科学出版社 1994 年版，第 156 页。

以推崇，因为这种发现总是与对恶的发现相匹配，并且会让人厌恶这种恶的存在。教育必须用于压抑人的天性与智慧。自然的人欲将被替换成人为的欲望。"① 高尚、优秀、美善的生活在人们的随心所欲之中被消解掉了。而以价值中立为根本原则的道德教育丢弃了其应有的精神内涵与精神旨趣，其结果不是在尊重、开发与提升人的生命，而是把本来丰富多样、富有活力的个体生命推向了贫乏、颓废与干枯之地，"现代教育正在推动人类向相对主义发展。……相对主义否认有任何比其思想更为优越的思想，这一观点与民主主义关于人相信自己的生活方式和其他人一样好的欲望的观点如出一辙。……受过现代教育的人满足于闲坐在家中，对自己的心胸豁达和中庸感到庆幸。正如尼采笔下的拜火教的创始人所说：'为此你们说：我们完全是真实的，没有信仰，也没有迷信。于是你们挺起胸膛——可是胸膛里竟是空的。'"②

第三节　欲望主义视野中的道德教育与道德选择

一　欲望的泛滥

基督教认为人有肉体和灵魂之分，来自肉体的感性欲望是万恶之源，为了来世幸福和道德上的善，人们必须放弃各种感官享受和物质欲望，实施禁欲主义。只有现世的禁欲，才会获得来世的解救。中世纪基督主张的禁欲主义是在此基础上，视肉体的感性欲望为一切罪恶和痛苦之本。主张绝圣弃智，习作苦行，以谋取超越现实，得到解脱。对神的信仰则是基督教的最高道德，这种信仰是对上帝的极度信服和尊重，并以对神矢志不渝的忠诚为行动的准则。人们普遍相信上帝俯瞰世间，主持着人世间的公道，惩恶扬善，人们只需要按照上帝的指引行动。基督教对人们的道德要求就是要把人变成上帝的仆人，人的自主性被抹杀，人的独立性被否定，人的尊严被贱踏，人的意义被抽去，对神的追求与信仰成为此生唯一值得肯定的价值。

---

① ［美］艾伦·布鲁姆：《走向封闭的美国精神》，缪青、宋丽娜等译，中国社会科学出版社 1994 年版，第 23 页。

② ［美］弗朗西斯·福山：《历史的终结及最后之人》，黄胜强、许铭原译，中国社会科学出版社 2003 年版，第 347 页。

启蒙运动打破了基督教一统天下的精神奴役和精神控制，唤起了人们对人自身的重视。人们越来越重视个体的权利和自由、个体的独立性和尊严，个体获得了解放。在尼采看来，启蒙运动对中世纪神学意识形态的攻击还不够彻底，他直接宣布“上帝死了”，从而主张要“重估一切价值”。“上帝死了”意味着永恒的价值不存在了，神圣的道德戒律荡然无存。尼采主张创造新的价值，提倡主观战斗精神，他提倡超人精神和酒神精神，寄望用超人来取代上帝的位置，以解决上帝消失之后人所面对的精神虚无。然而沉浸在世俗生活中的男女在对上帝的信仰毁灭后，对超人是无从追随的，他们不可能打倒一个完美的偶像又用别的偶像来代替，因此人们并未走向尼采呼唤的超人，而是走向了享乐，迎来了欲望的大解放。各种看得见摸得着的物质享乐充分满足着人们日益膨胀的贪欲，人们在物质财富的追逐中纵欲无度，欲望成为了人们生活的关键词和核心词。

刘小枫指出，现代哲学不仅有科学理性化的推进，还有肉身化感觉本体的推进。费尔巴哈的未来哲学宣告的本体化的肉身成为现代哲学的一个阿基米德点。通过历史—经济人概念（马克思），通过原欲生命对道德理性的造反（尼采），通过此在释义论对本质形而上学的解构（海德格尔）和“权力/知识论”对历史科学、人文学的拆除（福柯），以肉身为基点的哲学攻击范围不断扩大。他甚至认为从逻各斯转向肉体，其意义甚至大于哲学的科学化。而这也就是舍勒所指出的本能造反逻各斯的现代哲学思想运动。① 舍勒强调现代现象中出现的最为深刻的变化就是由人的生存标尺的变化而导致人的实际生存状态的变化，现代性的根本特征就是本能冲动造反逻各斯。现代人的理念是一场系统的冲动造反，是欲求的本能反抗精神的控制，结果是感性的冲动冲破了精神的整体情愫。法国哲学家柯耶夫强调西方现代性的理性主体和历史主体，究其实质是欲望主体，是欲望支配着人类生活和个体生活。20 世纪法国哲学家拉康又提出了“欲望主体”，继他的理论之后，德勒兹提出了一种激进的欲望哲学，将欲望作为生产机器，“欲望就是一台机器，欲望的客体就是另一台与欲望相连接的机器。……欲望的客观存在就是自在的和自身的现实”。②

理论的转向和实践的变动是密切相关的。理论或可以看作是实践的先

---

① 刘小枫：《现代性社会理论绪论》，上海三联书店 1998 年版，第 159—160 页。

② ［法］吉尔·德勒兹、费利克斯·伽塔里：《反俄狄浦斯：资本主义与精神分裂症》，王广州译，见汪民安等编《后现代性的哲学话语》，浙江人民出版社 2001 年版，第 48 页。

声，或可以看作是实践的反映，或者两者兼而有之。在欲望的释放和追逐上，理论和实践是合拍的。欲望是现代生活中的高频词和核心概念。展开来说，欲望的追逐已经成为现代人道德选择的主要驱动力，也是其选择的主要目标或者说是最高目标，在此意义上我们可以说现时代是一个欲望盛行或支配的时代。欲望的不断满足所带给人的生活的刺激深深地吸引着现代人的眼球，“理性对欲望的克制好像意味着对人性的扼制。欲望挣脱了理性的限制，率领着人性或生命在生活中浪漫”。[①] 在他们看来，只有在对欲望的不断追逐中才能体验到生活的乐趣。人们的欲望一个接一个地提出，又一个被一个地得以达成，再继续提出其他的要求，并且是更多的要求。要求在很大程度上已经远远超过了人们生活的正常需求。人们的生活仅仅是在欲望追逐中的生活，欲望的制造、追逐、满足成为生活的主要任务。生活展开的过程就是欲望生成和实现的过程。生活的价值和意义也就取决于欲望的满足，满足了多少标示着生活价值的高低。

在欲望的支配下，一切都走向了感官，感官的刺激与满足成了生活的核心与主宰。生活成了各种感觉亮相表演、施展“拳脚”的大舞台，各种感觉来回穿梭，交替上场，“你方唱罢我登场”，而在人的心灵深处没有留下任何值得回味与向往的东西。“人们面对心灵的变化多端和相互冲突倾向，不再相信原有的自然秩序，而用来充作自然秩序的传统已经崩溃了。灵魂成了一个供定期换演节目的剧团使用的舞台——有时上演悲剧，有时上演喜剧；今天是爱情，明天是政治，后天是宗教；一会儿是世界主义的一视同仁，一会儿是寻根的诚笃专情；一会儿是城市，个人主义，充满伤感，一会儿歌颂农村，团体主义，残忍无情。对于所有这一切，人们既没有原则也没有意愿去赋予它们以等级秩序。所有的时代和区域，所有的种族与文化都可以在这个舞台上演出。”[②] 不仅如此，一种感觉很快就会变得了然无趣，令人乏味、厌倦。如何更好地开发感觉、寻求新的刺激，成为人不懈努力的目标。极端享乐只能“给我们的神经不同程度的刺激，不会使人的内心充满快乐。一种没有快乐的生活又迫使人去追求新

---

① 金生鈜：《规训与教化》，教育科学出版社 2004 年版，第 26 页。

② ［美］艾伦·布鲁姆：《走向封闭的美国精神》，缪青、宋丽娜等译，中国社会科学出版社 1994 年版，第 162 页。

的、越来越富有刺激的享乐”。[①]

消费社会的到来更是为个体欲望的解放以及追求感官刺激的娱乐化生活提供了可能。传统社会是生产型经济，传统经济的模式是生产什么消费什么，生产多少消费多少。消费是被动的，并不被看作经济发展的因素。但在消费社会，消费什么则生产什么，消费需求成为经济发展的动力与目标。从更深层次意义来说，消费社会与生产社会之不同，主要在于生产社会注重的是对商品使用价值的消费，而消费社会关注的则是对商品符号价值的消费，“消费文化标示着消费不再是一种效用或者使用价值的简单实现，而是变成了符号和形象消费，其着重点在于有能力无穷无尽地重塑商品的文化或象征层面，使它更适合充当商品符号”。[②] 消费就其本来意义而言，追求需求的满足，而需求的满足是以一定的使用价值为前提的。在这一意义上，商品的消费价值是由它所具有的使用价值所决定的。但是在现代社会中，商品的消费价值的衡量尺度却发生了巨大变化。在消费文化的视野中，商品的消费价值不再主要以其使用价值为衡量尺度，商品的符号价值越来越成为商品价值的重要组成部分。商品及其形象成为一个巨大的符号载体，刺激人们的欲望并驱动人们的行为选择。人们购买商品越来越忽视使用价值，而更注重商品对于身份、地位和声望的象征意义。于是，每个个体都希望尽可能多地赚钱、及时消费和占有财富，不断提高自己的消费品味和档次，“我们庞大而多产的经济……要求使消费成为我们的生活方式，要求我们把购买和使用货物变成宗教仪式，要求我们从中寻找我们的精神满足和自我满足……我们需要消费东西，用前所未有的速度去烧掉、穿坏、更换或扔掉”。[③] “从前，人们总是把自己所占有的一切都保存起来，尽可能长久地使用这些东西。购买一件什物的目的是为了保留它。那时人们的座右铭是：‘东西越旧越好！’今天，人们买来物品是为了扔掉它。今天的口号是：消费，别留着。……今天的座右铭是：‘东西

① ［美］埃里希·弗洛姆：《占有还是生存——一个新社会的精神基础》，关山译，生活·读书·新知三联书店 1988 年版，第 124 页。

② ［英］迈克·费瑟斯通：《消解文化——全球化、后现代主义与认同》，杨渝东译，北京大学出版社 2009 年版，第 105 页。

③ ［英］迈克·费瑟斯通：《消费文化与后现代主义》，刘精明译，译林出版社 2000 年版，第 39 页。

越新越好’！”[①]

消费主义的道德准则是追求体面的消费，渴望无节制的物质享乐和消遣，试图以物欲的满足和占有来构筑人们的社会、心理甚至是精神的需求，把人的生活目的和人生价值单一地定位在物质财富的享用和高消费的基础上。[②] 在此情况下，个体生活的过程就简化为物的占有、物的消费与物的再占有和再消费的不断循环过程，生命的价值就由物来标识。“我们生活在物的时代：我是说，我们根据它们的节奏和不断替代的现实而生活着。”[③] 波德里亚明确指出这种盲目崇拜物的逻辑就是消费的意识形态。在此意义上，我们说消费文化的根本思想是物质主义的，其所提倡和打造的生活方式也是物质主义的。而这恰恰是消费文化给社会发展和个体发展带来困境的根源所在。

而如果个体成为消费文化的信徒，一味沉溺于物质消费之中，也就意味着个体单单追求感官的享受和娱乐，经常性地追求新时尚、新风格、新感觉、新体验，“遵循享乐主义，追逐眼前的快感，培养自我表现的生活方式，发展自恋和自私的人格类型，这一切，都是消费文化所强调的内容”。[④] 消费制造出一种假象，即人们在对物的无止境的追求中似乎能够得到某种心理满足。它导致人们把由消费引起的快感等同于幸福，因而幸福不再是对某种终极的理想信念的追求，而成为每个消费者当下体验的快感。物质主义的价值取向势必会导致享乐主义生活方式的盛行，物质主义和享乐主义的联手或联姻是自然而然的，这是消费文化的必然逻辑。

就中国的情况而言，中国文化传统和教育传统对民众的理性启蒙与教化不足，更多的是群体、社会、国家所构筑的各种道德规范和意识形态对个体的控制和支配。个体的解放和个性的发展恰恰是摆脱道德规范和意识形态的制约，凸显个体选择的自由和个体存在的价值。正是由于此种原因，20 世纪 80 年代所形成的张扬人的理性、凸显人的主体性的思想运动犹如昙花一现，在 20 世纪 90 年代就被以身体化为核心的大众文化运动所湮没。这种大众文化运动虽在某种程度上解放了人的个性，释放了人的欲望，减轻

① ［美］埃里希·弗洛姆《占有还是生存——一个新社会的精神基础》，关山译，生活·读书·新知三联书店 1988 年版，第 77—78 页。

② 马惠娣：《自由时间：人是自由的吗?》，《求是学刊》1999 年第 5 期。

③ ［法］波德里亚：《消费社会》，刘成富等译，南京大学出版社 2000 年版，第 2 页。

④ ［英］迈克·费瑟斯通：《消费文化与后现代主义》，刘精明译，译林出版社 2000 年版，第 165 页。

了社会和国家对个人思想和行动的控制，但却不能培养人的理性精神和理性能力。备受身心摧残的个体获得了新生，未能向着理性的道路发展，培植起理性的能力，而又重归于对身体的关注上，感官的刺激与满足占据了生活的主流。按照美籍华人孙隆基的分析，中国人自古以来就存在着严重的“身体化”倾向，人是以“身体化”的形式存在着。所谓的“身体化”的存在，是指将整个生活的意向都导向满足“身”之需要，而“身体化”需要的内容就是指“搵食”与“安身”。

人沉溺于肉身的享受之中，导致的是道德的沦落，也自然是人性的堕落。正如鲍曼所说：“肉体是享受的工具，因此必须赋予它世界上所拥有的一切诱人之处；但是肉体也是最珍贵的财产，因此必须不惜一切代价保护它不受到外部世界的削弱和最终的摧毁。这种明显不协调的因素各自所需要采取的行动有着无法消除的矛盾，这一矛盾必定成为忧虑的无穷无尽的源泉。我认为，它是我们时代最常见和最典型的神经官能症的主要原因。”① 人一旦成为欲望的奴隶或者说是欲望的机器，欲望一旦成为人选择的最高标尺和根本标准，那么道德选择就变成了个人感觉性体现的标尺，个体在这种选择中没有积极的价值体验和价值感受，体验不到道德的价值和生活的意义，体验不到精神的历险与提升，“现代人喜欢追求种种伪造的理想：在这些名目繁多的理想中，生活的所有实质内容变得越来越形式化地空洞，越来越没有个体灵魂的痕印，生命质地越来越稀薄，人的自我却把根本不再是个体生命感觉的东西当作自己灵魂无可置疑的财富”。②

以欲望追逐和满足为旨归的人放弃了对生活的信念，不管是神圣的还是世俗的，更放弃了任何对乌托邦和完美社会的信任，不再抱持任何适宜于远程的目标和努力，他们更愿意将生命过程看作一场游戏、一个梦境，他们以审美的态度来观照现实世界，拒绝对其进行道德关怀。生活空间是一个充满了刺激和消遣的奇观，这个奇观的娱乐价值压倒了所有其他的考虑。生活成为他们的游戏场，对任何事物都不会保持一种道德关注态度。在他们视野中，道德生活只是个体感觉欲望释放与满足的场域，道德存在的价值也就是服务于个体对感觉欲望的追求和满足，而缺乏对当下生活的体悟，对生活意义的思索。人之存在的意义和价值的佐证变成了人之感觉和本能欲望的持续不断的满足。人们热衷的更多地是身体上和肉体上的体

① ［英］齐格蒙特·鲍曼：《个体化社会》，范祥涛译，上海三联书店2002年版，第327页。
② 刘小枫：《刺猬的温顺》，上海文艺出版社2002年版，第61—62页。

验与满足，而不是精神的体验与灵魂的改善。一切都不是真实的，只有个我的感觉所把握住的，才是真实的。人们在不断的身体体验上，似乎抓住了生活的价值和意义。各种花样翻新、层出不穷且总是令人获得愉悦体验的东西，是食物、饮料、服装、展览品、音乐会、体育赛事等卖点。人们体验了从来没有体验过的体验，体验了比以前更强烈的体验。每一次新刺激必须比前一次更加刺激，更加与众不同，也更加无法抵抗和更加兴奋不已。

在这种情况下，生活演变成了“儿戏”或“游戏”，爱怎么过就怎么过，想怎么过就怎么过。“玩的是心跳”，“要的是过瘾”，以至于“过把瘾就死”也在所不惜。快乐主义是现代人的人生观和价值观，“快乐是永远的家”，“生命的一切只为拥有它”，《快乐老家》这首流行歌曲表达了现代人的追求。人们沉溺在“欢乐”的海洋里，“给自己找乐子”也已成为人们的经典名言加以遵循，每个人都无拘无束、百无禁忌地在娱乐的海洋里自由畅游，尽情体验，无畏地追逐，什么哲人所标榜、所宣扬的“幸福地栖居者”、“诗意地活着”已经成为无稽之谈。人们似乎再也不用为追问生活的价值和意义而忧心忡忡、备受煎熬了。快乐的生活谁人不向往，痛苦的选择谁人不逃避?！快乐的生活样式令人趋之若鹜，并成为高尚道德的基础。人的心灵世界被日益强劲的感官冲刷着，浸泡着，侵蚀着，失去了其应有的深度、高度和广度。然而，沉浸于游戏人生的人们却浑然不知，依旧在忘情地笑，疯狂地乐，声色犬马，纵欲无羁，这不能不说是现代人的悲哀之处！

二　娱乐化的道德教育与道德选择

在欲望居于统治地位的时代，以精神教化为本性的道德教育漠视或弃置了自己的使命，而迎合或适应现代人的生活追求与价值旨趣，踏上了“娱乐化”的道路。现代的道德教育信奉的是完全主观随意性的道德而非客观必然的道德规范，是身体的快乐的道德，而非心灵的精神的道义；是随机的兴趣模仿或游戏体验，而非执著坚定的价值信念和严肃主义的高尚或理想；是非连续的激情跳跃和嘈杂的异质强调，而非连贯的说教式道德言说①，这是一种娱乐化和游戏化的道德教育，而不是道德化的道德教

① 万俊人：《现代性的伦理话语》，黑龙江人民出版社 2002 年版，第 35 页。

育。学校尽管还在宣扬德育重要、德育为先，但却不再引导学生追问和探询什么是好的生活，什么是值得追求的美德，道德理想和生活价值问题因需要认真严肃思考而被冷落；教育方式也是“轻松”的和“欢快”的，不能也不要批评和指责学生，教师和学生“一团和气”。对于学生而言，他们接受道德教育，不是为了培育和完善自己的道德品性和道德人格，提升自己的道德境界，而是因为意识到道德是其获取利益、谋求享乐的有效途径，至于行为合乎不合乎道德已经无足轻重，不需考虑了。德性已经被他们拒绝了，他们只想快乐地生活，做他们喜欢的事，什么有意思就学什么，什么刺激就追求什么，积极向善的道德被快乐的道德所代替。道德被降到身体感觉的层次上，人的道德性在于日常的享乐和感觉的丰富性，德性成为为个体欲望的满足服务的实用性工具和功利性手段。

就其本质而言，功利主义的观点可以说是这种“娱乐化”道德教育的根本理论依据。换句话说，现代道德教育基本上是按照功利主义的观点来进行谋划的。让我们来简单看一下功利主义的基本观点吧。功利主义尽管主张最大多数人的最大幸福，但其根本的理论预设是强调人性上的趋乐避苦，把对快乐的追求作为选择的最高标尺和最终依据。功利主义的大师边沁猛烈批判了禁欲主义，而宣称趋乐避苦乃是人的天性，禁欲主义恰恰扼杀了人对快乐的追求，导致了对人的专制和奴役，而只有功利原则才能真正调节人们追求各种目的的活动。在功利主义看来，快乐是人的终极目的，因此快乐被当作人道德选择的最终依据和最高标准。“自然把人类置于两个至上的主人‘苦’与‘乐’的统治之下，只有它们两个才能指出我们应该做些什么，以及决定我们将要怎样做。在它们的宝座上紧紧系着的，一边是是非的标准，一边是因果的环链，……功利原则承认人类受苦乐的统治，并且以这种统治为其体系的基础。”① 换句话说，凡是能增加人的快乐的事情，就是善的、值得选择的，凡是给人带来痛苦的事情，则是恶的。功利主义的道德原则主张快乐就是善，快乐就是幸福，而快乐之所以是善、是幸福，是因为它能够满足人的感觉或欲望。事物是善还是恶取决于它给我们的感觉是什么。于是，道德为欲望的满足作了充分的目的合理性论证。而快乐的实质就是建立在经验感觉基础上的利益。功利主义以趋乐避苦作为人道德选择的根本依据，一方面导致了丰富的人性简单

① ［英］约翰·斯图亚特·穆勒：《功利主义》，叶建新译，中国社会科学出版社 2009 年版，第 37 页。

化；更重要的一方面，从根本上漠视甚至是消解了人对美德的追求，导致的结果是，“纵欲被赋予了新的价值。日常生活的提高，已经由自然神论者转换成一种对幸福追求的肯定，现在开始转变为对肉欲的推崇”。① 若以功利大小作为人道德选择的根本标尺，就无法避免工具理性的滥用。因为既然功利大小成为评价人的选择合理性的最终标准，自然会导致人们对于能带来利益的工具性手段的推崇和追逐，以手段善来决定目的善，而结果便是欲望的泛滥，“这里只有欲望，剩下的唯一标准是欲望的最大程度的满足”。②

金生鈜教授强调现代人已经对道德无所求，对有德性的生活失去了本真的体验，他的情感、他的欲望、他的追求、他的目标、他的生活没有为德性留下践行的余地，他的美好生活只是更多的肉体享受的丰裕生活，而不是去追求德性的有善的目的的生活，“现代教育教给人的唯一的东西就是为了活得快乐，为了自我保存，为了获得认可而拼搏，全然忘记了教育任务最重要的部分是造就品格优秀、德性高尚的人，所以，现代生活与教育失去了人性养育的真正高度，造就了普遍的无教养的状态。教育还存在着，而教化已经终结”。③ 这无疑在很大程度上切中了当今教育和道德教育的痼疾与弊端所在。道德教育不是在培养有德性的人，而是在培养会享乐、会追逐自我利益的现代的势利之人。学生接受道德教育，不是为了培育和完善自己的道德品性和道德人格，提升自己的道德境界，而是因为意识到道德是其获取利益、谋求享乐的有效途径，至于道德选择合乎不合乎道德已经无足轻重，不需考虑了，尽管每个学生的道德选择对于他个人而言是独特的，选择的权利是不可剥夺的。向善的道德被快乐的道德所代替，于是道德等同于感官享乐，如同利奥塔所指出的那样，“所有道德之道德，都将是‘审美的’快感”。④ 他们只想快乐地生活，做他们喜欢的事，希望成为体验和追逐快乐的消费人，而不想成为道德的人。什么好玩就学什么，什么刺激就追求什么。在现代社会，金钱和权力能够给人们带来快乐，学生学习的主要目的就是今后能够获取更多的金钱，现在学习的

---

① ［加］查尔斯·泰勒：《自我的根源：现代认同的形成》，韩震等译，译林出版社 2001 年版，第 502 页。

② 同上书，第 117—118。

③ 金生鈜：《规训与教化》，教育科学出版社 2004 年版，第 227 页。

④ ［法］让－弗朗索瓦·利奥塔：《后现代道德》，莫伟民译，学林出版社 2000 年版，第 2 页（引言）。

一切都是为了今后能够多赚钱、赚大钱。至于什么是真正的快乐，什么是真正的需要，早就被抛至一边。道德已经被他们拒绝了，没有什么事情需要思考，也没有什么正确与错误之分，似乎自己所选择的就是合理的，只要快乐就行，“我选择我喜欢”，“我喜欢我选择”。

学校在这种风气和潮流面前也不再过问与探寻什么是好的学校，什么是好的教育，而竞相满足他们的现实需要，为他们今后的成才立业铺路，至于成人、做人的问题则置若罔闻，学校无疑变成了人们追求娱乐与快感的竞技场，而不是培育德性的道德空间。学校尽管还在宣扬德育重要，“育人为本，德育为先”，但已经成为想骗人却几乎没有人相信的自欺欺人的口号了。娱乐成了学生释放生命能量的主要方式，乃至唯一方式，人们在娱乐中最大限度地消耗自己的时间和精力，“在我们的时代，消费品和品牌要比道德命令更为常见，对物质的要求超越了人道主义的责任，需求超越了德行，享乐也超越了行善。道德主义时代将抑制情欲作为目标，而我们的时代却对此加以鼓励；道德主义激励人们要对人对己尽职尽责，而我们的时代却推崇舒适安逸。诱惑、享乐取代义务成为了上帝，而广告便是其先知”。①

道德的生活根本上不可能是娱乐的生活，不可能是欲望支配下的生活。欲望获得人的资格且成为人的标志之后，衡量人的尊严、生活的价值不再看人是否拥有德性，而是看其财富的多寡，金钱拥有的数量的；个体的价值是以住房、汽车、服饰、使用工具的档次和名贵程度来度量的；生活的目的不是追求理想和终极关怀，而是拼命赚钱获利，及时消费，及时享乐，尽情享受世间的快乐。可以看出，在欲望支配下的个体选择无法保证生活具有道德的意义，欲望下的选择消解了生活的道德性。大多数中外哲人都认为，丰富的心灵是幸福的真正源泉，精神的快乐远远高于肉体的快乐。每个人天性中都蕴涵着精神需求，在生存需要基本得到满足之后，这种需求理应觉醒，它的满足理应越来越成为主要的目标。克尔凯郭尔区分了精神与欲望。在他看来，正是精神给予人以生命，人即精神。人要成为自我，应当构建自我理想，而这一过程就体现为一种精神本质。欲望追求现实的物质利益和感官刺激，欲望及其表征的美感生活则体现为精神的失落，实际上就是人性的堕落。唐璜所追

① ［法］吉尔·利波维茨基：《责任的落寞——新民主时期的无痛伦理观》，倪复生、方仁杰译，中国人民大学出版社 2007 年版，第 39 页。

求的生活就是美感的生活，其生活的主要任务就是欲求和占有。克氏描绘了人类缺乏精神的一般图景："当前的人类是如此地缺乏精神，以至人不再拥有倾向于作为'精神'的'自我尊重'，唯一的自我尊重是与兽类动物相联系的。"[①] 现代人宁愿相信自我保存就是道德的唯一标准，不愿相信道德崇高。肉体战胜精神，人无异于动物，精神失落了。精神的失落也就标识着人性的堕落。

道德是人存在的根本方式，把道德演变为对快乐的追求，对本能欲望的追求，这不是道德教育应有的立场，"如果感觉、愉快和不愉快可以作为衡量正义、善良、真实的标准，可以作为衡量什么应当是人生的目的的标准，那么，真正说来，道德学就被取消，或者说，道德的原则事实上也就成了一个不道德的原则了；——我们相信，如果这样，一切任意妄为都将可以通行无阻"。[②] 人的欲望若不加以控制，就必定如同"潘多拉的魔盒"一样，一经打开，就会给人的生活带来巨大的灾难。欲望的放纵导致的结果只能是空虚、迷惘、焦虑、彷徨。而人又难以忍受生活的单调空虚，四处寻觅或发现某些依旧是无聊之物来慰藉，沉迷于生活中的琐碎小事，从事一些索然无味、毫无意义的活动来消磨时光，打发日子。个体不愿也不想为自己确立生活的努力方向，在自我所营造的封闭世界里漫无目的地游荡与徘徊，只关心个人利益和个人感受，公共生活与公共事务以及随之而来的公共责任皆与个体的生活无关，人与人之间的关系疏远，感情冷漠，心理距离拉大，责任共享与共负的意识消失殆尽，责任变成了虚壳。只要人在欲望上无所畏惧，无所不为，无所节制。涂尔干的断言"当各种倾向都得到释放，而不受到任何限制的时候，它们自己就会变得专横跋扈，这些倾向的第一个奴隶恰恰就是那个能够体验到它们的人"，[③] 恐怕不是捕风捉影的虚幻之词，而在此情况下，人的道德生活必定处于荒芜之中，人性拯救与精神提升就无法得以实现。

可以说，娱乐化的现代教育和道德教育无力培养有善性、有善心、有善能的人，反而只能将人导向于单向度的发展境地，非人化的地步，释放

① 杨大春：《沉沦与拯救：克尔凯郭尔的精神哲学研究》，东方出版社 1995 年版，第 44 页。

② ［德］黑格尔：《哲学史讲演录》（第 3 卷），贺麟、王太庆译，商务印书馆 1959 年版，第 73 页。

③ ［法］涂尔干：《道德教育》，陈光金、沈杰等译，上海人民出版社 2001 年版，第 46 页。

与开发的是人的动物性，而不是展现人性中美好的因素、积极的因素，导致人脱离他人，脱离社会，脱离自我的本性，脱离世界的本源。“各种出于本性就是高贵的或令人钦佩的东西，本质上乃是人类高贵性之整体的组成部分，并与这一整体联系在一起；它们都指向秩序良好的灵魂，那是人类现象中无可比拟的最令人敬佩之物。对人类优异性的钦佩这一现象，除了凭借特别的假设外，无法从享乐主义或者功利主义立场加以解释。”① 可以看出，在娱乐原则的支配和左右下，生活的伦理性没有了根基，教育的严肃性被消解了，道德教育则失去了道德的因素，失去了教育的力量。如此的道德教育所培育和所造就的更多的是“欲望的囚徒”、“享乐的机器”，是尼采眼中的“最后之人”，“这种人经过对长远利益的算计，很巧妙地以新的方式满足了一大堆眼前的小小需要。‘最后之人’没有任何获得比他人更伟大的认可的欲望，因此也就没有杰出感和成就感。由于完全沉湎于他的幸福而对不能超越这些愿望不会感受到任何羞愧，所以，‘最后之人’已经不是人类了”。② 他们虽有追求，但却没有精神的追求；虽有抱负，但却是对利益物的获得；虽有无止境的快乐，但却无法体验真正的幸福感。他们缺乏内在的自我，缺少自我意识，对生命和生活也缺乏自身的感受，也缺乏改变自我生活的能力，他们多半根据自己的本能生存着，追求自我保存，灵魂已经远离了他们。确切地说，他们放逐了自己的灵魂和精神，成为了自己灵魂和精神之外的“流浪者”和“观光客”③，而不是自己精神与灵魂的守护者与照看者，不具有福柯所强调的自我照看能力。于是，灵魂和精神处于麻痹状态、禁锢状态。生活迷失在无所作为的窘境之中。事情发展的结局只能是人成了自身的奴隶，成了自身欲望的奴隶，而这事实上也就意味着人丧失了做人的尊严与品性。

---

① ［美］列奥·施特劳斯：《自然权利与历史》，彭刚译，生活·读书·新知三联书店2003年版，第129页。

② ［美］弗朗西斯·福山：《历史的终结及最后之人》，黄胜强、许铭原译，中国社会科学出版社2003年版，第13页（代序）。

③ “流浪者”和“观光客”是鲍曼使用的用来描述后现代社会状况下人的模式的两个术语，在他看来，这两种类型的人的生活的主要特点是身体上的亲近和精神上的疏远，在大多数情况下，美学意义是他们所需要的并可以忍受的唯一意义。流浪者和观光客的生活中没有打算囊括进去的，并且常常拒绝囊括进去的事情，就是笨拙的、无能为力的、令人不悦的、令人失眠的道德责任。他们自由地生活在自己的美学空间中并原谅自己对道德空间的遗忘，这样的生活就是他们所向往和追求的理想生活。具体请参见齐格蒙特·鲍曼《后现代伦理学》，张成岗译，江苏人民出版社2003年版，第282—288页。

第四节　工具理性主义视野中的道德教育与道德选择

一　工具理性的僭越

在韦伯看来，现代社会区别于传统社会有两个基本特征，一个是世界的去魅，一个是理性化，而这里所谓的理性不是价值理性，而是工具理性。韦伯指出科学构成了工具理性的基础。科学强调的是事实和逻辑，只能保证手段的正确，却无法反省与批判所追求的目的。于是，工具理性带给人的不是反思，而是算计；不是批判，而是推论，不是反思所追求目的的合理，而是追求手段的高效以便实现利益的最大化。泰勒则认为工具理性是人们在计算最经济地将手段应用于目的时所依托的一种合理性，最大的效益、最佳的支出收获比率是判定工具理性成功的尺度。工具理性的全面统治与价值理性的隐退导致的后果就是世界的去魅，世界的无意义。世界的去魅也是现代社会的根本特征之一。韦伯指出这两个方面是相互联系的，正是工具理性的甚嚣尘上导致了价值理性的退场，消解了生活的整体意义。“我们这个时代，因为它所独有的理性化和理智化，最主要的是因为世界已被除魅，它的命运便是，那些终极的、最高贵的价值，已从公共生活中销声匿迹。”① 而世界的去魅也是工具理性发展的一个必然结果。韦伯强调我们注定要生活在一个没有神、没有先知的时代，世界根本不存在任何天启的意义，工具理性不仅不能提供这种意义，甚至在根本上还消解了对意义的追问，它能做的且只能做的是为了达成我们所设定的目标所需要的手段以及导致的后果可能是什么，至于目的是否合理，是否有价值，它是无力问津的，也认为这个问题是没有意义的。工具理性的视野里存在的只是物、事实和工具，生活的价值和意义这种问题由于不具有工具性的意义，因此无法得以说明和证明，因此被视为是无意义的形而上学问题，甚至宣布其为假问题，无需探究。

鲍曼强调现代革命的核心是工具的解放，工具开始从目的中解放出来。工具的解放带来的是工具理性的盛行。在工具理性的驱动和作用下，人们走向了世俗生活，这是一次人性的解放。但是，回到世俗生活并不是

---

① ［德］马克斯·韦伯：《学术与政治》，冯克利译，生活·读书·新知三联书店 1998 年版，第 48 页。

要满足于世俗生活，停留于世俗生活，认为世俗生活就代表着生活的意义。然而现代人却把世俗生活作为生活的终极目的来认同，把有限价值当作了人生终极关怀，认为生活的全部意义就在于世俗生活的追求与世俗利益的获得。在工具理性支配下，人们的道德选择完全是为了追求外在的物质利益，对物质利益的追求成为生活的最高目标，甚至是唯一目标。尽管从表面上来看，人们是在不断地开发物、占有物，物俨然成为人手中的“玩物”，是人在支配物。然而我们进一步思考则会发现，人的生活是由对物的不断追求中而得以实现的。人生活的过程可以简化为物的开发、物的占有、物的消费与物的再开发、再占有与再消费的不断循环过程。除了对物的一味占有和利用可以吸引人的眼球外，人们在其他方面似乎可以不闻不问。人生活的主题就是对物的占有和利用，人存在的价值也要看对物的占有程度。人依赖于物，迷恋于物，物于是成为人与人之间建立联系的主要甚至是唯一标准，也成为社会关系维系的主要甚至是唯一纽带。在这种情况下，人实际上成为物的工具，被物所奴役，沦为自己所发明、所创造的物的奴隶。人被自己所创造或发明或制造的物奴役了，物主宰了人。在弗罗姆看来，人已经创造了一个前所未有的人造物的世界，并且还建设了一个管理着人所创造的技术机器的复杂的社会机器。然而，人所创造的产品却高于人，凌驾于人之上。人在物的面前并不是中心，而只觉得是一个他双手创造的机器人的奴隶。人发挥出来的力量越是有力和巨大，他越是觉得自己越无力成为人，“在现代文明的发展中，人之物、生命之机器、人想控制而竭力用力学解释的自然，都变成了随心所欲地操纵人的主人；‘物’日益聪明、强劲、美好、伟大，创造出物的人日益渺小、无关紧要，日益成为人自身机器中的一个齿轮”。①

工具理性的泛滥与嚣张根本上导致了价值的颠覆——有用价值凌驾于生命价值。对此问题，尼古拉·别尔嘉耶夫曾作过非常详细的刻画：“在这个世界上，高价值的比那些低价值的更孱弱，更微不足道。价值最高的被钉死，价值低的却凯歌高奏。警察、武官、银行家、律师总是强者，诗人、圣者、哲学家、先知总是弱者。……在这里，新思想、新生活的先驱和创造者横遭迫害，死于无辜，而恪守社会习惯性生活的平庸之辈却节节

① ［德］马克斯·舍勒：《价值的颠覆》，刘小枫编，罗悌伦等译，生活·读书·新知三联书店1997年版，第161页。

得胜。”[①] 现代社会的价值体系发生了颠倒，本末倒置，而且其势头有增无减。价值评价颠倒的首要表现是商人和企业家的职业价值被提升为普遍有效的道德价值，甚至被视为最高价值。而就主体的心态而言，有用价值与生命价值的结构性位置发生了根本转换。如今，有用价值凌驾于生命价值。人们对金钱或物质利益的趋之若鹜就是最好的证明。人们关心的仅仅是各种实践活动能给自己带来多少金钱，或者其他物质层面的利益，至于各种实践活动本身所具有的意义则变得越来越模糊，生活的意义就在于物质利益的追逐与获得。“什么东西都有一个价钱，你需要赚到足够的钱付那价钱。工作可以有许多类，但在这里全都被同质化，因为它们全可转化成钱。什么东西都是可货币化的。科学所要求的量的世界在人类生活中已变成钱的王国。钱是这样一种东西，它考虑到了人类所有价值的量化，从而使它们的交易成为可能。”[②] 波德里亚称现代人没有操纵金钱，反而被金钱所操纵，变成了“金钱的粪土”。在他们的观念中，谋取金钱和各种物质利益便是生活的根本的法则，甚至是唯一的法则。友谊、爱情、亲情都可以用金钱来买卖。人与人之间不能进行推心置腹的对话与交流，不具有真正的同志般的情意，而更多的是相互利用的虚情假意。钱在现代人的心目中成为判定成功人士的标尺，成为判定高尚人士的标尺。除此之外，任何事情都是可以的，不存在什么正确的道德原则。

这种情况充分反映了人们在道德选择的目的和手段的倒置，即将二者的关系颠倒了过来，本应为目的服务的手段，现在却成了人们追求的“目的”，目的成为手段的支配物，手段优先于、凌驾于、重要于目的。目的的合法性与合理性取决于手段的合理性与合理性。手段支配着人的思想和观念，对手段的选择成为人生活的主要和根本目的。而这无疑可以说是导致现代社会出现种种危机与困境的深层原因。别尔嘉耶夫指出：“人之所以陷入这样的迷途，在于把力量与卑劣的手段搅混在一起，以为为着实现目的，卑劣的手段也会变成高尚的东西。其实，一切生命凭借卑劣的手段并不能任何目的。这里，手段貌似给人力量，实际上却使人降格为手

---

① ［俄］尼古拉·别尔嘉耶夫：《人的奴役和自由》，徐黎明译，贵州人民出版设 1994 年版，第 47 页。

② ［西］雷蒙·潘尼卡：《看不见的和谐》，王志成、思竹译，江苏人民出版社 2001 年版，第 24—25 页。

段的奴隶；而所能实现的不外乎奴役意志的行动，决不是解放意志的行动。”① 克莱夫·贝尔认为野蛮即市侩的标准就是分不清目的和手段，也分不清直接手段和间接手段，导致手段和目的关系的混乱，从而导致了生活的无序与混乱。

人具有精神的想象力，人需要追求独特的精神生活并为自己所选择的生活价值负责，人渴望幸福的生活，这在工具理性的逻辑下变得无法实现。工具理性从根本上不仅消解了人对意义的追寻，因为工具化的生活模式摧毁了孕育意义的土壤与空间，从而把意义生活空虚化了，还威胁着人作为道德主体的资格，“技术意味着将生活打碎成一系列的问题，将自我打碎成一个产生问题的多面体，每一个问题都要求单独的技术和单独的大量专门知识。……道德自我在碎片中不能并且没有生存下来。技术世界是一个由需求所绘制的世界，对快速满足的阻碍所玷污的世界，为赌徒、企业家和享乐主义者留下了空间——但是没有为道德主体留下空间。在技术的世界中，道德自我引起对理性计算的忽略、对实际应用的鄙视和对快乐感觉的冷漠，因而是一个不受欢迎的异类”。② 别尔嘉耶夫指出：“技术的统治有一个令人难以忍受的和人的灵魂不太适应的结果。时间变得极快，其速度之快，人无法追赶。任何一个瞬间都没有自身的价值，它只是下一个瞬间的工具。人被要求具有不可思议的能动性，这种能动性使他无法平静下来。但这些能动的时刻使人成为消极的，他变成人以外的过程的工具，他只是生产过程的功能。人的精神的能动性被削弱了。人被从功利主义的角度加以评价，按他的生产能力加以评价。这是人的本质的异化和人

① ［俄］尼古拉·别尔嘉耶夫：《人的奴役和自由》，徐黎明译，贵州人民出版社 1994 年版，第 48 页。

② ［英］齐格蒙特·鲍曼：《后现代伦理学》，张成岗译，江苏人民出版社 2003 年版，第 232—233 页。事实上，在鲍曼看来，工具理性不仅瓦解人作为道德主体的资格，工具理性的僭越还会给人类社会带来巨大的灾难。在他看来，现代性大屠杀与工具理性之间存在着密切的关系。在其代表作《现代性与大屠杀》中，他对这一现象进行了分析。使道德保持缄默是理性化趋势的主要关怀，准确地说，是它作为行为的理性协作工具获得成功的基本。当他追求以完美的理性方式来解决日常问题的时候，便显示出能够产生大屠杀解决方式的能力。（第 39 页）概括来说，大屠杀肇始于一种真正的理性关怀，并由一个忠实于它的形式和目的的官僚体现造就。正是由于工具理性的精神以及将它制度化的现代官僚体系，才使大屠杀之类的解决方案不仅有了可能，而且格外“合理”，还大大增加了它发生的可能性。（第 24—25 页）［英］鲍曼：《现代性与大屠杀》，杨渝东、史建华译，译林出版社 2002 年版。

的毁灭。"[①] 在技术理性的王国里，技术本质上不能容纳任何人性的东西。反过来说，只有消解掉人性之后，方可打造技术的世界。在此，人类除了对技术所创造的可能性进行适度的评价外，没有构想任何可以对其选择的方向进行评价、衡量和批评的智识或道德的基准点。于是，人失去了精神的特质，失去了生命的独特性，而演变成了物质化的存在。那么，人与人之间也没有了差别，千人一面的现象在技术化的视野里达成了，这无疑是对人存在的最大的威胁，人被标准化了、齐一化了。荷尔德林和海德格尔皆深刻指出技术的泛滥导致了人性的分裂，使人产生无家可归感，人失去了赖以立身的精神依据和生存根基，诗意地栖居于大地之上不再可能。工具理性打造了手段的世界，赋予了手段以前所未有的地位，从根本上消解了人对生活目的的反思，对意义世界和精神世界的守护。它只能告诉我们在确立了某一具体目标之后，我们借助于什么手段或通过何种方式来达成目标，至于目标的合理性它是无力问津的，进而选择根本上变成手段的选择，只着眼于手段的合理化。

工具理性导致了人的道德选择无需道德理性的参与，因为对手段的选择是不需要考虑道德因素的。工具理性从根本上导致了人的道德选择失去了道德的意义，精神的意义。人的道德选择不仅无法通向人的意义世界，人的精神提升不仅无从实现，反而从根本上颠覆了此类问题对于人存在与发展的价值。一种与工具主义理性相对抗的生活方式是很难有立足之地的。在工具理性主宰的生活世界中，人流变为缺失精神的实心人。而在人与人之间的关系上，人们不是与他者共在，共同生活，而是充满了敌对、冲突、仇恨，缺少友情与友爱的因素，缺少真诚与信任。人与人之间更多的是利用和被利用的工具性关系，这是一种它与它的关系，不是我与你的关系，也不是我与它的关系。事实上，人已经转化为工具性的生存方式，并且以工具性的态度来对待他人和社会，其实也包括了他自己，使人成为外在于己的工具。关于此点，弗洛姆一针见血地指出："金钱、声望和权力已经成了人的刺激剂和目的。人在他的行为有益于他自身利益的幻觉下行事，虽然他实际上服务于其他一些事情而非他真实自我的利益。对他来说，每一件事都是重要的，就是他的生命和生活艺术不重要。他可以为一

① ［俄］别尔嘉耶夫：《精神王国与恺撒王国》，安启念等译，浙江人民出版社2000年版，第28页。

切，就是不为自己。”① 丧失了自我、丧失了理性判断力的人，实际上已经沦落为无我的状态之中。国内研究韦伯的专家苏国勋先生就从现代社会的形式理性和实质理性的冲突来解读韦伯的理论：“在韦伯的思想中，现代社会的矛盾即从形式合理性与实质合理性之间相互关系和张力中解读的：形式上的合理性与实质上的非理性是现代社会的本质特征。换言之，凸显功能效率精神是现代社会的合理之处，而不合理之处在于把功能效率这一本来属于手段的东西当作目的来追求。理性化造成现代人一方面在享受现代物质文明方面受赐良多；另一方面他们又身不由己地陷于理性化所造设的‘铁笼’，饱受丧失目的追求（价值）、丧失精神家园的痛苦。韦伯在19世纪与20世纪之交以其睿智和洞见深刻揭示了现代人的这种尴尬处境，他一方面深刻批判现代文明的反文化、反人道特征，另一方面又强调作为现代人的命运，现代文明注定是不可避免的——这就是现代性的悖论。”② 工具理性在现代社会中按照自身的逻辑在形塑着社会，形塑着个体的生活，导致了哈贝马斯所言的生活世界的内在殖民化。僭越的工具理性日趋成为简化人、分裂人、肢解人甚至压迫人、奴役人的主要力量。

二 工具化的道德教育与道德选择

工具理性在现代社会的支配地位以及其作用方式对于道德教育的影响是深刻的。工具理性从根本上弱化了道德教育在教育和人的生活中的价值和地位。

工具理性在现代人生活中的支配地位导致了现代人对于道德的考虑已经渐渐淡忘，现代人的生活可以没有道德，但不能缺少工具理性的参与，工具理性也是现代社会中现代人塑造的新的“上帝”。工具理性打造着现代人的生活场域与生活空间，也决定着现代人的生活志趣与生活追求，“现代精神变得越来越精于算计。……将整个世界变成一个算术问题，以数学公式来安置世界每一个部分。货币经济把衡量轻重、计算和数字上的决定，把质量的价值转变为量的价值充斥在许许多多人的每一天中”。③

① ［美］弗洛姆：《为自己的人》，孙依依译，生活·读书·新知三联书店1988年版，第38页。

② 吴伯凡：《“韦伯热”及其三种形态——苏国勋研究员访谈录》，《中华读书报》1998年4月15日。

③ ［德］齐奥尔格·西美尔：《时尚的哲学》，费勇等译，文化艺术出版社2001年版，第188—189页。

工具理性直接导致了人的道德选择不在具有道德的价值，“行为没有了内在的道德价值。……道德评价外在于行动本身，不是由引导和塑造行动自身的那些标准来做出裁定的”。[①] 工具理性还不断扩大自己的作用范围，“应该由其他标准来确定的事情，却要按照效益或‘代价—利益’分析来决定；应该规导我们生活的那些独立目的，却要被产出最大化的要求所遮蔽”。[②] 道德被技术所控制，道德技术化了，功利化了，效益化了，而失去了自身的内在价值，失去了精神的向度。而在效用和利益的检验下，没有道德冲动能够生存，更不要说毫发未伤地出现。如今，工具理性动摇了道德的根基，道德完全工具化了，手段化了，非人格化了，而不再具有价值的内蕴与精神的因素。道德、精神、价值因被染上工具的品性而黯然失色。查尔斯·泰勒指出在工具理性占主宰地位的社会（即技术社会）里，生存的关键被认为是服从纯粹工具性的行为模式，而这种模式具有把内在价值目的摧毁或边缘化的不可避免的效果。在这样的情况下人们为了获得外在利益的满足，可以随时将道德抛弃一边，完全不用考虑道德因素对选择的影响。

在工具理性的霸权与主宰下，教育日益关注现实的世界、物质利益的生产和消费，适应并附和工具理性社会发展的需要和节奏，而关注人的心灵、价值、信仰与生活意义的人文主义性质的教育日益走向教育的边缘，处于衰落和颓败之中。什么个性的生成，人格的健全，精神的提升，都没有意义。道德教育自身工具化了。道德教育的世界里充斥的是道德规则和道德规范的灌输，消解的是道德理想、道德信仰、道德情感在人的道德生活中的价值与作用。道德主体丰富多彩的精神性需要在工具理性主导下的道德教育中失去了安身之地。道德教育无法也不能关注人的意义世界与精神生活，也不可能向人们展示更好的、更有价值的生活方式，也不能为人提供可以彰显人之为人所具有的价值和尊严的东西。道德教育远离了人的精神家园的构建，放逐了对生活意义和命运的追问与思考。人的本体性价值无法得以发展，人不具有什么真正的个性，也没有形成真正属于人的品质。个体的精神生活不再依赖自身，不再是生活的根本，而是成为人们追逐利益的手段和工具。而这种客观事实直接消解了道德教育得以存在的立论根基。工具理性消解了教育的道

① ［英］鲍曼：《现代性与大屠杀》，杨渝东、史建华译，译林出版社 2002 年版，第 25 页。
② ［加］查尔斯·泰勒：《现代性之隐忧》，程炼译，中央编译出版社 2001 年版，第 6 页。

德品性，使教育的合法性受到严重的威胁，这也从根本上直接危及着道德教育的合法性，威胁着道德教育的存在。鲁洁先生曾撰文指出物质和精神严重失衡的20世纪，教育的基本特征是功利主义，其目的是唯经济功利，其手段是工具理性。在功利主义的框架中，德育失去了它的存身之地，道德教育的根基在本真教育中。而本真的教育是既授人以生存的手段和技能，又导人以生存的意义和价值；既使人懂得何以为生，又使人懂得为何而生，拥有人所特有的意义世界。经由上述可见，工具理性是导致道德教育的存在价值在现代社会弱化和边缘化的一个根本性原因。

工具化的道德教育一方面将人当作工具，另一方面又在生产着工具人。工具化的道德教育从根本上威胁着学生作为道德主体的资格，主要体现在以下三个方面：第一，把学生当成了物与工具，而不是把其当成“人”来看，以人的方式来对待、引导和发展。近年出现的“绿领巾”事件、“三色作业本”事件都说明了学生的人格尊严与权利常常被受到践踏。第二，用分数和升学率的理念来要求学生，结果抹杀了学生生命的丰富性与独特性，导致了教育的同质化与均一化。就以2013年流行的高考动员口号，我们就可以清楚地看到教育对学生独特个性的漠视与扼杀，“只要学不死，就往死里学”、“提高一分，干掉千人！”、“进清华，与主席总理称兄道弟；入北大，与大家巨匠论道谈经！”、“分数是硬道理，心态是硬保障，做题是硬功夫，气势是硬标尺！”、“要成功，先发疯，下定决心往前冲！”……第三，用强制性或压迫性的方式来教育，学生要做的就是无条件接受与服从既定的价值观念，不允许学生的质疑与批判，其结果是学生失去了自由选择的可能与机会。学校和教师将规定的知识、思想观念、道德规范与价值倾向等内容，通过直接告知的方式，告诉儿童什么是应该做的，什么是不应该做的，什么是正确的，什么是错误的等，这事实上是把儿童当作一个完全空白的容器，儿童的任务就是将教师所传达的那些内容记住并能背出。对儿童而言，重要的不是理解，而是遵从、接受，更不要说反思与批判了。儿童被当作消极的客体，而不是有自己的动机、观点、思想和意图的道德主体。儿童个体的主观意愿和见地被悬置了，个体的主体性被放逐了，成为学校和教师的附属品，成为社会和他人的工具和手段，而这在很大程度上也阻隔了儿童对未知世界的思考和探询。比如，在教育管理上推崇金字塔式的垂直管理模式，即“中央管省，省管地方，地方管学校，学校管教师，教师管学生。学生采用干部制管理，班长和班干部对‘普通学生’进行管理和监督，并及时向老师汇报各种动向。这种管理方式使每一层的人都向上一级负责而不是为自己的行为负责，从而丧失了人的自主性”。[①] 于是，学生被放逐到了教育的边缘，失去了道德主体的地位，其自由、权利和愿望都被漠视和放逐了。

更重要的是，工具化的道德教育在培养工具化的人。当实利成为社会基本的价值准则后，受教育者本人及其家长必然将在学校所学的东西与学生日后的经济收益挂起钩来，兴趣、爱好、所学之物本身的价值，乃至个人的性格能力合适与否都不在考虑的范围之内，遑论人格修养的培养了。对于绝大多数学生和家长而言，受教育的目的就是为了将来能获得一份收入可观的工作，如此而已！英国政治哲学家欧克肖特指出了工具理性主义的精神气质对整个道德和道德教育领域的回避与挪用：“理性主义者的道德，是自觉追求道德理想的道德，道德教育的适当形式是通过戒律，通过对道德原则的描述和解释。这表现为一种比习性的道德，比无意识地遵循道德行为的传统更高的道德（自由人的道德：无数哗众取宠的空话）；但事实上，它只是还原为技术人的道德，通过意识形态的训练，而不是行为教育获得。”[②] 不仅如此，理性主义者眼中的教育“肯定不是在他的社会成就与道德和理智习性方面入门，不是要进入现在和过去间的密切关系，共享具体知识；在理性主义者看来，所有这些都是一种无知的教育，既无价值，又是有害的”。[③] 可以看出，工具理性主义塑造的道德是技术的道德、程序的道德、规则的道德、机械式的道德，道德教育营造的道德世界和道德生活是冷冰冰的、僵化的、呆板的，缺乏人文精神与人文关怀的，是不利于人性显现与张扬的，是不利于人的德性生成的。此种教育以开发和培育人的工具性职能为根本目标，其唤醒的是人对财富、权利、金钱、社会地位和等级的欲望和野心，培养的是适应社会专业化分工需要的角色

---

① 张文军：《从控制的课程文化转向自我负责的课程文化》，《全球教育展》2005 年第6 期。

② ［英］迈克尔·欧克肖特：《政治中的理性主义》，张汝伦译，上海译文出版社 2003 年版，第 34 页。

③ 同上书，第 32 页。

人和职业人，这种人具有查尔斯·泰勒所描绘的“解脱式的自我理想”①。人是理性的存在物，理性是人自尊和力量的源泉，也是人判断自我价值的依据，可是在工具理性的淫威下，人的尊严、品格被一点点地压榨，利益成为衡量人成功的最终追求和最高标尺。曾看到一段关于两位小学生的对话。

甲：“你爸是不是老板？他每月能挣多少钱？”乙：“我爸当然是老板，他每月至少能挣三四万那。”甲：“三四万？那算什么！我爸每月啊，至少也得弄个十多万的。”乙：“别吹了吧你！你瞧你老爸开一辆破桑塔纳 2000 的，你知道我爸开什么车么？告诉你，我爸开的是辆新公爵王。”甲：“那算什么呀，你知道我爸公司里有几辆车吗？说出来吓死你，六辆。你爸就一辆破公爵王就了不起啦，得性。”乙：“你才得性呢。我爸每月你知道要给我多少钱么？”甲：“多少？” 乙：“好几百呢，最多一次一个月就给了我将近小两千呢！”甲：“那有什么了不起，我爸上次跟我说他已经给我存了一个 20 万的定期呢，说等我到了 18 岁了就给我。”乙：“瞎吹吧你。”甲：“谁瞎吹啦，我爸还说要给我存够一百万哪！”

上面一则两位小学生的对话绝非个例，真真充分折射了我国道德教育实践的严重缺失。由上可见，工具化的道德教育一方面将人当作工具，另一方面又在生产着工具人，将人培养成为适应技术社会发展所需要的工具人，这可以说是道德教育危机最根本的一个方面。马尔库塞所描绘的“单向度的人”，弗罗姆眼中的“物品的奴仆”，依然从今日的教育世界和教育生活中大量涌现出来。受过教育的人掌握了更多的技术、手段、知识与信息，似乎可以主宰和操纵一切事物，拥有看似巨大无比的创造力，却无法正确认识自己的生活该走向何方，无法把握自己的命运，生活依然缺乏根基，充满焦虑，充满无意义感，精神生活依旧贫瘠得可怜。“在我们的时代，难道我们必须不去面对这种可能性：作为社会事实，人类心智的品质和文化品位也许正在衰退，而许多人由于沉溺于新巧技术的堆积中，竟没有注意到这个现象？难道这不意味着没有理性的合理性？不意味着人

---

① 查尔斯·泰勒认为，由于理性的异化，理性不再以宇宙中的秩序感加以规定，而是根据工具效能、寻求价值的最大化、自我一致等等程序性地加以规定。这种工具理性观导致了一个特殊的现代变种，即解脱式的自我理想，不仅能够把周围世界客体化，而且能够把他自己的情绪、个性、恐惧和压抑客体化，从而获得某种距离和自制，使他能够“合理地”行动。详细论述请参考查尔斯·泰勒《自我的根源：现代认同的形成》，韩震等译，译林出版社 2001 年版，第 30 页。

的异化？不意味着理性在人类事务中并没有自由发挥作用？新巧技术堆积的背后意义是：使用这些仪器的人并不了解它们，而发明这些仪器的人对其他东西所知甚少。”① 工具化的道德教育在培养信奉和追逐“拜物教”的人，他们满足于用食物来满足自己的身躯和肚皮，在物质利益面前他们卑躬屈膝，对于精神生活、价值追求、人生理想弃之如敝屣。老子有言：“五色令人目盲，五音令人耳聋，五味令人口爽”，其意就在于强调过分追逐物质利益，沉溺于物质享受，自然会导致心灵蒙蔽，心境杂乱，心情浮躁，无心也无能去思考生活价值与人生目的问题，享受生活的乐趣，体悟生活的哲理都不再可能。弗洛姆指出，当今时代的道德问题是人对自己的不关心。之所以作此断言是基于现代人丧失了对个人重要性和独特性的意识，使自己成为外在于自身的目标的工具，把自己当作商品来体验，并把自己当作商品来对待，人自身的权力和人自身相异化。人俨然成为物品，周围的人也成为物品。

在此意义上，我们可以作此断论：受工具理性支配和驱动的现代道德教育不是在提升人、完善人，反而在根本上禁锢人的心灵，扼杀人的灵魂，将人导向非人的地步，使人成为物质化的存在、工具化的存在，一种仅仅为了生存，仅仅满足于本能需求的、贪欲旺盛的动物。这不啻是对道德教育的巨大嘲讽。康德之言对于如今的道德教育很有可能是可爱不可信更不可用的“胡言乱语”，“人，一般说来，每个有理性的东西，都自在地作为目的而实存着，他不单纯是这个或那个意志所随意使用的工具。在他的一切行为中，不论对于自己还是对其他有理性的东西，任何时候都必须被当作目的”。② 因此，工具化的道德教育对道德选择的关注，充其量只能带给人如何选择谋生的手段与技巧，至于选择过什么样的生活，做什么样的人问题，它是无能为力的。道德教育引导人的道德选择更多地指向了生存，而不是生活；更多地指向了如何获取更多更大的外在利益，而不是培育学生的内在涵养与唤醒学生的精神追求，从而不再去引导学生追问什么样的选择才是真正符合人性的，有益于体现人之为人的尊严的。如此的自我选择根本不用考虑选择对于道德自我生成的意义，道德选择成为工具性的了，与人的精神生活和意义世界无涉，这自然导致了道德选择的道

---

① ［美］C·赖特·米尔斯：《社会学的想像力》，陈强、张永强译，生活·读书·新知三联书店2001年版，第190页。

② ［德］康德：《道德形而上学原理》，苗力田译，上海人民出版社2002年版，第46页。

德意义的缺失。道德教育从根本上是精神教化的事业，这自然决定道德教育理应把每个道德自我当作目的，促进每个道德自我意义世界的建构，引导每个个体不断地思索与追寻自己真正喜爱的生活，去选择能真正展现人性优异品质的生活方式。然而道德教育在工具理性的笼罩和支配下，这一切都成了泡影，变成了虚幻甚至是虚妄之事。

以上从道德相对主义、欲望主义、工具理性三个方面对道德选择和现代性道德教育进行了分析，自然有片面之处，但也可以大体上折射或反映出现代性道德教育视野中道德选择的真实情况。在此值得强调的是我们对其进行区分，只是为了行文的方便，从不同的方面揭示现代人选择的道德困境，并不是说这三个方面是相互孤立、相互隔离的。事实上，这三个方面在很大程度上具有内在的一致性。或许正是三者交互作用导致了现代人的选择观：只关心怎样进行选择的能力和艺术，而不关心什么样的选择具有道德的意义。确切来说，现代意义上的道德选择缺失道德的意义，即道德选择不是向着道德自我的人格生成的，不是向着展现人性中美好因素的。

工具理性由于对一切事物的工具化方式导致了它可以为欲望的追逐提供无穷的手段和工具。工具理性和欲望的联姻是自然而然的。工具理性和技术理性对于欲望的价值就在于，它克服了欲望的自然限度，使人毫无限制地开发自己的欲望，使自己的感官得到持续的刺激与满足。正是借助于工具理性作用，现代人的欲望达到了前所未有的地步，贪婪成性，欲望成灾。对于欲望的满足而言，个人利益是至高无上的，对利益的追逐是不可侵犯的，他人和社会只能充当实现个人利益的工具。在工具理性的“独步天下”的局面下，各种各样的具体欲望皆涌现出来，而失去了控制与引导。似乎一切欲望的涌现，对所有欲望的追逐和满足都是合理的；进一步说，似乎对各种各样欲望的追求都是对个体尊严的体现，对个体的解放，对人性的尊重。而这恰恰是道德相对主义的基本主张所导致的结论。道德相对主义强调个体道德选择的优先性和根本性，强调人与人选择的不可比较性，从而为个体欲望的无限制开发和对个体利益的贪婪获取提供了理论支撑。个体的道德选择有朝着善或恶的方向发展的可能，价值的多元既可以表现为颓废、野蛮、堕落，也可能表现为进取、文明、向上。而道德相对主义的盛行则导致人无法区分使人高贵的多元化和使人堕落的多元化。道德相对主义者抛弃了善恶的视野，许多学生往往采取一种仅仅是游戏或娱乐的方式来对待自己的生命，来设计自己的生活。“工具主义理性和自我中心的满足的意识形态造成主观主义倾向在我们时代的统治地位。”① 查尔斯·泰勒指出，自由允许你为所欲为，而工具理性为更多你想要的东西提供了广阔的范围，无论你想要的东西是什么。现代社会往往把人们推到个人利益至上主义和工具主义方向，既让人们难以在某些情况下限制它们的统治地位，又产生一个将它们理所当然地视为标准的观点。②

第五节　困境中的忧思

道德教育固然要适应社会发展的需要，但绝不应成为社会发展的“回音壁”和“反光镜”，消极听命于或简单服从于社会发展的需要，而应批判性审视社会发展的各种要求，体现自身的相对独立性，否则就会成为经济发展和政治发展的附属品或牺牲品。而对于现代社会的要求，现代道德教育常常漠视或无视了“道德”的本性和“教育”的职责，表现出强烈的“媚俗”与严重的“附和”，没有体现其超越的本性。甚至在许多方面，道德教育还推波助澜，加剧了现代社会的道德困境。道德教育本性的迷失导致的结果只能是人性的迷失和堕落，其侵犯或破坏的不仅是个体的福祉，还有整个社会的福祉。深受道德相对主义、工具理性和欲望所影响的现代社会的道德教育已经变成了价值中立的教育，工具理性宰制的教育，欲望主导的教育。道德教育自身异化了。道德教育从根本上遗忘了“精神”为何物，“意义”有何用，不仅未能促进人的精神的提升，未能唤起和引导人对生活意义的追寻，反而导致了人精神的失落与流放，灵魂的扭曲与畸形。道德教育表现出强烈的“媚俗”与严重的“附和”，而失去了守护精神的独立品性，漠视了促使人的德性生成、引导人向善的根本宗旨。学校生活的世界里充斥的是空洞的说教，弥漫的是实用的气息，回荡的是庸俗的味道，追逐的是利益的获得。空洞的说教导致人对道德和道德教育失去了兴趣，将实用和利益奉为圭臬的做法挫伤着人们的道德冲动和道德热情，腐蚀着人们对生活的爱，对生命的鉴赏力与感受力。精神上

① ［加］查尔斯·泰勒：《现代性之隐忧》，程炼译，中央编译出版社 2001 年版，第 104 页。

② 同上书，第 114 页。

的荒芜，心灵上的贫瘠，以及价值追求上的私己化、娱乐化与物质化成为现代人存在的真实写照。

于是，平庸占据了人们生活的主流。人们在追逐自由和个体权利的同时，宣称我选择、我追求我所喜欢的生活，结果却是许多人满足于低层次的生活追求，放纵自己的本能欲望，成为流行时尚的奴隶，成为物质主义、享乐主义和实用主义的奴婢和信徒，随波逐流，而不再追问什么是值得选择、值得追求的生活，这也就根本放弃了认识自我、审视自我的使命，放弃了做人的操守，消解了人对美好生活的追思。不仅如此，平庸之人尽管知道自己生活在平庸之中，但却理直气壮地要求平庸的权利，宣称平庸的正当性，为平庸提供冠冕堂皇的理由，宣称“我俗我怕谁”，甚至是渴望堕落，以此向所谓的高贵挑战，力图把高贵打翻在地，让高贵在平庸面前俯首称臣。如今不是高贵高高在上，也不是高贵与平庸平起平坐、各安其分，而是平庸战胜了高贵，平庸事实上已经成为新的“高贵”。我们今日的教育和道德教育就在很大程度上营造这种精神氛围，塑造具有这种精神气质的“人才”，也算是为自身谋求或捞取更多的社会资本。著名小说家米兰·昆德拉曾发出这样的呼吁：救救我们的孩子吧，我们的文明平庸而病态，它不是活着而是存在着；它不开花，而只是在长高；它不长大树，而只长灌木。事实上，最可怕的还不是平庸本身，而是道德教育对平庸的熟视无睹，人们对自甘堕落的麻木不仁与无动于衷。

生活的平庸化往往导致的是个性的迷失。对平庸生活的追求往往会导致千人虽是千人，但却没有内在差异，形不同神同，即为“千人一面”、“万众一心”。人失去了自我的独特性。尽管现代人一再地标榜自我实现，追求自我特色，而教育和道德教育也在鼓吹着自我的重要性，捍卫个体的权益，力求使每个受教育者都活出自己来，然其结果却将人推向了个性雷同、精神同质的地步，成为雅斯贝尔斯眼中的“群众人”①，加塞特笔下的“大众”，而这无疑也是一种“犯罪”，甚至可以说是更严重的“犯罪”。人们以为借助于自我的道德选择找到了真正的自我，实现了自我的价值，其实却离真正的自我越来越远了，走向了自我本性的反面。“一片

---

① “群众人”属于群众，群众会使他陷入巧言令色和群体动乱之中。即使是一个结合起来的群众，也始终存在着非精神和无人性的倾向。群众是无实存的生命，是无信仰的迷信。它可以踏平一切。它不愿意容忍独立与卓越，而是倾向于迫使人们成为像蚂蚁一样的自动机。详细论述见雅斯贝斯《时代的精神状况》，王德峰译，上海译文出版社 1997 年版，第 29—35 页。

纷乱错杂，无休止的奔忙追逐，热切地抬高自己，自负地推行自己的主张，反对其他人的要求；生活被异己的而非自己的兴趣所占据；缺乏内在的问题或内在的动机；没有纯粹的热情和真诚的爱；尽管有一切夸张的表白甚至某些确实诚实的工作，培养和提高自我始终是主旋律；人带着他的各种好恶，成为善与恶、真与假的最高仲裁者，因此，努力的主要目标是赢得社会赞赏与尊重的外表。所有这一切，无论它如何表白成对理想目标的追求、受理想情感的指导，却处处暴露出它内在的虚伪，令人反感的不实在，一种精神的无力和空洞。"①

更令人忧心的是，平庸还会导致道德邪恶的滋生与蔓延，平庸往往成为孕育与诱发邪恶的温床。而对于此点，许多现代人都熟视无睹，或者说认识不足。阿伦特认为，平庸在很多时候恰恰会导致邪恶的出现。邪恶并不像人们所认为的那样，是一种卑鄙得令人无法理解的现象，而往往更多地源自肤浅的思想和观念。正是由于邪恶的动机往往是肤浅的，因此才容易导致平庸之人很容易被不正义之人或外部力量所左右，"为虎作伥"，"助纣为虐"，沉溺于罪恶之中却浑然不知，甚至是怡然自得。关于此点，阿伦特从纳粹分子阿道夫·艾克曼的审判事件上获得了清晰的佐证，认识到了邪恶平庸的生动体现。"人们是冷酷的，但却认为他们自己是公正的；他们是教条的，但却相信自己是讲原则的；他们是贪婪的，但却显得是得到了他们的公平的份额；他们是有偏见的，但却显得对他们的不幸的受害者是客观的。因此，他们不是道德恶魔，却是道德白痴。他们没有能够看到如果他们的恶德没有遮蔽他们的视线就应当看到和将会看到的东西，这就是汉娜·阿伦特所谓邪恶的平庸。"②

在人们痛恨的种种道德教育所呈现出来的困境和危机面前，道德教育难道不需要一场深层面的革新，来荡涤这些不良的思想观念与价值主张，重申并持守教育和道德教育的使命和职责，展现教育和道德教育的尊严吗？毕竟道德是人的构成性因素，是体现人的尊严的根本条件，道德的沦丧必然导致人类尊严的丧失。人最大的无知就是不自知。道德教育最大的无知亦是不自知，沉迷于不自知之中。无道德的教育只能培育无道德的

① ［德］鲁道夫·奥伊肯：《生活的意义和价值》，万以译，上海译文出版社1997年版，第98页。

② ［美］约翰·凯克斯：《为保守主义辩护》，应奇、葛水林译，江苏人民出版社2003年版，第81页。

人，只能培育无法体现人的尊严和价值的物。迷失本性的道德教育尽管非常重视学生的选择权利和选择需要，突出强调个体选择的必要性与合法性，但遗忘了或漠视了对人之本性追问的道德教育能否引导学生进行“道德的”选择？能否使人的选择合乎人性的发展，促进人性的完善？如此的道德教育怎么能够培育人选择善生活的能力和品性，怎能保证道德选择具有道德的意义？相反，在我们看来，这种道德教育不仅不会培育和提升人的道德选择能力，还会在很大程度上弱化人的道德选择能力，使人丧失道德选择的品性，丢弃选择善的生活的意向，认为道德选择完全是个体的主观行为，根本不需要什么善的视野，也根本不去思考，不去拷问选择对于自我存在的真正意义和价值是什么。

为此，道德教育应关注人之为人的特性，思考人存在的命运，不断追问什么样的生活才是值得过的生活，什么样的教育才是值得追求的教育，什么才是正义的教育、好的教育。“真正的教育应先获得自身的本质。教育须有信仰，没有信仰就不成其为教育，而只是教学的技术而已。教育的目的在于让自己清楚当下的教育本质和自己的意志，除此之外，是找不到教育的宗旨的。如果整个教育本质毫无遮蔽地呈现出来，这就是教育的本然内涵，而教育自然是有其固定形式的。教育是极其严肃的伟大事业，通过培养不断地将新的一代带入人类优秀文化精神之中，让他们在完整的精神中生活、工作和交往。”① 教育的本性决定了道德教育追求与守护的是人性的高贵和优秀，展现人的尊严。人的灵魂应该是高贵的，人应该做精神贵族，不断展现做人的尊严，不断提升人生的境界。世界上最可怜也最可悲的难道不是那些有钱有权的精神贫民？人要有做人的尊严，要有做人的基本原则，在任何情况下都不可违背；如果违背，就意味着不把自己当人了，放弃了做人的操守。教育应成为拒绝肤浅与平庸的根本力量，而不是与肤浅和平庸为伍，背离教化的本性。“由于一个真正受过教育的人把那些永恒的标准运用于特定的情境，所以他表现出和谐、自制和文明。由于他具有智慧，所以他能控制情境。由于真理指导着他的生活，所以他是一个高尚的人。教育就是发展；教育就是引申；教育就是自我实现；教育

① ［德］雅斯贝尔斯：《什么是教育》，邹进译，生活·读书·新知三联书店1991年版，第44页。

就是由于人逐渐认识真理而使人变得富于人性。”① 否则，道德教育就很有可能将人培养成为追逐本能欲望的动物，贪图外在物质利益的机器，学校则成为生产“空心人”、“稻草人”、“享乐人”和“势利人”的加工厂。而如此的道德教育不可能是在唤醒人的人性，推动人的整体性和谐发展，而是在助长人的劣根性，导致人性的堕落，人走向了非人，走向了人性的对立面。赫舍尔的如下之言难道不可以看作是对人、对教育、对道德教育的警示之音吗？“人的可悲不在于他缺乏知识，人的悲剧不是认识论上的缺乏，而是人的偏见与虚伪，人如果对自己根本缺乏认识，那倒是一件好事。可怕的是，人类往往听任各种谬误的支配，从而假装出另一幅样子，做出与自己本性不符合的事情，忘记了自己生存的根本，从而使自己的生存失真，走样。”②

现代人的生存困境与危机，道德教育不仅未能缓解之，反而在很大程度上助长或加剧了这一态势，成为社会困境与危机制造的“帮凶”和“刽子手”，这是教育和道德教育的悲哀。然而，危机之中蕴藏着人类每一次努力的期待。这永远都是有可能的，不管是出于某个充分的理由或者并没有什么明显的原因，我们都有可能从危机中觉醒、奋起。道德教育自身承载的职责和使命决定了其应走向复兴和启蒙之路。在此，引用康德的一段话：“教育或许会变得越来越好，而且每一代都向着人性的完满实现更进一步；因为在教育背后，存在着关于人类天性之完满性的伟大秘密。从现在开始进步就会发生。因为人们现在才开始对一种良好的教育究竟意味着什么，有了正确的判断和清楚的认识。这种设想令人陶醉：人的天性将通过教育而越来越好地得到发展，而且人们可以使教育具有一种合乎人性的方式。这为我们展示了一种未来的、更加幸福的人类的前景。”③

---

① ［美］罗伯特·梅逊：《当代教育思想精要》，陆有铨译，文化教育出版社1984年版，第42页。

② ［美］A. J. 赫舍尔：《人是谁》，隗仁莲译，贵州人民出版社1994年版，第13页。

③ ［德］伊曼努尔·康德：《论教育学》，赵鹏、何兆武译，上海世纪出版集团2005年版，第5—6页。

第三章　道德选择的教育视阈

精心创建有道德的生活，是我们的人性义务。道德生活不是一部机器中的一个齿轮的机械反应，而是人类对自我认识的潜力的反映，也是对集体重建我们的本质和前途的潜在力量的反映。这是人类经验的伦理要求，当然不会轻松，也从来没有彻底完成过，总是卷入政治的和社会生活的种种限制，被我们自己生理的和心理的激情打断。然而，最终人类将会建立道德生活应有的一切。

——［美］阿瑟·克莱曼：《道德的重量》

学校环境中的首要任务，我们所有人——不论贫富、长幼、勇敢还是胆怯——的任务，就是把构成良好品德的标志性的要素塑造并内化为个人的本性。我们是自己品德的建筑师和工匠，不论是好的还是坏的习惯。糟糕的是，坏的习惯诸如自私、懒惰、不诚实和不负责任等都很容易学会。……学会好习惯却需要付出努力。但这是我们每个人最必要的工作。

——［美］凯文·瑞安、卡伦·博林：《在学校中培养品德》

现代社会是一个强调个体自由选择的社会，选择体现了做人的尊严。只有通过个体的道德选择，才能实现道德自我的建构和生成。然而现代人的道德选择并没有更好地促进人性的丰富、多样与美好，反而导致了人性的封闭、单一与萎缩，诱发和加剧了人的存在性危机或困境，这自然与人们对道德选择强调的初衷相偏离、相违背。与此同时，以精神教化为本性的现代性道德教育不仅未能引领个体道德选择向着人性开放与美好的方向，反而在很大程度上导致了人性的窄化、平面化或庸俗化。现代道德教育必须回到思想的原点，不断地追问、反思与探讨什么样的道德选择对人的存在具有道德的意义，如何引导个体作出合乎道德的选择，从而使道德选择是为了人性的提升与完善的。否则，道德选择就将失去其对人存在和生活的价值，失去其道德教化的意义。

第一节　道德选择与自由

一　自由对道德选择的价值

按照赵汀阳的观点，自由虽然不是伦理学的问题，但伦理学却不得不关注自由，自由是作为伦理学问题的前提而存在的。“全部伦理学问题都起源于人的自由。假如人本来就没有自由，人的活动就只是盲目遵循自然规律和行为规范的活动。这种盲目性不给予伦理学问题得以产生的任何机会。”[①] 正是由于此，没有自由，便意味着伦理学问题失去了存在的基础。道德必须以自由为前提。只有是自由选择的行动，才能说明此道德行为是道德的。无论我选择什么价值，我必须有主体自由才能选择。即使你认为你的信仰是上帝的命令，你也得通过主体自由，选择接受上帝的命令而不选择别的，才能维持这种信仰。如果一个人的选择是在被迫的情况下做出，则说明他不是自由的，在这种情况下，探讨道德和不道德的问题的价值也没有什么意义。

关于自由的道德价值，有诸多哲学家都特别关注此一问题。密尔非常重视自由的道德价值，强调没有自由的道德不是真正的道德。选择的自由是造就道德高尚的人格与推动个性发展的重要保证，也可以培养人的责任意识，作为一个人，他有权依照他自己的意愿发展他天生的禀赋与特长，选择自己所喜欢的生活。唯有如此，他才会体现和享有人的尊严。

卢梭明确指出唯有道德的自由才能保证人成为他自己的主人，而只有嗜欲的冲动便是奴隶状态。而在他看来，所谓的自由必须是人服从自己为自己所制定的法律。卢梭将自由看作是道德的第一原则或基本原理，其它一切教育法则都可以从此延伸出来。他在《爱弥儿》第二卷中明确强调："只有自己实现自己意志的人，才不需要借用他人之手来实现自己的意志；由此可见，在所有一切的财富中最为可贵的不是权威而是自由。真正自由的人，只想他能够得到的东西，只做他喜欢做的事情。"[②]

自由在康德的道德哲学中处于核心地位。但康德对自由的界定不是在

---

① 赵汀阳：《论可能生活》（修订版），中国人民大学出版社 2004 年版，第 114 页。

② ［法］卢梭：《爱弥儿》（上卷），李平沤译，商务印书馆 1978 年版，第 80 页。

经验领域里面的，而将对自由的界定坐落在纯粹的实践理性领域之中的，自由仅仅是超感性的理性活动所具有的能力，“自由即是理性在任何时候都不为感觉世界的原因所决定”①。因此，康德所主张自由是先验的，而不是被给予的，自由被设定为一切有理性东西的意志所固有的性质。因此，康德反对一切在自由问题上的决定论和宿命论。人只能从自由的观念来思考自己意志的因果性。而道德就是从自由所固有的性质中引申出来的。② 在康德看来，真正的自由是自由意志，仅当一个人按照理性和绝对律令行动时，他才是真正自由的。要克服人性中恶的因素，就必须遵从以理性为基石的道德律令。唯有理性是属于人，且只有人才有资格和能力占有理性。正是依靠理性，人可以控制自己的感性冲动，而按照道德律令行动。因此，自由是道德得以存在的根本条件。

在黑格尔看来，人特有的尊严，即人区别于动物的一个根本特征就在于人享有自由的道德选择能力。人应该具有真正的道德选择能力，能够在两种以上的行动之间进行选择，而选择不只是根据哪个行动功利比较大来决定，也不只是一套情感和本能战胜另一套情感和本能的结果，而是因为人自身具有制定规则并遵守规则的自由。黑格尔首先强调“把人规定为主体”③，其目的就是突出必须以个人及其自由意志作为道德的前提。如果个体不具备自由意志的能力，就无法成为道德的主体。正是自由意志赋予了人选择的权利和能力。“我之所以可以选择是根据意志的普遍性，因为我可以把这个或那个东西变成为我的东西。”④ 因此，在黑格尔看来，道德的首要前提是个人及其自由意志的存在。

阿克顿指出：“自由与道德：总有一些人千方百计地割裂二者之间的关系，企图把自己奠基于权力和快乐的领域而不是奠基于义务的领域。始终如一地坚持二者的一致性吧！自由是良知的统治得以成长的条件。自由就是让良知来指导我们的行为，自由就是良知的主宰。”⑤

人根本上是自由的存在。对于自由而言，不存在选择和不选择的问题。自由是不可出让的，对自由的出让则是对做人尊严的出让，对自我生

① ［德］康德：《道德形而上学原理》，苗力田译，上海人民出版社2002年版，第76页。
② 同上书，第71页。
③ ［德］黑格尔：《法哲学原理》，范扬、张企泰译，商务印书馆1961年版，第110页。
④ 同上书，第26页。
⑤ ［英］阿克顿：《自由与权力》，侯健、范亚峰译，商务印书馆2001年版，第310页。

命的放逐和抛弃。自由是自我存在的天赋权利，卢梭指出："一个人抛弃了自由，便贬低了自己的存在，抛弃了生命，便完全消灭了自己的存在。因为任何物质财富都不能抵偿这两种东西，所以无论以任何代价抛弃生命和自由，都是既违反自然同时也违反理性的。"① 只要人想成为人，想过属于人的生活，就必定需要自由。只要研究和探讨人的问题，自由便是无法回避的根本性问题和前提性问题。客观地说，自由是人成为人的根本性前提。人对自由的追求，实质上就是对选择的追求，希望自我可以决定自己的生活，选择自己喜欢的生活方式。无论是外在的自由，还是内在的自由，都必须经由人的选择来实现。选择是人自由的落实和体现。选择的实质是自我自由意志的根本体现。道德生活根本上是个体自由选择的结果。如果剥夺了个体自由选择的权利，也就剥夺了做人的尊严。在此意义上，我们可以说，没有自由就没有选择，而没有选择，自由的价值就无法得以体现。

雅斯贝尔斯认为人的自由首先是指人在所处的条件下能够选择此或彼。但自由还存在一个更深的视野，那就是人在其中或者追寻自我，或者迷失自我。人存在着，就要去理解自我，选择自我，从而成为自我。人在自由中必须为自我的存在与发展而选择。自由是海德格尔哲学探讨的关键问题。在海德格尔看来，自由总是人的自由，即此在的自由。人就是此在。只有从人的自由出发，才能真正地把握人之存在的问题。因为人是被抛到这个世界上，正是人的被抛性决定了自由是绽放出来的，"让存在，亦即自由，本身就是展开着的，是绽出的"。由此可见，人的自由是无限敞开，无限开放的过程。正由于自由的这一性质决定了人永远处于未完成的状态，永远向着未来开放，永远处于动态的发展之中。海德格尔认为人有两种存在状态，真实的存在和不真实的存在。不真实的存在指的是自由没有发挥作用，人被动地接受自己所隶属群体认可的标准和价值。人若生活在此种存在状态，个人的潜能无从得以展现和实现。而真实的存在则是人享有了自由，并且能够发挥自由的能力，从而潜能的开发与实现成为可能。② 自由意味着人必定要去选择，一种不作出选择的生活不是人的生活，真正的生活必定是选择的生活。

---

① ［法］卢梭：《论人类不平等的起源和基础》，李常山译，商务印书馆 1962 年版，第 136 页。

② 党永强、孟令兵：《海德格尔原始伦理学的意蕴》，《学术研究》2005 年第 6 期。

自由是生活存在和发展所必需的，是人存在的本体论事实。在价值多元的社会，谁也不能剥夺人选择的自由，没有选择的自由就无所谓人的生活，就无所谓生活的意义。对生活价值与意义的追寻只能是以个体为立足点，严格说来，是以个体的自由、自主选择为立足点的。有意义的生活必定是以自由为前提的。自由的匮乏导致的是生活的乏力与无力，而自由的缺失导致的则是生活意义的缺失或是消失。“倘若生活要有意义，自由便是必不可少的。必须能给我们的活动一种个人的特征，并推进到一种自主的生活。否则，我们的生活便不完全属于我们自己，而是由自然或命运指派给我们，它在我们内部发生，却不是由我们决定。这样一种半异己的经验，从外部强加给我们的角色，势必使我们对它的要求漠不关心，倘若我们冷漠置之的东西竟然吸引了我们的全部精力，竟然变成了我们的个人责任问题，我们的生活便将在令人气馁的矛盾中挣扎。”① 如果选择不是自由的，而是规定好的，被人设计好的，或者是在别人的强制下作出的“选择”，那么个体也就对自己的生活失去了发言权，失去了支配权，人成为自己生活的局外人，而不是生活的主人。正是选择的自由，才激发了个体对生活的向往，才唤起了个体对生活的热爱。没有个体选择的自由，呆滞，僵化，腐化，甚至是死寂，对人性的摧残将充斥于个体的生活世界和人类的生活领域。而在此情况下，就无所谓责任可言。自由是责任的基础，个体的责任必须建立在自由之上。即个体的行为必须出乎意志自由，否则就无所谓责任，“如果我们的行为是预先就决定了的，如果我们只能传递整个过去的推动力，我们又有什么可以得到表扬或受到指责的呢？我们不是主要当事人而只是代理人，哪里还有什么可贵的归咎和责任可言呢？”②

二 自由对道德选择的限度

自由决不是无限度的，因为人本身就是一种有限性的存在，所以人自身存在的弱点或局限常常会出现道德任意和随意的现象。因此，选择的自由不可能不受限制，强调选择的自由限度是对个体生命的负责，也是对他人生命的负责。选择必须控制在一定的限度内，若超越了这一限度，很有

① ［德］鲁道夫·奥伊肯：《生活的意义和价值》，万以译，上海译文出版社 1997 年版，第 66—67 页。

② ［美］詹姆士：《实用主义》，陈羽伦、孙瑞禾译，商务印书馆 1997 年版，第 63 页。

可能会造成个体精神生活的无序，严重的话还会导致精神生活的崩溃，最终丧失存在的信心和勇气。而无视限度的选择也常常会危及到他人的生活，造成对他人存在与生活的损害或破坏。自由仅为道德选择提供了基础，自由不能成为道德选择的根本和标尺，“在一个意义视野变得更微弱的平庸化的世界里，自决自由的理想的结果是在展示一种更强的吸引力。重要意义似乎可以通过选择，通过使得我的生活变成一种自由的实践而获得，即使其他所有途径都失败了。自决的自由部分是真实性文化的缺省式解决，而同时它也是它自己的祸根，因为它进一步强化了人类中心论。这就形成了一种恶性循环，它把我们引到这个地步：我们存留的主要价值就是选择本身。”① 自由若失去价值的审视，完全用自由来支配人的道德选择，那么自由很有可能会导致道德选择的异化，使道德选择走向生活的反面，导致“恶”的泛滥与嚣张。金生鈜指出：“自由选择失去了价值的根基之后，就可能导致‘你对，我也对’的价值相对状态，这样可能会造成更多的冲突、伤害，甚至是压制和奴役，因为价值偏好与利益占有是连接在一起的。如果冲突和敌对缺乏价值的引导、限定和评判，冲突就会恶化，就会破坏安宁和谐的公共生活，破坏人们对德性的追求。”②

对选择自由过分强调自然会导致“怎么都行”的结果，而“怎么都行”意味着人的道德选择根本不需要任何理由，也无所谓合理与不合理，因此也就“怎么都不行”，这无疑是一种价值虚无的状态。于是，道德选择成为无标准的选择，成为不需追问理由何在的选择，而这自然也是任意的选择，对生命和生活不负责任的选择。这自然导致了道德选择与生活的意义的隔离与断裂，即人的道德选择可以与对生活的意义的追求无涉。不能仅仅是为了选择而选择，也不能说道德选择仅仅是为了体验自由的感觉。赵汀阳认为现代伦理学存在着一个误区，即以自由选择来定义和说明什么是好的，而不是以好的事情去说明选择的道德意义。如此，必定会对个体的道德生活造成不良的影响，其根本上是自由选择与道德选择的混淆。在他看来，“自由权本身是中性的。任何一次选择，就其选择的自由过程本身而言是中性的——因此我们无法根据选择的自由性质去说明行为的道德价值。选择的道德性质只能由选择所带来的事情来说明，因此，自

---

① ［加］查尔斯·泰勒：《现代性之隐忧》，程炼译，中央编译出版社 2001 年版，第 79 页。

② 金生鈜：《德性与教化》，湖南大学出版社 2003 年版，第 303 页。

由选择必须落实为道德选择才具有伦理意义。”①

存在主义大师萨特将自由上升到本体论的高度，认为自由是价值的唯一源泉，是自我存在的唯一源泉。为此，人的一切活动根本来说都应该以自由为标尺。“当我宣称：在每一具体环境下，自由不外是以自己的要求为目的的。这时候，如果有人一旦明白了他是在孤寂中估价事物，那么他除了要求把自由这一件事情作为一切价值的基础之外，不复再有其他要求。这一点，决不是说他是抽象地要求自由的，而只是说：老实人的行为的最根本的意思是：就自由而求自由。我们要求的是以自由为目的的自由，是在各种特殊环境下均有的自由。”② 在萨特看来，自由是与生俱来、无法逃避、无需选择的，它是人的宿命，任何人都无法剥夺人的自由。人永远不能参照一个已知的或特定的人性来解释自己的存在。生存完全是他个人的事情，他只能立足于每个个体自己内在的体验和信念进行选择并承担这一选择所带来的后果。可以说，人就是人，人就是自由。而人的自由之所以为自由，仅仅是由于人的选择永远是自由的。自由的行动，就其实质而言，就是选择的行动。因此，在萨特那里，自由和选择是无法分开的，自由必定是与选择紧密相连的。自由和选择实质上是等同的，自由就是选择，选择就是自由。有自由，便预示了选择的存在。“自由是选择的自由，而不是不选择的自由。”③ 从这我们可以看出，萨特所主张的选择只是突出了选择的必要性，只是突出选择对于人存在的绝对性，并不强调选择对于人生成的价值，即是说萨特所强调的选择完全出于个体的意志自由，既不受社会文化条件的限制，也不受制于个体的理想和素养，而只是个体在某种具体情境下的主观选择。无论怎样选择都是自由的，都是允许的，那么这种选择也就无所谓道德与不道德，道德选择根本不具有道德的意义。

自由选择生活的权利虽然是个体神圣不可侵犯的权利，但选择的自由既有可能使人达到前所未有的生活高度和深度，但也可能诱发人性的堕落，导致生活流于肤浅与表面。现代人在生活目标和生活方式的选择问题

① 赵汀阳：《论可能生活》，生活·读书·新知三联书店 1994 年版，第 157 页。

② ［法］萨特：《存在主义是一种人道主义》，周煦良等译，上海译文出版社 1988 年版，第 57 页。

③ ［法］萨特：《存在与虚无》，陈宣良译，生活·读书·新知三联书店 1997 年版，第 614 页。

上，恰恰导致了生活朝着低层次的方向发展，生活从总体上趋于平面化和肤浅化。尼采在19世纪所描述的“最后之人”的形象已经在现代社会中大量涌现出来，甚至在许多方面比之有过之而无不及。自由只是为人的道德选择敞开了可能，只是强调了自我是生活的主人。自由的本性决定了自由无法充当道德选择的标尺而只能充当个体道德选择的前提，更遑论道德选择的唯一标准或根本标准了。自由意味着有决定和选择的权力和能力，但自由选择本身不能保证自由地有效实施选择，也不能保证自由地得到想要的结果。施特劳斯的话可谓一语中的，“真正的自由要求某种特定的目的，而这些目的又得按照某种特定的方式来选取。目的必须维系于终极价值。人之所以有尊严，人之所以远远高出于一切纯然自然之物或野性之物，端在于他自主地设定了他的终极价值，把这些价值变成了他的永恒的目的，并理性地选择达到这些目的的手段。人的尊严就在于他的自律，也就是说，在于个人自由地选择他自己的价值或理想，或者说在于服从‘成为你之所是’的戒条。”①

道德选择需要问询善，因为生活不能没有方向，人需要实现人之为人的品性。“人的一生，就其本质而言，注定要奉献于某些事物：从事一项荣耀或卑微的事业；接受一种显赫或平凡的命运。我们所面临的境遇是陌生而又冷酷无情的，但它却与我们每一个人的生存息息相关。一方面，活着就是要求每一个人为自己做分内的事情；另一方面，如果我的生活只属于我自己，只关乎我自己，而不是在我的引导之下有所追求，那么，生活将会变得支离破碎，缺乏必要的张力和外在形式。”“真正的生活就是被导向某个事物，朝着一个目标前进。这一目标既不是我的动机，也不是我的生活本身，它是我的生活所奉献的事物，因此，它外在于我的生活，又超越于我的生活。如果一个人只打算在自己的生活小圈子里自成一统，任意而为，那么，他就不可能取得任何进步，而只能围着原地打转。这就像一座迷宫，一条哪也不能通向的死路，于其中，除了围着自己打转之外，一事无成。”② 而自由却无法提供这样的选择。不仅如此，如果不能合理运用自由，或自由没有美德和理性的支撑，很容易会导致严重的不良后

① ［美］列奥·施特劳斯：《自然权利与历史》，彭刚译，生活·读书·新知三联书店2003年版，第46页。

② ［西］加塞特：《大众的反叛》，刘训练、佟德志译，吉林人民出版社2004年版，第142页。

果。关于此点，柏克在现代早期就认识到了单方面推崇自由权利的危险："可是既没有智慧又没有美德，自由又是什么呢？它就是一切可能的罪恶中最大的罪恶了，因为它是缺乏教养和节制的愚蠢、邪恶和疯狂。"①

第二节 道德选择与善的视野

一 善的价值

亚里士多德主张目的应该是人性上的，是属于人性的，而只有人性上的目的才是真正的善。"像所有其他物种的成员一样，人类的成员有一种特殊本质；这种本质决定了他们都有一定的目的和目标，并使他们在本性上朝着一个特殊目的（telos）迈进。善是根据目的的特殊特性来界定的。"② 善是选择的标准和尺度，决定着人的道德选择。人是有目的才去选择的，而不是因为选择才确立目的。任何一个选择都必定内含着一个目的，都以某种善为目的。目的就是善。有多少种选择，就有多少个目的。各种善林林总总地存在着但不相互依赖。在这众多的善之中，有一种善是终极的，完满的，自足的，是所有活动的目的，这个目的被亚里士多德称其为至善，这也就是好的生活或幸福。其他诸善皆受至善的引导，并且服务于至善。幸福在于灵魂的合乎德性的活动。人的幸福从根本上取决于灵魂的善，内在的善。外在的善仅仅作为幸福的补充条件。在麦金太尔看来，亚里士多德的目的论体系包含三个因素，即未受教化的人性概念、合理伦理戒律的概念和认识到自身目的后可能形成的人性概念，其中任何一个因素的地位和功能都必须参照其余两种因素才能得到合理把握。一开始，未受教化状态下的人性与伦理戒律不相符合，存在着差异，而这需要受到实践理性和经验的指导，以便可以实现人认识到自身目的后可能形成的人性。诚如麦金太尔所分析的那样，人们所具有的欲望和情感需要利用伦理戒律来进行教育，须通过伦理学研究所规定的行为习惯来培养，而理性不仅能告诉人们什么应是人追求的目的，还能使我们认识到实现这一目的的途径或方式。而启蒙运动时期的哲学家休谟、狄德罗、克尔凯郭尔和

① ［英］柏克：《法国革命论》，何兆武等译，商务印书馆 1998 年版，第 315 页

② ［美］A. 麦金太尔：《德性之后》，龚群、戴扬毅等译，中国社会科学出版社 1995 年版，第 187 页。

康德都放弃了人性问题上的目的论观点，拒绝任何认为人具有限定其真实目的的本质的观点，而采取了道德论证的方式，以求为道德的选择建立新的理论基础。休谟将道德的基础归结为激情，狄德罗诉诸欲望，康德求助于理性，而克尔凯郭尔则指向了选择本身。

在罗尔斯看来，人们应当自由选择自己的生活目的和生活方式，这本身就是一个强有力的道德观念。作为道德主体的我们，是自由而不受任何先在道德观念的束缚，能够自由自主地选择各种目的。而唯一对个体的道德责任进行限制的，并不是习俗、传统，而是个体的自由选择。每个道德主体都是自由选择的、独立的自我。因此，罗尔斯认为目的论学说的结构完全是一种误解，它把权利与善以错误的方式关联起来。事实上，我们不应当试图首先依靠那些被独立界定的善来规划我们的生活，“我们愿意接受的，不是那些从根本上展示着我们的本性的目标，而是这样一些原则，这些原则统治着人们借以形成其目标的背景条件，和人们追求这些目标的方式。由于自我优先于目的，目的由自我确认，甚至一种支配性的目的也是由自我在大量的可能性中选择的。人们不可能超出审慎的合理性。因此，我们应当把目的论学说提出的正当和善之间的关系翻转过来，把正当看做是优先的。”① 作为道德主体，我们并不是由自己的目的所界定，而是由自己的选择能力所界定。不过罗尔斯尽管强调了选择的重要性，但并没有告诉道德主体如何去生活，它拒绝肯定一种更为值得过的生活方式和良善观念。

而在麦金太尔看来，一旦取消了任何关于“认识到自己真实目的后可能成为的人”这一概念，所有的道德哲学家各自从自己所理解的人性前提出发而对道德基础论证的种种努力必定以失败而告终，“任何以这种形式出现的论证都必然失败，因为在他们所共有的道德规则、戒律的概念和他们共同的人性概念（尽管他们之间也有较大差别）之间，存在着一种根深蒂固的不一致。”② 麦金太尔还进一步指出 18 世纪的道德哲学家“由于他们认识不到自己所处的独特历史的和文化的环境，所以不能认识

---

① ［美］约翰·罗尔斯：《正义论》，何怀宏、何包钢等译，中国社会科学出版社 1988 年版，第 563 页。

② ［美］A. 麦金太尔：《德性之后》，龚群、戴扬毅等译，中国社会科学出版社 1995 年版，第 71 页。

到他们为自己规定的任务的不可完成的堂吉诃德式的特征。"[①] 正是由于现代人抛弃了目的论的思想，从而导致了各种各样的道德争论和道德冲突无止境地存在着，道德分化或分裂现象日趋严重，道德共识与价值共契变得日益艰难，现代人的道德选择处于严重的危机之中。

国内学者赵汀阳强调生活是一种自身具有目的性的存在方式，这种目的性就是生活本身的意义，因此对生活的理解只能是一种目的论的理解，"任何事情的最终根据不可能落在存在论所允许的范围之外，存在论之外的'根据'无处存在所以是不存在的。这对价值评价也不例外。……凡是不能从存在论中生长出来的判断或评价都注定是无根的，也就是可以任意替换的，因而是无效的；凡是还原为一般存在论的价值判断必定漏掉许多具有决定性意义的特性因而是非人的，也就无意义。从存在论中生长出来的价值根据只能是目的论。人有着作为人的目的，做人就是实现人的目的"[②] 目的论并不约束自由，它并不企图阻止某人干蠢事，如果愿意他可以选择。而他之所以坚持目的论只是想揭示，每个人其实可以或者说本来可以过如此这般的好生活，或者过如此这般的更好的生活，而这种好生活本来也是一种可供选择的可能性。如果不以目的论真理为根据，对行为的批评或辩护从根本上说都是无聊的。生命的真谛恰恰在于明确的目的性，目的性扬弃了生物本能的冲动，在生存的基础上追求更高层次的意义，由此超越有限，趋于永恒，实现自我提升和自我超越。

在我们看来，人是自成目的的存在，人的生命和生活自成目的。而道德作为人的存在方式，又是通过人是目的来赋予其自身以实质的内容，体现了道德对人的价值关怀。人是有目的的存在物。目的引导着人选择的方向，决定着人要成为什么样的人。人的存在与发展不能离开目的的观照。生命展开的过程就是人不断生成、不断发展的过程。个体生命的展开绝对不是漫无方向的，而是一个从自在走向自为，从不完善逐步走向成熟的过程。简言之，生命的过程就是成"人"的过程。而这恰恰说明人的选择必定是需要目的的指引的。"真正的生活就是被导向某个事物，朝着一个目标前进。这一目标既不是我的动机，也不是我的生活本身，它是我的生活所奉献的事物。因此，它外在于我的生活，又超越于我的生活。如果一

① ［美］A. 麦金太尔：《德性之后》，龚群、戴扬毅等译，中国社会科学出版社 1995 年版，第 71 页。

② 赵汀阳：《论可能生活》，生活·读书·新知三联书店 1994 年版，第 38 页。

个人只打算在自己的生活小圈子里自成一统，任意而为，那么他就不可能取得任何进步；而只能围着原地打转。这就像一座迷宫，一条哪也不能通向的死路，于其中，除了围着自己打转之外，一事无成。”① 正是由于目的的存在，人的选择才可以不断地超越现在的自我，而走向未来的自我，实现自我的不断发展与完善。超越的过程是一个教育和自我教育的过程。道德教育的宗旨就是要通过不断的教化最大可能地开发人的潜力，从学生逐步地从一个可能性的存在走向完善，引导学生去不断地追寻自己所向往的美好生活。而这客观上要求道德教育必定要有目的的观照，知道要把人引向何方，“道德所反映的不是实是而是应是。它不是人们现实行为的写照，而是把这种现实行为放到可能的、应是的、理想的世界中去加以审视，用应是、理想的标准来对它作出善、恶的评价，并以此来引导人的行为。这种实是与应是、理想与现实的矛盾运动，构成了人类的道德活动，不断推动人类向至善方向前进，也使每个个体不断自我完善，自我升华。”②

正是由于此，人的道德选择和人的生活才无法脱离目的论的视野，而正是目的论的视野从根本上体现了人是伦理的存在、价值的存在，而这也从根本上保证了道德选择的道德意义。人的道德选择理应不断反思选择的正当性，反思选择的根据是什么。如果人不知道该走向何方才是自己要去的地方而犹豫不已，不知该做何选择的时候，价值相对论的坚定捍卫者伯林会立刻跳出来，宣扬他的观点：不用考虑，赶快选择吧！随便选择一个地方，而那个地方就是你要去的方向。施特劳斯面对这种情况，则会严肃地告诉你，选择必须充分考虑依据和理由问题，你应该审慎地思考到底选择哪个方向才是正确的、合理的。道德选择若没有对生活目的的反思与追问，则选择将无从确定自己将走向何处，“对我们来说，问题不只是我们在何处，而且是我们正走向何处；尽管前者可能是或多或少的事，后者是趋向或背离是还是不的争端的问题。这就是为什么绝对的问题总是构造着我们的相对的问题。由于没有方向我们就无从趋向善，也由于我们不能对我们与这种善相联系的位置漠不关心，而且由于位置是总在必然变化和生

① ［西］奥尔特加·加塞特：《大众的反叛》，刘训练、佟德志译，吉林人民出版社2004年版，第142页。

② 鲁洁：《道德教育：一种超越》，《中国教育学刊》1994年第6期。

成的某种东西，所以我们生活的方向问题必然出现在我们面前。"① 善的价值规定着什么样的道德选择是合乎道德的，是值得追求的。在此意义上可以说，善规定着人们的精神方向，决定了生活的价值和意义。

二 反对道德高标

道德教育作为关涉人的生活价值与生命质量的教育活动，不可能没有对终极关怀的追求，不可能没有一种对美好生活的向往，"正是朝向最高的善最接近于对我的身份的规定，因而我向着这种善的努力，对我来说，是唯一重要的。虽然我自然力图很好地确立与我所承认的所有善中的任何一种关系，并且趋向于它们而不是背离它们，但我与这种善的关系仍具关键的重要性。正是因为我朝向它的方向对我的身份来说是本质性的，所以认识到我的生活背离了它，或不能接近它，将是破坏性的和无法忍受的。其威胁在于把我投入对自己毫无价值的绝望之中，这点动摇着我作为一个人而生存的真正根基。对称地，我趋向这种善的信念给予我作为个人或自我而存在的完整的、充实的感觉，这是其他东西不能代替的。只要我认识到所有的善，无论它们能容纳多小或多大的成就，就允诺了是或不的问题，这有关于与它们相联系的我的生活的方向；如果我对这个意义上最高的善做了强势承诺，我发现相应的是或不的问题，对于作为人我是什么的问题显然是决定性的。"② 但道德教育对善的追问与问询决不意味着在现实的道德教育实践中设定一个高的道德标准，以此来要求和裁定每一个学生的选择，希望每个学生的选择都能达到这个标准，并认为只有达到这个标准的学生才是道德的。将道德教育对善的守护等同于主张道德教育的高标准，这是对道德教育守护善的误解与歪曲。道德教育是要培养有所理想、有所信仰的人，但不是要把每一个人都塑造成圣人或者英雄。伯纳德·梅欧在《伦理学与道德生活》中指出："既然我们知道成为英雄和圣人是不可能的，所以，我们并不想和英雄、圣人恰好一样。这正是因为普通人不可能获得和圣人一样的品质并达到和圣人同样的程度，所以我们把英雄和圣人与其他人区别开来。如果我们努力使自己有一点点像他们，那

① ［加］查尔斯·泰勒：《自我的根源：现代认同的形成》，韩震等译，译林出版社2001年版，第68页。

② 同上书，第94页。

也就足够了。”[①] 理想与信仰是保障人追求美好生活不可或缺的重要条件。但对理想与信仰的追求决不能是狂热的、盲动的，而应是理性的、自由的、个体化的。决不能用过高的道德标准来要求每个人的选择，力求使每个人的道德选择都能达此标准。如果道德教育遵循道德的高标准，其结果不仅会侵犯或剥夺个体的选择权利，更严重的结果是不仅不会促进学生的精神生成与个性发展，反而极有可能导致对学生精神的摧残，人性的践踏。“过高的‘道德’标准，使绝大多数人都沦为‘不道德’，所有追求道德的人，得到的只是耻笑；他们的真正符合道德的高尚努力，只被用来证明他的‘不道德’。在这种‘道德高压’下，他们唯一的选择就是：永远只说道德的话，但永远不做道德的事。好话说尽，坏事做绝，并且心安理得。过高的‘道德’不仅没有推广道德，反而推广了不道德。”[②]

道德的高标现象在我国的封建社会表现得比较突出，这是与儒家的伦理思想以及其在社会中的支配地位分不开的。关于此点，国人的批判不可谓不一针见血，不可谓不切中要害。我国儒学思想研究的著名学者唐君毅先生就明确指出学做圣人是最大的善，迫使人去做圣人却是最大的恶。道德教育决不能用圣人的标准来裁度和要求每一个人，决不能要求或命令每一个人都去成为圣人，都按照圣人的条件来要求自己。要求每个人都要做圣人，以圣人的标准来约束自己的言行，其本质实际上是要把所有的人都塑造成一种类型，接受一种价值取向，选择一种生活方式，这是典型的趋同化、同质化，是对人性、人的本能、人的价值的最大侮蔑，这恰恰是最不人性的、最不道德的、最反动的。在此方面，以儒家思想为主流的中国传统道德教育就是将道德绝对化、实体化，导致了泛道德、道德至上和唯道德，从而导致个体选择的标尺只能是由社会所提供的价值标准。道德价值的绝对化使得高高超越于个体生命存在之上的规定性价值标准成了个体生命存在意义的根本或者说是唯一依据，而个体唯有向此目标前进方能体现存在的价值，独立于此价值之外的其他价值都无法体现自我生命存在的价值与尊严。外国人卫三畏博士也作出了如此断言：“儒教对中华民族在追求理想人格，善良人性方面的影响，无论怎么估计，都不过分，它所描绘的极高的道德标准对后世产生了不可估量的影响，以至于整个民族都要

① ［美］汤姆·L. 彼彻姆：《哲学的伦理学》，雷克勤、郭夏娟等译，中国社会科学出版社1990年版，第230页。

② 张远山：《反道德的道德高标——子贡赎人》，《东方》2001年第10期。

接受这一标准的评判。"① 我们不能否认儒家的君子伦理对于人类生活和社会发展的重要性，而且儒家的许多伦理思想对于我们的道德教育依旧具有很大的启迪意义，但我们决不能将那一套伦理标准来衡量每个受教育者，要求每个受教育者都按此目标来要求自我。胡适认为一个肮脏的国家，如果人人都开始讲规则而不是谈道德，最终会变成一个有人味儿的正常国家，道德自然会逐渐回归！一个干净的国家，如果人人都不讲规则却大谈道德，人人都争当高尚，天天没事儿就谈道德规范！人人都大公无私，最终这个国家会堕落成为一个伪君子遍布的肮脏国家！

中国传统的道德高标所导致的对人性的摧残，对个体生活的奴役，已经永远地镌刻在了历史的画卷中，我们不能忘记也不应忘记。这种现象在"文化大革命"中被推到了登峰造极的地步。"文化大革命"一味对纯粹道德理想的标榜，号召人们"狠斗私字一闪念"、"毫不利己，专门利人"的结果，不仅没有提高人的道德素养，反而在很大程度上将人性推向了万劫不复之地，是对人性的一次严重摧残。绝不能再让历史的悲剧重演。道德教育不能忽视人之存在的正常需求和基本欲望。不能因为对高尚、优秀、卓越的追求就抹杀人的基本需求和基本欲望。若是如此，必定会带来巨大的道德危机，甚或是道德灾难。

事实上，儒家视野中的道德人格可以划分为小人、君子、贤人和圣人等类型。冯友兰把人生的境界分为四种，从低到高依次为自然境界、功利境界、道德境界和天地境界。四种境界就其高低的层次看，由低而高表示一种发展。前二者是自然的礼物，不需要特别功夫，一般人都可以达到。后两者是精神的创造，必须经过特别修养的功夫，才能实现。这实际上为人的发展提供了循序渐进的路径和方式，永不停止地去追求高尚的人格。以往道德教育存在的偏失就在于一步到位，用终极理想或高标准来要求人们一步达到高尚的道德境界，其目标常常会落空，道德教育效果甚微乃是必然之事。道德教育的首要任务理应是使学生体验到道德的价值，体验到道德的乐趣，体验到道德对于人存在与完善的不可或缺性，在此基础上，也只能在此基础上，我们才能引导学生去提升道德境界或道德水平。否则，强调道德的高标准，道德的纯洁性与纯粹性，而置学生的心理于不顾，置学生的个性于不顾，置学生的需求于不顾，其结果带来的常常是道

① ［美］亚瑟·亨·史密斯：《中国人的德行》，陈新峰译，金城出版社 2005 年版，第 322 页。

德的奴役与强制，也容易使学生对道德教育产生抵触情绪甚至是厌恶、排斥心理，导致道德的伪善，道德的虚假性，而道德教育也就出现了真空。就教育的追求和使命而言，道德教育是面向每一个学生的，是要促进每一个学生的精神转向与提升的，而主张道德的高标却将绝大多数人拒绝在了教化的门之外。“我们或许不能解决世界上的所有问题，但我们应该竭尽全力解决那些可以解决的问题。因此，正确的反应应该是寻求那些切实可行、在所作要求方面注意限度的道德准则。遵守更为严格的道德原则或许是崇高与可敬的，但那不是针对我们普通人的要求。专业地讲，那是超义务行为。”① 标榜道德高标的道德教育是虚假的、邪恶的教育，其所主张的道德也必定是虚伪的道德，是反道德、反人性的。

三　道德底线的限度

一味地追求道德的高标准，不仅不能培养有道德的人，不仅不能提高道德教育的实效性，反倒会导致道德教育的低效或无效，准确地说是道德教育的“异化”，即道德教育的非道德或不道德。异化的道德教育培养的只能是异化的人、畸形的人。但与此同时，道德教育对善的追问与问询决不意味着要退守或坚守道德底线，把道德底线作为道德教育的重心。

国内学者何怀宏对底线伦理进行了较为深入的研究，认为现代社会需要的是一种底线伦理，所有的人都必须遵循，没有任何例外。底线伦理是现代社会伦理的基本性。所谓的底线就是指行为的最起码、最低限度的界限。人只有满足了这一底线，而后才能去追求自己的生活理想。人对生活理想的追求都必须受到道德底线的限制，否则，所谓的最大幸福、最高境界就都成为了空中楼阁。教育不能要求每个人成为圣人，但它必须要求每个人成为遵守底线道德的人。每个社会里都有一些人有着很高的道德追求，如中国古代儒家的一些人以道德高尚、人格完美作为他们人生的最高乃至唯一的追求，他们不会止步和满足于底线道德。而在以平等和价值多元的现代社会里，许多人没有很高的道德追求，不想做圣人，但也不去伤害人，这是无可非议的。李泽厚认为道德可以分为两种：宗教性道德和社会性道德。所谓宗教性道德即所谓先验的或普遍必然的、放之四海而皆准的道德，经常与一定的信仰、理想有关。所谓社会性道德，是指受一定环

---

① ［英］西蒙·布莱克本：《我们时代的伦理学》，梁曼莉译，译林出版社 2009 年版，第 45 页。

境、条件、时间、空间以及不同的民族背景、风俗习惯、经济条件变化所决定的那种道德。这两种道德经常是交融混合、交叉在一起，有时前（后）者以后（前）者形式出现，但两者又仍有区别，有时且有矛盾冲突。在他看来，社会性道德与政治、法律关系密切，经常要求社会成员遵循；宗教性道德则常是个体的终极关怀所在，是对自己生命意义的一种寄托，因人而异，个人觉得这样做心安理得，觉得值得牺牲自己来这样做，但不能要求每个人都这样做，更不能由政府来宣传或推行。人可以追求宗教性道德，也可以不追求。只要人遵守法律，能进入社会性道德就可以了。①

倡导底线伦理的何怀宏亦充分认识到在道德范围内仅仅坚持底线伦理是远远不够的，无法有效地解决人在道德生活中所面临的一系列问题。在他看来，“底线伦理是必要的，但又是不够的。这不仅指除了道德规范，还有人生的许多方面：亲情、审美、信仰、终极关切，而且即便就在道德的范围内，仅仅讲底线伦理、讲规范、义务也还是不够的。规范和义务并不是道德的全部，道德并不仅仅是规范的普遍履行。”② 关于此问题，万俊人指出底线伦理实际上就是道德与法律的交界处，在文化多元化和选择多样化的情况下，它是必要的。但若仅停留于此，至少会产生三种危险：第一，道德的法律化。因为底线伦理是一种很确定、基础性的普遍规范，几乎接近于法律规范。第二，如果道德法律化了，那么它就会使道德生活变得可怕，它会大大限制人们的价值空间，不会给人们留下道德想象和价值创新的余地，人因此而可能蜕变为机械化、缺乏更高理想的动物。第三，人作为道德的存在者，实际上不再具有充分的自律或自主性，而这是与现在的整个价值体系相对立的。自由、平等、独立是现代社会的基本价值。正是因为存在着这三种危险，所以，道德法律化的确有可能危及人格美德的形成和生长。人格美德是个人选择并寻求一种较高价值生活形态的理想追求及其成就，它既是每一个人也是整个人类道德生活多样性的基本特征和表现。③

强调能为大多数人所能遵守的底线道德是合理的，但在现实的道德生

① 李泽厚、王德胜：《关于文化现状、道德重建的对话》（上），《东方》1994 年第 5 期。

② 何怀宏：《伦理学是什么》，北京大学出版社 2002 年版，第 144 页。

③ 彭定光、左高山：《当代道德教育的困境和出路——访万俊人教授》，《现代大学教育》2003 年第 4 期。

活和道德教育实践中，往往存在着这样一种误识，即把最低限度原则当成决定性的或核心性的观念，认为道德的作用范围就在于底线伦理，道德教育的根本任务就在于向学生传授不撒谎、不偷盗、不杀人、不奸淫、遵守公共秩序，学习基本的道德规范与道德准则等。道德底线的教育是以一种否定和禁止的形式来要求人，只教人不要做什么，而不教人去做什么，成为什么。这种观点不仅将道德的范围大大狭窄化了，漠视了道德对于人存在的意义，而且从根本上无视了道德教育的本性与内蕴。道德的含义不仅仅局限于不做不应该做的事情，还包括做应该做的事，即道德既包括对人的消极的道德要求，又包括对人的积极的道德要求，而这亦是教育本性的内在要求。道德教育的根本目的在于提升学生的人性，实现道德人格的完善，而不能停留于或把重心放在道德底线需求的满足上。道德教育固然要联系实际，固然要考虑学生现实的道德需求，固然要贴近学生的现实生活，但并不意味着要退守道德底线，按道德底线行事。道德底线尽管可以成为道德教育的重要目标和内容，但无法成为道德教育的目的。

四　善的教化

人的道德选择不应脱离对善的追寻。对善的追寻使人的道德选择具有了超越的意蕴。那么究竟什么是善的？在我们看来，善就是那些值得追求的，值得赞赏的，可以激发和驱动人展现人性优秀、卓越与美好的东西。

亚里士多德因循前人将善的事物分为三类：外在的善、灵魂的善和身体的善。其中，灵魂的善是最高的善。幸福作为人类活动的最高目的自然就归属于灵魂的善。虽然将幸福认为是最真实、最恰当的灵魂善，但他同时还认为幸福也需要外在的善来补充。道德选择所指向的善不是身体的善，亦非外在的善，而是灵魂的善。只有灵魂的善才可以展现人性的优秀，才可以引领人走向提升和超越之路。查尔斯·泰勒提出构成性善的概念，“构成性的善是道德的根源：那就是说，它是某种我们授权我们行动和行善的东西的爱。”[①] 不仅如此，泰勒还进一步指出构成性的善不只是规定道德理论的内容，对它的爱是准许我们为善的东西。因此对它的爱也构成作为好人所是的内容。无论在什么情况下，构成性善都作为道德根源作用于人的道德选择，左右着人的道德生活。

---

① ［加］查尔斯·泰勒：《自我的根源：现代认同的形成》，韩震等译，译林出版社2001年版，第139—140页。

然而就实际情况而言，对善的追寻往往会处于有用或实用的夹击和胁迫之下，处于一种边缘位置，不仅无法与有用相抗衡，且还常常处于有用的控制之下。因为有用性更能吸引人的眼球，能为更多的人所认可和接受。世俗社会的主导原则理应是，也必定是有用和实用思想处于主流位置。人们更多地追逐于和满足于日常生活中的外在善，而不再追寻能促进自我精神提升的构成性善，以为世俗利益的满足，感官欲望的实现就是善，就是值得追求的善。按照艾德勒的观点，现代人混淆了实在善和表观善，错把表观善当实在善，幸福就在于随心所欲地获得一切表观的善，而置欲求的正当与否于不顾。于是，人们放弃了对真正值得追求的善的追问，认为道德自我的发展可以不需要构成性善的存在，人的道德选择可以不需要善的视野，不过问善的价值。而且更重要的是，世俗社会所导致的一系列道德问题和道德困境的出现，人们是不能熟视无睹的，然而所出现的一系列问题不仅是有用思维所无能为力的，是实证主义思维方式所望尘莫及的。事实上，现代道德教育所出现的一系列问题，现代人选择所出现的诸多危机在很大程度上恰恰是实用思维“做的恶”，恰恰是实证主义“惹的祸”，是现代人自己给自己酿造的“苦酒”。

而对善的追问，体现了道德教育的使命就是引领人的道德选择在追寻善的价值的过程中实现道德自我的生成与建构。人们对善的追问是无止境的，而不可能达至善的本真之境，了解善的全貌。人总是走在问询善的路上。但这并不能成为拒绝善存在的理由或借口。因为拒绝了对善的问询，也就放弃了对自我的认识，对自我的认识就是在同善的关系中得到体现的。人正是在不断地趋向善的过程中构造着自我，生成着自我，因为“我们的自我存在本质上与我们对善的理解相联系。”① “我们必须调整我们自己趋向善，所以决定我们确定与善的关系的也就决定我们生活的方向，作为‘探索’，我们不可逃避地以叙述的形式来理解我们的生活。”② 离开了善，人的选择因失去方向而陷入混乱之中。善始终在观照人的现实生活，构成了人进行道德选择的视野，“善的视野奠定着我们道德反应、

① ［加］查尔斯·泰勒：《自我的根源：现代认同的形成》，韩震等译，译林出版社2001年版，第76页。

② 同上书，第77页。

共鸣和渴望的基础。"[①] 从终极层面看，道德教育对善的捍卫，就是要实现善对现实生活的观照，推动人不断超越现实的生活，建构可能的生活，促进自身存在的不断完善。善的理想通过人的选择转化为善的现实，个体生活中符合普遍规范的行为，尤其是人自身所展现出来的优秀和卓越的品质。抛弃了对善的追问的现代人换来的是生活意义的失落，换来的是自我认同的危机，换来的是灵魂的平庸和心灵的堕落。人不知道自己是谁，也不知道自己将走向何方，人生活在盲目与混乱之中，本能的满足支配着人的选择，精神上一片空白，如此，导致了人的孤独、苦闷、焦虑与彷徨。尽管人在努力地成为他自己，成为他想成为的自己，然而换来的却是自我对自我的异化，自我对个性的漠视；尽管人在孜孜地追寻生活的意义，努力地构建自己的美好生活，然而却把自己推入了更大的迷惘之中，体验到的是生活的空虚和乏味。生活没有意思，不知道我是谁，不知道自己该走向何处的问题已经成为现代人的生活常态。

善的教化其实意味着我们在向善的生活过程中不断追问生命的真相是什么，生活的真正价值是什么，从而不断调整生活的方向，培育和提高人对生活的感受力和领悟力。向善是人不可逃避的责任，正是人对善的追问决定了人应以审慎的态度来审视生活，探索自我发展的方向，而这就将我们引入寻求教化和接受教化的视野，也将自我与生活、自我与善联系了起来。对善的价值的否认实际上威胁的是个体自身，个体生活因失去努力的方向而极有可能流于庸俗或平面化。没有对善的绝对意识，则生活中各种相对善的冲突便无法解决，任何一种善也必定是以消解于相对善之中而告终。人的选择也无所谓善与不善了。只要本身具有道德价值的行为都是绝对善的；而相对善的行为虽具有善的性质，却不能等同于绝对善，而只能是在某种程度上反映着对绝对善的尽可能尊重。[②] 正是在趋向善的过程中，道德选择方可体现对人存在的价值，促进个体道德人格的提升。

从上面的分析，我们可以看出，守望善的视野，对于引导人学会道德选择为根本使命的道德教育而言，是不可或缺的，"感觉渴望善和理性后来认为善是什么，二者并不相互抵触。教育不是教训儿童违反他们的本能和乐趣，而在他感觉什么与他们能够和应该成为什么人之间提供自然的延

---

① ［加］查尔斯·泰勒：《自我的根源：现代认同的形成》，韩震等译，译林出版社 2001 年版，第 152 页。

② 赵汀阳：《论可能生活》，生活·读书·新知三联书店 1994 年版，第 197 页。

续。但是这是一种失传的艺术”。“与求善相匹配的忠诚给人们的生活带来了难以名状的紧张感。但是渴望理解和拥有善却是教化人类的无价之宝。”① 没有善观照、驱动与引导下的道德教育必定是迷失正确方向、缺乏超越精神的，其结果只能导致道德教育本性的迷失，使命的沦落。道德教育正是在善的观照与审视下，才能孜孜追寻好的道德教育应该是什么或可能是什么样的，通过此，时刻反思现实道德教育实践中的不合理之处而引导其不断进行改善与修正，以更好地促进学生德性的养成、个性的完善与生命质量的提升。每个道德自我的选择只有在不断向善的过程中，才能走向自我超越之路，才能展现生命的优秀和卓越。道德教育因善的存在才彰显了教化的价值。善对于道德教育来说是关键性的、根本性的，是其安身立命的根基所在。动摇了这一点，也就动摇了道德教育的根基，道德教育的教化使命将无法得以体现与发挥。

第三节　自由选择与价值引导：道德教育的实践

一　自由选择：道德教育的前提

简单来说，自由就意味着“自”“由”，也可以说是“由”“自”，即人通过自己自由。自由就是立足于自身，从自身出发和行动，去完善自身。人是自由的，就意味着人的生存是自我治理和自我照看的生存，而不是受他人治理，被他人支配和控制的存在。人可以根据自己的意志和思想来选择，并且他可以避免或抵抗自我良知和意识的异化，成为自我的主人，而不是成为自我的奴隶，更不是他人的奴隶，当然也不应成为他人的统治者和控制者。而所谓的统治者，用别尔嘉耶夫的话来说，只不过是奴隶的另一重意向而已。在没有自由、没有自我决定的地方，就无所谓有个体的选择，而这也就意味着没有人性，或者说人性无从谈起。选择根本上是自由的，这便意味着强制条件下没有选择，自由选择是与强制相对立的。一个在别人强迫下做出的选择尽管还是人自己做出的，只不过这种所谓的“选择”还是他的选择吗？这样的做法还合乎道德吗？还是对人性的尊重吗？强制本身是一种恶的表现，它迫使学生按照别人预先规定或设

① ［美］艾伦·布鲁姆：《走向封闭的美国精神》，缪青、宋丽娜等译，中国社会科学出版社1994年版，第31页。

计好的目的或目标行事。康德认为："如果一个人本身也没有灵魂的需要和自己的意志，而被另一个灵魂来牵动其四肢，那便是荒唐和反常的了。这样的人不过像是他人的工具。"①

教育中的强制现象必定会扼杀学生的选择权利，导致学生没有选择的机会与空间，这同时也是对学生自主选择意识与能力的极度不信任。进一步来说，教育中的强制是对学生人格的侮辱与蔑视，其导致的更多的后果是迫使人们放弃良知，泯灭人性，主动为恶。在道德教育的世界里，对个体道德自由的侵犯必定严重破坏道德教育的使命，把学生禁锢在预定好的道德之中，导致教育培养出来的人成为道德囚徒或道德工具。而哈耶克认为人在强制下依旧存在着个体的选择，认为一个即使在强制状态下的人，仍然在进行选择。"强制意味着我仍然进行选择，只是我的心智已被迫沦为他人的工具，因为我所面临的种种选择已被强制者所操控。"② 如果说这也是人的选择，这无疑是对选择的精髓和本质的最大背叛和最大歪曲。而费希特认为强迫也是一种教育，且主张教育必然以这样的方式来进行，你以后一定会知道我这样做的理由都是为了你好，这无疑也是对教育本性的一种背离。国内学者吴康宁教授曾撰文指出，迄今为止，我国的学校道德教育的使命基本上定位于"教会顺从"。并且这种顺从还是全方位的，绝对化了的。其导致的结果是学生无条件地认同既定的道德取向与道德规范，无条件地接受既定的道德教育过程。③ 道德教育要想体现自身存在的价值，就不能不尊重和保障学生选择的自由和权利，允许学生自由地作出自己的选择。只有当道德自我的选择是自我决定的，他才是真正的选择者。

在我国的传统文化资源中，缺乏对自我、个人的尊重。我国自从汉朝"罢黜百家 独尊儒术"以来，在尊重个体的自由选择方面，允许人自主选择自己的生活方式方面，表现出较大的缺失。关于此一问题，密尔在其《论自由》中曾专门谈论了中国与欧洲的最大不同就在于中国设计了一套被称之为最佳的教育制度，将所谓最好的内容灌输给国民，其结果导致了

① ［德］康德：《对于美和崇高的感情的观察》，转引自卡西尔《卢梭·康德·歌德》，刘东译，生活·读书·新知三联书店2002年版，第21页。

② ［英］弗里德利希·冯·哈耶克：《自由秩序原理》，邓正来译，生活·读书·新知三联书店1997年版，第164页。

③ 吴康宁：《教会选择：面向21世纪的我国学校道德教育的必由之路——基于社会学的反思》，《华东师范大学学报》（教育科学版）1999年第3期。

国民的个性严重不足，从而导致了民族发展的滞后。而欧洲的进步就在于价值的多元，多元为每个人在各种可能性中选择最适合自己个性的生活方式提供了可能与条件。李大钊在批判孔教时尖锐地指出："看那两千余年来支配中国人精神的孔门伦理——所谓纲常，所谓名教，所谓道德，所谓礼义，哪一样不是损卑下以奉尊长？哪一样不是牺牲被统治者的个性以事治者？哪一样不是本着大家族制下子弟对于亲长的精神？……孔门的伦理，是使子弟完全吸收他自己以奉其尊上的伦理；孔门的道德，是予治者以绝对的权力，责被治者以片面的义务的道德。"①

国家不是为个体的道德选择提供更多的条件，建立良好的机制，而是用各种各样的借口，甚至是采取高压或强制性的措施灌输被社会主流所认可的"道德的标准"或"善恶的标准"，这种标准是单一的，是不容许人们质疑和批判的，人们根本没有选择自己生活的权利与自由。如果国家不尊重人的自由意志，强行将人同一化，那是违反人性，是对个人尊严的最大践踏。价值的专政是不可能容许个体的自由选择的，它追求的是强权和控制，它非但不会认为对个体自由选择的干涉是不正当的，甚至是有罪的，甚至认为这是它的权利和权力所在。个体接受教育的过程完全是按照设计好的路线亦步亦趋，不加批判地认同和接受。个体接受道德教育的结果就是将自己变成这个国家道德机器上的一颗小螺丝钉，服从正统秩序的道德，听命于主流道德的需要，而极度缺乏从个性出发、从自我出发的自主选择的意识与能力。在这种体制下的道德教育造就的更多的是唯唯诺诺、卑躬屈膝、阿谀奉承的奴才和庸才，鲜活的人不复存在，独立的个性无处可寻。在此意义上，我们可以说道德教育扼杀了人的丰富性和个性，导致了人的单一化和同质化。

在日常的教育生活中，我们可以经常听到或看到这样的情况：一些教师常常以真理的拥有者和价值的仲裁者自居，扮演训导者或主宰者的角色，按照成人社会的价值标准和道德观念来审视儿童的日常生活，告诫儿童应该如何行为，不应该如何行为；哪些事情应该做，哪些事情不应该做；哪些是正确的，哪些是错误的，以此来规范儿童的言行举止。苏霍姆林斯基曾指出这样一个事实："我怀着忐忑不安的心情越来越确信，在童年期一个人（受教育者）在很多教育者面前，甚至是优秀的教育者面前，

① 李大钊：《守常文集》，上海北新书局1950年版，第50页。

总是表现得非常片面，因为教育者总是根据儿童是否遵守制度和要求来判断受教育者的好坏：是否听话，是否有越轨行为。很多教育者把儿童的听话和顺从看做是内心善良的表现，实际上远非如此。"[①] 事实上，教育者如此这般的行为是对受教育者自由选择权利的侵犯，是对学生个性自由发展的干涉，其结果往往会助长教育者的家长主义作风，导致教育中的"家长制"和"一言堂"，我说的就是正确的，你必须或者你应该按照我说的去做、去说，如此则将受教育者的地位放逐到了教育的边缘，受教育者选择的权利和自由被扼杀，人格和尊严也受到了侮辱与侵犯。

即使受教育者是未成年的儿童，缺乏必要的道德评价与道德判断能力，但这都不能成为教育者侵犯甚或剥夺受教育者选择权的借口或理由。而以所谓的为学生好的理由而进行的强制现象在教育中可以说是司空见惯。越是动听的理由，美好的言辞，如果没有得到学生的认可与接受，如果不允许学生对其进行反思和质疑，则越会将学生导入更大的不自由状态。伯林说的这样一段话可以说是对这种教育现象的深刻刻画："你说有权选择他喜爱的生活。但是这适用于所有的人吗？如果这个个体无知、不成熟、未受教育、智力残缺，拒绝恰当的健康与发展机会，他将不可能知道如何选择。这种人从不会真正知道他的真正需要是什么。如果存在这样一些人，他们知道人的本性是什么、人究竟渴望什么，如果他们替其他人做了他们如果更明智、更知情、更成熟、更发达也会做的事情——也许用一些控制的手段——那么，他们是在剥夺后者的自由吗？他们的确干涉了人们，但只是为了让他们能够做如果他们知道得更多也会做的事情，或者为了使他们总是处于最佳状态，而非老是受制于非理性的动机或幼稚的举动，或者让他们本性中动物的一面占优势。那么这还是干涉吗？"[②] 用教育者所认为的好思想来代替学生的选择无疑都是一种专制，都是对学生选择权利的侵犯，都是对学生自主选择的不信任。将规定的知识、思想观念、道德规范与价值倾向等内容，通过直接告知的方式，告诉儿童什么是应该做的，什么是不应该做的，什么是正确的，什么是错误的等，这事实上是把儿童当作一个完全空白的容器，儿童的任务就是将教师所传达的那些内容记住并能背出。对儿童而言，重要的不是理解，而是遵从、接受，

① 蔡汀、王义高、祖晶主编：《苏霍姆林斯基选集》（第3卷），教育科学出版社2001年版，第405页。

② ［英］以赛亚·伯林：《自由论》，胡传胜译，译林出版社2003年版，第322页。

更不要说反思与批判。儿童被当作消极的客体，而不是有自己的动机、观点、思想和意图的道德主体。儿童个体的主观意愿和见地被悬置了，个体的主体性被放逐了，成为学校和教师的附属品，成为社会和他人的工具和手段，而这在很大程度上也阻隔了儿童对未知世界的思考和探询。密尔在《论自由》中如此写道："当然，容许人有选择自由，并不保证个体每次都能做出正确选择。在任何时候，任何人都有可能做出不理性或对自己对他人有害的决定。但这种担忧，不能成为家长制和专制主义合理化的理由。合理的做法是国家提供良好的环境，鼓励及培养公民自小学会独立思考，了解自我，并懂得对自己的选择负责。人只能在犯错中成长。不容许人犯错的社会，不是一个好社会。同样道理，容许人有选择的自由，并不保证社会有不同性质且足够多的有价值的生活方式供人们选择。"

我们的道德教育生活中还弥漫着过多的不可讨论性，不容质疑性。似乎那不可讨论的、不可质疑的真的是不可讨论、不可质疑的，真的是正确的、合理的。不可讨论、不容质疑的结果只能是毫无条件地接受。于是"服从"、"照办"、"遵守"便成了受教育者的方式，理解的要服从、照办与遵守，不理解的同样要服从、照办与遵守。进一步来说，在人们的心目中，听话、顺从无疑成为了美德，成为我们判定人的标准与尺度。学校把"说不"这种行为规定为是错误的，不道德的，因此，教给儿童的只能是服从，永远不要"说不"，儿童所要做的事情且是唯一的事情就是完全接受，而绝不能反对任何事情。儿童们被迫认为自己是无能的，并且不把有重大历史意义的转变看作是他们自己的目的、渴望和梦想的结果。有研究者指出："在现代性的道德现实中，要么道德成为习俗性的行为，人们随意自发地遵从，要么道德就是一种强制性的律令。'你应该——'，'你必须——'等等，表现了在缺乏实质性的教化的基础和教化方式的构想之后，社会和教育强制性地推行一些道德律令与教条，从而否定了个人在道德行动上的自由和自主性，否定了个人的道德尊严，使道德行动缺乏面对个人可能生活的道德选择和个人自主性的支持。"①

事实上，道德教育的此种现象和做法，18 世纪的卢梭在《爱弥儿》中就有深刻的认识和明确的论述。他指出向孩子们进行的或可能进行的种种道德教育，大致都可以归纳成如下的对话。

① 金生鈜：《现代性价值位移与现代人的道德困境》，《西北师范大学学报》（社会科学版）2003 年第 2 期。

老师：不应该做那件事情。

孩子：为什么不应该做那件事情？

老师：因为那样做是不好的。

孩子：不好！有什么不好？

老师：因为别人不许你那样做。

孩子：不许我做的事情我做了，有什么不好？

老师：你不听话，别人就要处罚你。

孩子：我会做得不让人家知道。

老师：别人要暗暗注意你的。

孩子：我藏起来做。

老师：别人要问你的。

孩子：我就撒谎。

老师：不应该撒谎。

孩子：为什么不应该撒谎？

老师：因为撒谎是很不好的，等等。

如果道德教育充斥的都是“应该”和“不应该”，“必须”和“不得不”，而不提供合理的理由，那么道德教育营造的无非是一个精神的牢狱，学生肩负着无数的外在于自己的应该和必须，而唯独没有自己所想要的应该和必须，学生在这种道德教育的环境下，俨然成为了“精神的囚徒”或“道德的奴隶”。生活的开放性和创造性，个性的多样性和丰富性需要自由的空间，而这一切都被无数的“不得不”和“必须”生生扼杀了。若是如此，道德教育无疑是在进行一种驯化教育，一种规训教育，这根本上是对人精神的蔑视、人格的侵犯，甚至可以说是精神与人格的奴役与扼杀。

教育者决不能以真理的占有者自居，决不能以价值的裁判者自居，若是如此导致的必定是教育的暴力和教育的强制。所谓价值自居，就是“把超逾个体的某种更高的价值内化为个体自身的感性生命，以自己的感性生命把某种真实价值的显现担当起来，成为某种真实价值的象征符号。”① 教育者对教育中纪律或限制性条件的颁布和规定必须要提供理由，而不能一味地要求受教育者去服从、去照办。如果教育者的观念和思想里

① 刘小枫：《拯救与逍遥》，上海三联书店2001年版，第120页。

充斥的是服从和命令，是应该如此，是必须如此，是不得不如此，心中充斥的是一种高高在上的感觉，表现出的是盛气凌人的姿态，扮演的是道德立法者或道德说教者或者命令训诫者的角色，那么这样的教育者不仅没有资格充当教育者，反倒是制造不道德，甚至是制造罪恶的“阴谋家”或“刽子手”。“假如学校里游荡着权威的幽灵，对此学生也不反抗的话，那么，权威的思想将深深地印在他们稚嫩可塑的本质里，而几乎不可变更。将来这样的学生在下意识里只知道服从与固执，却不懂得怎样自由地去生活。”① 教育者如果利用自己的权力来控制学生的选择，使学生的选择服从自己的意愿，而不允许他们追求和实现他们自己的目的，这无疑是在教育者和受教育者之间建立了一种道德不平等，这是把学生当作客体而不是有且应该有自己的动机、观点、思想和意图的道德主体，忽视了学生的选择意识、选择权利和选择能力，这根本上是对学生选择可能性的否定，是对学生选择自由权的侵犯。尊重和维护个体的选择自由，并不保证个体每次都能做出正确选择。任何时候，任何学生都有可能作出不理性或对自己、他人有害的决定和选择，但这都不能成为教育强制和霸权合理化的理由。个体在外部威权的作用下，往往表现出的是或随波逐流，或见风使舵，或默默忍受，不敢对其反思与质疑，更不敢抗争与申辩，结果是自身独特个性的发展被无辜地放逐。人逐渐听命于权威，将自己的生活命运放在别人的手上，人实际上就丢弃了其选择权利，放弃了自我的内在追求，也意味着放弃了做人的尊严。一个很自然的结果就是生活的同质化和样板化，每个个体的独特价值无从展现和发展。

个体精神的成长与提升，需要一种土壤，这种土壤必定是自由的土壤，开放的土壤，而决不可能是强制的土壤，奴化的土壤，驯化的土壤。自由就预示着可能与多样，而强制则导致的必定是封闭与单一。自由为人的选择敞开了广阔的空间，而道德教育的强制则将人推向一条路，一条精神奴役之路。强制下的道德教育，从本性上是一条奴役之路，而不是人之发展的解放之路。在此情况下，学生要做的就是俯首听命，无条件接受，不容许有异议。其结果要么是导致学生的强迫性心理或压抑性心理，要么会导致学生的两面派人格，阳奉阴违，表面上接受，心里却是极度的排斥，这种现象可以称为道德逆反或道德反叛。这对于个体的精神成长无疑

① ［德］雅斯贝尔斯：《什么是教育》，邹进译，生活·读书·新知三联书店1991年版，第56页。

是极为不利的。道德逆反不仅是对教育中所传递的道德原则和道德规范的反抗，而更主要的是指对社会公共生活中所要求的公共规范与生活伦理的故意违反甚至是破坏，对他人的道德举动和道德行为报以嗤之以鼻的态度，而对生活中的不良行为或者恶的行为或是无动于衷，或是予以认可。即是说，道德逆反导致的一个严重后果是对善的蔑视，对恶的纵容。

事实上，每个儿童都拥有独立的灵魂。向往成长和渴望独立是儿童的内在天性。儿童有自己的思索，或许这种思索是朦胧的，有自己的想法，或许这种想法是片面的；有自己的体验，或许这种体验是模糊的，但他是可以思考的，也有能力思考的。即是说，儿童有着自己关于生活的感受与体验，有着他们形成正确的道德价值和道德立场的独特过程。关于此点，卢梭明确强调："儿童是有他特有的看法、想法和感情的；如果想用我们的看法、想法和感情去代替他们的看法、想法和感情，那简直是最愚蠢的事情。"[①] 随着生活经历的增多，儿童发现自己一些关于生活问题的看法与教师和父母所传授的价值观念不一致，甚至是冲突，从而希望能够有机会表达自己的观点。个人坚持什么样的价值观念，追求什么样的生活，从根本上取决于个体的选择。每个儿童都是选择者，都享有选择的权利，也有选择的意识和需要，并且具备一定的选择能力，他们渴望像大人那样可以选择自己所喜欢的，所向往的。儿童是自己生活的立法者和阐释者，儿童理应自行编织和建构自己的生活，选择自己所喜欢的生活。在此意义上，我们说儿童在该说"不"的时候说"不"是对自己所不喜欢的生活的拒绝，对自我所憧憬的生活的追求，这根本上体现了儿童对自我独立人格的追寻和对自我生命的尊重和珍视，体现了他的独立意识和独立精神，希望自己能够成为自我生活的设计者和支配者。

自由的缺失从根本上堵塞了个体的道德选择，这必定从根本上阻碍个体对善的追求，使善的追求失去了前提和基础，而这必定也使道德教育失去了前提和基础。自由标志着某个人在追求善，在不断提高自己的精神素养上都有同样的可能性。"自由是创造性的源泉，因为它通过想像展现出人类生存的无限可能性。自由是一种显现，因为它将无限可能性以适合于我们认知有限现实的能力的方式反映到意识中，使之与我们生活的环境相关。自由是一种标准，因为它的回应显现了各种可以期待的行为模式，而

---

① ［法］卢梭：《爱弥儿》（上卷），李平沤译，商务印书馆1978年版，第91页。

不是完全按照个人的好恶。自由是一种主宰，因为它提供了这样一个基础。在这个基础上，我们可以自由地选择接受或拒绝，实现或避开这种自我实现的方式。”① 金生鈜教授强调精神的建构过程是个体自主生活的过程，在生活中创造精神，在创造精神中创造生活，而教育的引导作用只有落实于个体的自由与自主，才能对个体的生活与精神建构发挥作用，而教育也才能是教化而不是驯化。我们无法否认这一点，没有自由，就没有道德，从而就没有道德教育。道德教育的存在必定以自由为基础。道德教育只有立足于自由的基础之上，学生才有机会和可能去选择自己所向往的生活方式和生活目的，才有可能成为自我的主人，自我主宰自己的生活，不断地创造和提升自己的生活。

因此，道德教育理应凸显受教育者的主体意识，强调每个道德主体、道德自我都是选择者，都是自主自决的选择者。道德教育若忽视了学生对个体自由选择的权利，不允许个体有选择思想观念和价值观点的机会，那么这种道德教育就不能称之为是真正意义上的教育，是违背道德教育的精神和宗旨的。每个道德自我都是不可代替的，也是不可还原的，因此，每个道德自我的存在都具有绝对的价值和绝对的尊严。每个人都理应被允许根据自己的思想和价值来选择适合自己的生活方式。自我存在的过程，就是人不断追寻自我，彰显自我独特性的过程。道德教育存在的使命之一就是使每个个体充分意识到自我的存在是独一无二的，自我的生成与发展取决于自己的选择。自由选择是人的天性之一。在此意义上，我们说道德教育无疑是一种启蒙，启蒙是道德教育的本性之一，使命之一。启蒙就是去蔽，就是唤醒，就是对人自觉性和自主性的一种唤醒，对自由和个性的唤醒，对人之为人独特性的唤醒。通过道德教育的启蒙，人明了了选择的自由是人成为人的根本前提，自我生成取决于自我的选择，人是自己的主人，是自己生活的主人。

二 价值引导：道德教育的根本方式

（一）道德教育：抑恶？扬善？

人天生具有自由意志，因此面对道德世界中的善恶冲突，人自然具有

① ［美］乔治·麦克林：《传统与超越》，干春松、杨凤岗译，华夏出版社2000年版，第94—95页。

向善或变恶的可能与倾向。关于人性本善还是本恶，人们争论了数千年，无论如何，我们不能简单地说人本性是善的，还是恶的。单纯地强调人性善固然突出了人的向善之心，反映了人对善的追求，但却忽略了人自身存在的有限性，不能对道德生活中的不良现象保持必要的警惕，同时也为以达成善的目的而采取不道德手段的做法提供了正当性与合理性；而单纯地强调人性恶则将人与人之间的关系看作是敌对的关系，利用和被利用的关系，否认人与人之间存在一种价值上的共契与感情上的相依，忽视了人本性存在一种向善的冲动。康德指出人性本善或人性本恶的人性论都是不正确的，因为无论是主张人性本善或人性本恶的学说都把人行为的善或恶归之于顺应人性的结果，而取消了人的自由在道德选择中的作用，而且我们无法对按照人类本性所为的事进行道德褒贬。“那么人就其天性而言在道德上是善还是恶呢？都不是，因为就天性而言，他还完全不是一个道德性的存在，只有当他的理性提高到义务和法则的概念时，他才变成一个这样的存在。这样人们可以说，他在自身之内本原地具有趋向一切恶习的动力，因为有各种禀好和本能刺激他，尽管理性同时驱使他走向反面。”[①] 可以看出，康德认为人在本性上是无所谓善恶的，人在行为上的善恶是人意志自由选择的结果。按照黑格尔的观点，自由与意志不可分。人在自由意志的作用下，既可以选择为善，也可以选择为恶。正是在此意义上，他认为只有人才是善的，只因为他也可能是恶的。善与恶不可分割地存在于人身上。“唯有人是善的，只因为他也可能是恶的。善与恶是不可分割的。”鲍曼指出在人的原初结构中，一种非善恶共存的道德之存在是不可能的，“人在道德上是善恶并存的：善恶面对面地存在于人‘最初场所’（primary scene）的中心”。[②]因此，人之所以是自由的，首先就在于他对自我发展两种可能性的选择。即是说，人的选择首先面临的是向兽性的沉沦，还是向着人性的提升，这是人生最重要的选择。“可能性中的选择是生命的冒险，从伦理学的角度看，就是个人化的道德两可状态中的可能犯恶（作出有欠缺的选择），而如此犯恶本身在这种可能性中却是一种善。自由主义伦理观承认不同的善在生活中的冲突——承认这种冲突不可解决，道理就在这里。这与道德相对论不相干，倒可以说是一种道德牵缠

---

① ［德］康德：《论教育学》，赵鹏、何兆武译，上海世纪出版集团 2005 年版，第 46 页。

② ［英］齐格蒙特·鲍曼：《后现代伦理学》，张成岗译，江苏人民出版社 2003 年版，第 12 页。

论：对个体人的选择来说，善与恶是相互牵缠在一起的。在道德牵缠中，个体人必须作出自己的选择，它不可推卸或转让。”①

由此可见，人的道德选择无法逃避善与恶的视野。如此，并不是说人在善与恶之间进行选择，而是说人的选择会将人导向善或者导向恶。“‘价值’是‘意志’的特性，因为只有‘意志’是‘自由’，因此‘意志’分‘善’、‘恶’，‘善’、‘恶’不是‘物’的特性，而是‘人’的特性。‘善’、‘恶’不是利害关系，更不是知识之聪颖，本源性善、恶来自自由之选择。因此，所谓‘选择’，又不是在‘善’、‘恶’之间进行，而是在‘选择’中‘意志’（人）变得善或恶。”② 不要把人想象得可以自动行善，更不能把人想象成不能行善或不愿向善。人既具有向善的可能性，又具有向恶的可能性。个体在选择之前，不论他的动机和意向如何，他的善与恶是未定的，人是自己通过选择把自己造成了善人或恶人。人首先和根本上是自己的作品，即人自由选择和自由创造的结果。道德的善是一个需要个体去选择和创造的事情，而道德的恶也是一个需要个体通过努力去避免或控制的事情。

我们无法避免恶的出现，期望人的选择始终是向善的，而不会产生恶，力求达到一个没有恶的完美世界，这是对人性的极大扭曲。恶永远是无法消除的，恶的完全消除之日，也就是善的消失之日，也就从根本上取缔了生活，道德选择也就没有必要了。恶是道德生活的客观事实，“恶之所以存在，是因为它在善淡薄的地方生长起来的。使一个人变坏，无须付出特殊的努力，但要使一个人成为好人，那可得要付出及其艰苦的劳动啊！恶是从道德无知，是从缺乏道德教养，是从人在本身发展的一定阶段里不懂得人的素养的基础上开始的，所以才逐步掉进道德无知的泥沼中去。这就是为什么道德教育在我们社会里有着社会的、政治的意义之所在。”③ 恶是对人生的考验，这需要人不断地学习，不断地总结经验教训，领会善的本质。而正是由于善的存在，正是由于人的向善之心，才使得恶不至于无所适从，不至于肆意泛滥。

---

① 刘小枫：《沉重的肉身——现代性伦理的叙事纬语》，上海人民出版社 1999 年版，第 299 页。

② 叶秀山：《思·史·诗》，人民出版社 1988 年版，第 246 页。

③ 蔡汀、王义高、祖晶主编：《苏霍姆林斯基选集》（第 2 卷），教育科学出版社 2001 年版，第 451 页。

心理学家诺依曼从心理学的角度提出了一种“新道德”的思想和观点。新道德是要承认每个人身上的阴影，而不是为了试图去颂扬道德而贬斥自己，也不是为了道德而贬斥他人，也决不会为了道德去制造不道德，所以他主张的新道德要求人类应该学会接受邪恶，学会接受自己的罪，承认阴影，因为人事实上就是不完善的。人自身的有限性必定会导致恶的出现，恶是人的道德生活永远无法回避，而需直面的根本性问题。金生鋐教授认为恶是道德卑劣的体现，恶被理解为人性之卑劣或兽性力量，人的危险性恰恰就在于道德卑劣的可能性。人内在的兽性因素常常会自觉不自觉地冒出来，使人导向恶，走向人性的堕落。但是这并不是说恶的存在就是合理的，也并不是说恶必然要取代善。如果否认了善与恶的道德取向，就会使人的选择无所适从，实际上也就否定了道德自我存在的价值。

爱因·兰德强调现代社会的一个根本特点是对道德灰色的崇拜，取消善与恶的对立，而如果没有善恶的存在，何来道德的灰色。道德灰色理论的根本错误在于忘记了道德仅仅是与选择相关联的，即忘记了“不能”和“不愿”之间的区别，导致了这样一个结果，不可能是完全的善或恶转换成了人们不愿完全地善或完全地恶。而这样一种理论在现实生活中已经造成了严重的后果。她例举了文学中出现的所谓反英雄思潮，主人公的特点是不具有任何特征，没有德性、价值、目标和性格，但他们却在戏剧和小说中占据着英雄的位置，所有的故事都围绕着他们的行为而展开，即使他们什么也不做，什么地方也不去。[①] 而中国人由于受传统思想观念的影响，往往缺乏明确的是非善恶观，对善恶问题的处理常常怀有一种模棱两可、怎么都行的想法。在我们看来，这样做，于人于己都没有好处。或许正是在此意义上，鲁迅先生笔下刻画出的中国人的奴性人格与缺乏血性的品质是很有道理的。关于这种情况，美籍华人孙隆基在其《中国文化的深层结构》中曾将中国人的这一情况形象地描述为一种“不生不死的状态”，他又进一步指出一个人不能太爱憎分明，否则就会给自己的生活带来巨大的痛苦。因此，最好的办法便是麻醉自己的判断能力，处于感觉不冷不热的中间灰色地带，与外界保持高度的绝缘状态。结果自然是“逐渐地使自己与自己真正的感觉失去联络，觉得好的与坏的都无所谓，

---

① ［美］爱因·兰德:《新个体主义伦理观——爱因·兰德文选》，秦裕译，上海三联书店1993年版，第70—76页。

反正生活就是那么一回事。”①

在生活中，人经常面临两种立场，而这两种立场都是人可能选择的：人有均等的机会选择善和恶。人到底将向哪个方向发展，从根本上取决于个人自己，即他的选择。但道德教育的本性对于这个问题决不能是袖手旁观的，也不可能是无动于衷的，道德教育若失去了价值的关怀与价值的追问以及价值的决断。具体来说，道德教育若放弃了关于善与恶、正确与错误、正义与不正义的判断，道德教育就很有可能导致对恶的同情，对恶的放纵，同时便是对善的冷漠，对善的回避。道德教育的结果就变成了恶并非是恶，善也未必是善，甚至会被认为是恶。道德教育不仅要明晰善恶共存于人性之中，道德生活必定是蕴含着善恶的生活，还必须明确如何控制人的恶性，如何诱发人的善性，从而引导人的道德选择不断向着善的方向。

道德教育无法打造一个没有道德困惑和道德风险的世界，因此，道德教育也无法防止人做出错误选择，做出恶的选择的可能性，“伦理学上的‘自由问题’在概念上必须以错误行为的自愿性为先决条件。”② 恶虽然无法克服，无法避免，但人决不能停留于恶，放弃对恶的反抗，甚至是主动为恶，生活于恶之中，若是如此，无疑是对做人的最大背叛，人必定丧失了做人的尊严。道德教育只能是尽可能地抑制人性中恶的倾向，而对于已经出现的恶的现象，道德教育必须尽可能地引导之、疏通之，尽可能地减少恶的出现，减弱恶的影响，减轻恶的力量，将恶的不良影响减少到最低限度。道德教育决不可能打造出无恶的世界，无恶的世界那是天国，不是人间。期望道德教育能够彻底根除恶、杜绝恶、消灭恶，希望在现实的世界中打造无恶的世界，都只能是无视客观事实的荒谬之论，无稽之词。

道德教育的本性决定了其不能止步于对恶的避免与控制，“倘若教育工作者不相信在每个人的心灵中都有某种正在沉睡而可以唤醒的真与善的成分的话，教育工作如何能进行，它又如何能要求教育工作者的全部忠诚呢？”③ 康德尤为强调道德动机的纯粹性和纯洁性，是因为在他看来人具有向善性，而纯粹的道德动机乃是行善的唯一动力。因此，强调纯粹的道

---

① 孙隆基：《中国文化的深层结构》，广西师范大学出版社 2005 年版，第 246 页。

② ［德］文德尔班：《哲学史教程》（上卷），罗达仁译，商务印书馆 1987 年版，第256 页。

③ ［德］鲁道夫·奥伊肯：《生活的意义与价值》，万以译，上海译文出版社 1997 年版，第 108 页。

德动机必须完全导入人的心灵，在不仅因为只有这种动机建立了品格的基础，而且还因为当它教导人们感受自己的尊严时赋予心灵一种甚至出其望外的力量。正是由于人存在着向善之心，个体具有善的潜质，在此意义上，我们说苏格拉底和柏拉图所主张的“回忆说”具有较大的合理性。就个体而言，可能存在两种可能恶：一种是本性的遗忘，另一种是本性的扭曲。因此，道德教育决不是将某种观念灌输给人，而是通过引导的过程，唤醒人的向善之心，使人的本性得以显现，使人成为追求善的生活的存在物。柏拉图以“人皆追求善”为根本出发点，认为当时雅典人所谓的按照自己的意志所作出的选择表面上好像是为了自己的利益的。而事实上却与此相反，由于选择者对真正的善缺乏认识，他们的选择反而损害了他们的个人利益。因此，在柏拉图看来，真正的自由是使人能够真正落实自己对善的追求，自由只有在善的引导下，才能体现自身存在的价值，才是真正的自由。换句话说，只有不断追寻关于真正的善的知识，人对善的追求才能得到满足；而恰恰在这个过程中，自由没有被奴役和异化，人获得了真正的自由。“人只有在他的意志决心为善的时候，在伦理意义上才是真正自由的。人进一步看清，他受那些根本并不美好的自由决断的限制，他不愿接受的，也正是这些决断。归根结底，对于这样的人来说，恶的选择不是别的，而是一种反对他固有意志的决断，是使人变得不自由的东西。”① 泰戈尔如此说：“人性的趋向是从恶到善，任何相反的个别的事例都不能使其动摇，因为我们觉得善是人类本性的积极因素，所以在任何时代，任何地方，人类最有价值的东西就是他的善的观念。”②

在形而上学意义上消解善恶的对立，必定会导致道德教育陷入一种价值无序和价值混乱的地步。弥尔顿（J. Milton）的话难道不可以看作是道德教育回避善恶问题的很好说明吗？弥尔顿这样写道：“别了，悔恨：对我来说，诸善皆无，邪恶，你就是我的善。‘但上天’仍然‘将光明投入他的灵魂’，所以，他‘不得不瞥望上天，这恰恰煽起了他胸中的地狱之火’：抬眼望去，在彼岸，欢乐愈多，我愈恼恨，仇恨、反抗，反抗、仇

① ［德］赖因哈德·劳特：《陀思妥耶夫斯基哲学》，沈真等译，东方出版社1996年版，第154页。

② ［印］泰戈尔：《人生的体会》，吉林大学出版社、吉林音像出版社2004年版，第37页。

恨……一切善对我皆是坟墓；在天堂，我的境况更恶。”[①] 正是由于善恶的共存和对立，正是由于人既有可能选择向善，也有可能选择向恶，所以才决定了道德教育不能不具有引导的本性。否则，道德教育的育人使命何以体现。道德教育的目的就是塑造人，塑造被善吸引和对恶厌恶的人，“教育的哲理和技巧就在于使集体生活体现在孩子们对善与恶的冲突中、在善良战胜邪恶方面的感受之中。”[②] 儿童若被适当加以引导，就能培养出正确的善恶感或道德感。他们在不断成长的过程中，就自然而然地被善吸引并喜欢与善做朋友，而把恶看做是可耻的、丑的。儿童经验和理性不足，对什么是善的，什么是恶的，还不能真正加以理解，这就需要教育，需要引导。引导是道德教育的根本教化方式，正是借助于引导，道德教育方可以更好地培植善的理念，在人内心深处埋下善良的种子，使人走向人性展现、提升与完善之路。

（二）价值引导与“两种自由”

消极自由和积极自由是分析自由的经典模式。关于消极自由和积极自由的探讨并不是始自于伯林，只不过是伯林明确把其提出来并进行了较为系统的分析。伯林消极自由和积极自由这两种自由划分的思想，很大程度上受益于贡斯当在 1918 年提出的两种自由的划分，即“古代人的自由”和“现代人的自由”。贡斯当主要阐述了从古代人的自由到现代人的自由这一历史变迁和两种自由的基本特点。在贡斯当看来，社会条件和生活方式的不同导致了古代人和现代人拥有不同的自由观。古代人喜欢作为公民而分享政治权利的那种自由，而现代人则喜欢制度保障下享受个人快乐的那种自由。社会条件和偏好差异使古代人宁愿牺牲小我以参与大我，而现代人却认为牺牲小我去参与大我是得不偿失的。[③] 贡斯当的两种自由与伯林的两种自由有诸多相似之所，但并不完全一致。贡斯当现代人的自由约等于伯林的消极自由，古代人的自由约等于积极自由。

在伯林看来，消极的自由是指免于什么的自由，指一个人在实际的和

---

① ［德］M. 舍勒：《价值的颠覆》，刘小枫选编，罗悌伦等译，生活·读书·新知三联书店 1997 年版，第 26 页。

② 蔡汀、王义高、祖晶主编：《苏霍姆林斯基选集》（第 2 卷），教育科学出版社 2001 年版，第 380 页。

③ ［法］邦斯曼·贡斯当：《古代人的自由与现代人的自由》，阎克文、刘满贵译，商务印书馆 1999 年版，第 33 页。

可能的选择活动中不受别人干涉的程度。消极自由的根本意义就是挣脱枷锁、囚禁与他人奴役的自由。为自由奋斗就是对障碍的清除；为个人自由而奋斗就是强调目标必须是个体选择的，不受别人的干涉和奴役。而积极自由的核心思想就是强调自我引导和自我主宰，自我应该成为自我生活的真正主人。人从本性上，是不希望生活在别人的控制之下的。他不希望自己的生活是别人所操纵的。可以看出，消极自由关注的问题与此相关：在什么样的限度以内，某一个主体可以或应当被容许做他所能做的事，或成为他所能成为的角色，而不受到别人的干涉，从而消极自由争取的是不让别人妨碍我的自由，“别惹我”、“别碰我”，我做什么不做什么那是我个人的事情，只要我不侵犯法律所规定的，其他人都没有资格干涉我。在这种意义下，自由就是“免于……的自由（freedom from…）”。若我是自由的，意思就是我不受别人干涉（强制）。不受别人干涉的范围愈大，我所享有的自由也就愈广。而积极自由关注的问题则与此类问题相关：什么东西或什么人，有权控制或干涉，从而决定某人应该去做这件事、成为这种人。而不应该去做另一件事、成为另一种人？在这种意义下，自由是“去做……的自由（freedom to…）”。

伯林之所以极力主张消极自由，而反对积极自由，是因为在他看来，消极自由更能保障人的选择，使选择成为自己的选择，而积极自由更容易导致强制和不自由，使人失去选择的机会。伯林对消极自由的强调是与其高度重视选择在生活中的价值密不可分的。他把选择能力和对生活方式的自我选择看作是人类存在的构成要素，看作是人之为人的根本性特征，所谓的消极自由就是在两者不可兼得的情况下的选择或不受别人妨碍的选择权利。在伯林看来，消极自由的价值在于它是选择的一种表现，而选择的价值在于我们通过选择部分地创造了自己和自己的生活。在他看来，最有意义的道德事件就是选择。他认为不存在一个永恒的、绝对正确的价值尺度或标准，而主张人类的基本价值是多种多样的。这些价值从本质上是不可通约、不可公度的，经常处于冲突之中。人不可能拥有一切价值，而人必须在诸多价值之间做出选择，选择是人类无法摆脱的宿命。就选择而言，它可以是随意的，违反常情的，非理性的或反理性的。理性，无论是理论理性还是实践理性，对于人的选择是无能为力的。更为主要的是伯林认为人要选择的任何一种价值不存在好坏、善恶之分，对每一种价值的选择都是合理的正确的，即是说对选择的结果是不能做任何评价的，因为不存在一个评价的尺度。至于怎么选择，伯林是不作回答的。他还指出，选择必定是自由的选择，而不能是在强迫状态下受他人支配的。只有选择是自由的，人才有资格去承担选择带来的责任。关于此点，台湾学者钱永祥指出："伯林主张消极自由、排斥积极自由，可以说掌握到了自由主义应该持有的一个根本立场：如果人的行为与生活，应该是个人自行选择的结果，那么自由主义首要关怀的，当然不是人所选择的结果是否真有价值、选择的品质是否经得起诘疑检验，而是进行选择的机会是否存在、是否实际。"① 而消极自由恰恰可以在很大程度上打开更多的选择之门，减少选择的外部障碍，为个体的选择和自我创造提供了基础和前提。

然而消极自由再重要，都不能涵盖自由的全部，都不能真正说明选择对于人的生活的根本价值。人的道德生活世界不可能仅仅由消极自由来构成。霍布斯曾言任何消极自由的理论，实际上都是一种个人权利的理论。消极自由的作用是有限的，道德生活中各种不良因素的存在，人性中不好因素的抑制，单纯依靠消极自由是没有办法进行克服的。而且从人的本性来说，人也不可能仅仅满足于消极自由在人的生活中的价值。俄国哲学家别尔嘉耶夫认为把人仅仅从外部控制中解放出来，还不能使人摆脱内在的恶。为此，人还应成为内在自由的人，应当得到自由和永生，真正不再做奴隶，而不是仅仅披着自由的外衣。当代著名政治哲学家查尔斯·泰勒明确指出消极自由只是一种机会概念，而积极自由则是自由的应用概念。自由的实际障碍不仅仅存在于外部，人自身的内部因素也会阻碍自由，比如非理性的恐惧就会阻碍人的正常行动。自由必定是与人真正想做的事情联系在一起的。若一个人未经疑问就知道什么是他想要的事情，并不意味着他是自由的。若一个人所选择的目标与他的基本动机或者自我相背离的话，也不能说个体是自由的。自由不仅仅意味着外在障碍的排除，还必须涉及内在障碍的消解。可能是出于这种考虑，拉兹也不同意伯林关于选择的观点——依照自主性的概念来看待选择的价值，提出了自己的独特见解。他认为，自主的选择，虽然它作为一种必要因素包括在人类发展的许多形式中，但只有它成为具有内在价值的生活方式或行为的组成部分的时候它才是有价值的。拉兹对自主的选择与好的生活的关系论证的观点是亚里士多德式的，选择的价值就是它作为人类发展的一种手段才具有的价

---

① 钱永祥：《我总是活在表层上》，《读书》1999 年第 7 期。

值。对无任何价值可言的生活的自主选择，如果存在这种选择的话，虽然它是自主的，那也是没有什么价值可言的。即是说，选择必须考虑目的，只有保证了目的是正确的，选择才有价值。

自由这个概念应包括手段和目的两个部分。消极自由的价值就在于它是积极自由的一个必要条件，积极自由才是人追求的目的和归宿。只有确立了完整的自由概念，对道德选择问题的探讨才具有合理性，否则道德选择要么流于自由选择，要么流于道德限制而没有选择。就道德教育领域而言，消极自由是积极自由的基础和前提，积极自由是消极自由的深化和拓展。强调消极自由，也就意味着道德教育必须清楚各种外在的限制，为学生的选择提供尽可能多的机会和条件，反对任何形式的以教育之名的压制、贬抑、干涉和侵犯。没有对消极自由的尊重，学生就必定失去了选择的可能。对消极自由的强调，从根本上就是对学生选择权利的保障。在此意义上，伯林对消极自由的强调是合理的。消极自由无法提供积极的道德动力，而积极自由则意味着人努力的方向，追求的目标。

强调积极自由，是要说明学生是自己生活的主人，生活是自我引导的和自我创造的，只有自我才有资格设计自己的生活，决定自己应该成为什么样的人。日本教育家小原国芳非常重视积极自由在教育中的价值，认为“消极的自由是有限的，而积极的自由则是无限度的。把握的积极自由愈多，人就愈加完善，就愈接近神了。”① 弗洛姆强调要逃避自由就是看到了自由的异化，自由必须同自我潜力的挖掘、自我人格的提升相联系，否则自由将导致对人的奴役。他强调自由是幸福的必要条件，也是美德的必要条件，但自由并不意味着能任意选择，也并非只是摆脱必然性，自由是根据人的存在法则去认识人的潜力，实现人的真正本质。积极的自由意味着人的自由必须同自我决定、自我实现相联系，自由必须服务于真正的自我实现。自由，就是说按照自己内部的要求来行动。自由决不能是为所欲为，更不能是胡作非为，也不是说人喜欢选择什么就选择什么，想选择什么就选择什么，那不是自由，或者那样根本无法体现自由对于生活的价值。道德教育强调积极自由即是要强调个体的选择理应是朝着自我的生成的，是指向于自我的不断超越与完善的，“自由并不意味着能任意选择，也并非只是摆脱必然性，自由是根据人的存在法则去认识人的潜力，实现

① ［日］小原国芳：《小原国芳教育论著选》（上），由其民译，人民教育出版社 1993 年版，第 375 页。

人的真正本质。”① 道德教育的引导价值更多地体现在积极自由上。每个学生都是选择的主体，都是其自己命运与生活的主人，教育的根本目的也就是使每个学生通过自己的选择来发展他自己，成就他自己，独立自主的选择利于建构本真自我的生活方式。“我希望我的生活与决定取决于我自己，而不是取决于随便哪种外在的强制力。我希望成为我自己的而不是他人的意志活动的工具。我希望成为一个主体，而不是一个客体；希望被理性、有意识的目的推动，而不是被外在的、影响我的原因推动。我希望是个人物，而不希望什么也不是；希望是一个行动者，也就是说是决定的而不是被决定的，是自我导向的，而不是如一个事物、一个动物、一个无力起到人的作用的奴隶那样只受外在自然或他人的作用，也就是说，我是能够领会我自己的目标与策略且能够实现它们的人。”②

积极自由意味着人的选择应向着自我的生成，向着善的方向，形成善的观念，追求善的生活，追寻真正的自我，实现自我的不断超越与完善。道德教育对积极自由的强调体现了道德教育的本性和力量，使其价值引导作用的发挥得以可能。

（三）价值引导与教师权威

现代教育越来越强调学生在教育中的主体性地位，强调学生的自由选择，这对传统的教育观、教师观和学生观形成了强大的冲击。很多人认为教育的根本任务就是让学生自由选择和自主发展，教师的引导已经不再重要，甚至不需要了。果真如此吗？现代教育强调学生的主体性就意味着教师的引导不再需要和不再重要了吗？离开教师引导的教育还能体现教育的本性，发挥教育的作用吗？强调学生的主体地位是正确的，这是对传统教育的超越。不尊重学生主体权利，不发挥学生主体作用的教育只能是残缺的教育，是不道德的教育，因为教育目的的实现必须以学生自觉自愿地受教育为基础和保障。但这并不意味着教师主体地位和价值的失落，教师依旧是教育教学的主体。我们知道，真正的教育是教师和学生共同构筑的交往世界，真正的教育过程是师生自由对话、平等交往的过程，而教育的目的则是促进学生的自我超越和自我完善，使学生追求一种有价值有意义的生活。换句话说，教育的本性在于使人成为人，使人向善，这说明教育是

---

① ［德］弗洛姆：《为自己的人》，孙依依译，生活·读书·新知三联书店 1988 年版，第 223 页。

② ［英］以赛亚·伯林：《自由论》，胡传胜译，译林出版社 2003 年版，第 200 页。

有方向性和目的性的，作为教育者的教师则担负着教化人的使命和职责，在对学生影响的教育内容和教学方式方面是要承担责任的，其目标是要将学生引向好的方向、善的方向，推动和促进学生的自我完善和自我提升。这自然意味着教师在学生的发展面前不能无动于衷和无所作为。

我们反对教师对学生所施加的任何强制行为，但我们决不是说教师在教育活动中没有权力。当然，承认权力的价值与作用并不是说明我们要利用权威来对学生进行强制性的教育。权力与强制是截然不同的。权力的滥用固然会导致强制现象的出现，但权力存在的本质是为了更好地保证人的利益，更好地促进人的发展。在此意义上说，权力的存在利于道德教育活动的开展和道德教育目标的达成。道德教育的世界里不能没有权力的存在。关键在于权力是否得到了合理的利用，是否利于学生的存在与发展。教育者运用教育权力一方面可以避免一些不良后果，保障教育的正常秩序；另一方面又为教育者发挥自己的引导作用提供了可能。但绝对不需要绝对的权力，权力的绝对化导致的必定是对人自由的侵犯，对人尊严的蔑视。关于这一点，教育者必须充分认识到权力的两面性，防止权力误用存在的危险性。权力存在的合理性，就在于权威在某种程度上可以保障人的选择自由，防止自由选择受到许多不必要的侵害。绝对的自由是不存在的，而这恰恰为权力的存在提供了可能。权力可以说是对自由保护的必要条件。“人间生活需要约束、压制、臣服，不仅因为人身上有恶的冲动本性，也因为，甚至首先因为，民众需要被规导成为‘好人’。邪恶不仅来自人的自由意志，也出于人生性的道德欠缺和软弱。”① 但权力绝不能成为强制学生的借口与手段，“毫无疑问，仅因为某人是权威，其他人的思想便应该顺从他的见解，而不了解其原因和联系，是可能很快地控制年青人和没有经验者的判断力的。但是，这种见解只能是充斥一个人的思想，而不是启发它，它们不能让精神才能开动起来，而是教这些才能去依赖旁人的活动。结果是使思想愚蠢呆滞。”② 对权威的顺从，则是对选择权利的放弃，对自我做人尊严的背叛，而将自己的命运置于他人的控制之下，实际上沦为了别人的工具。对权威的接受可能会暂时缓解生活中的困境，但从根本上不利于本真自我的生成与完善。

---

① 刘小枫：《刺猬的温顺》，上海文艺出版社2002年版，第206页。

② ［英］伊丽莎白·劳伦斯：《现代教育的起源和发展》，纪晓林译，北京语言学院出版社1992年版，第124—125页。

从理论上来说，“权威”并非是个贬义词，意味着不好。弗洛姆就将权威分为理性权威与非理性权威。所谓理性权威取决于一个人的才能和成就，以及与他人相互信任的平等关系基础之上。他不仅不会运用任何外在的权力或其他力量来恐吓、威胁、侵犯、蔑视别人，反而会要求他人经常提出质疑和批评。而非理性的权威则更多的是以外在的东西，尤其是权力来慑服对方，并利用对方因恐惧而感到不安及无力而加以控制。

范梅南强调，权威的概念很容易与权威主义相混淆。权威主义实际上是权威的滥用，即不近人情、蛮横无理的权威。而教育学上的权威的概念则是以教育的价值为源泉和准则的，它确定了教师的使命感以及教育关系的性质。教育意义上的权威是孩子给予成人的责任。从本质上来说，权威指两个人或多个人之间关系的不对称性差异、不均匀、不平等、不相似性。处在权威地位上就等于处于有影响的位置上。

非理性的权威运用在教育上尤其是道德教育方面，其危害是非常明显和严重的。这种方式从根本上就确立了人与人之间不平等的关系，以一方对另一方的压制和支配为基础，其结果常常是导致弱势一方迫于权力或其他外在东西的影响而选择屈从或服从，久而久之则会成为权威的奴仆，俯首听命，唯唯诺诺，从而放弃了自主思考、独立批判的意识和能力，以权威作为标准来约束自己的言行。

雅斯贝尔斯强调了权威存在的必要性，认为没有权威，团体生活、共同精神、国民教育等成为不可能之事。“人每时每刻都只能生活在权威之下，如果他并不希望这种生活，那他就只能沉醉于外在的强权。那种不要一切权威的欺骗，却让人们涌向了最荒谬和致命的顺从之中，每个工人要求完全自由的想法是十分愚蠢的，它只能导致人们进入某种完全屈从的境地。由此可知，人只有选择自己所意愿的某种权威的自由，也就是说，他拥有选择其生活基础内涵的自由。除此之外，根本就不能存在这样一种立场，人们似乎可以通观一切权威，却超然于权威之外，人们立足于虚无之中，而且是盲目无知的。对权威的选择并不是通过某种看法，而是以我在实际生活中权威意识的形成和净化，以唤醒被遮蔽的权威和我之所以成为自我的那个基础的回忆而做出的选择。”① 他主张真正的权威来自于内在的精神力量。而一旦内在精神力量消失，外在的权威也随之消失。

---

①［德］雅斯贝尔斯：《什么是教育》，邹进译，生活·读书·新知三联书店1991年版，第72—73页。

有这样一种观点，对受教育者而言，除了他们自己，没有人能够知道什么对他好，什么对他不好。我们的确承认每个人都是自己生活的设计者和创造者，但教育作为一种向善的活动，其施加的影响绝不可能是不加区别的，其必定要对受教育者施加积极的影响。我们亦承认，教师在引导的过程中，会存在一些风险，出现强制现象，但这并不能成为放弃引导的借口。毕竟，作为学生，尤其是未成年学生，他们尚不能正确地认识自我，很难摆脱不现实的幻想和不正确的思想，常常受外界不良思想的摆布。作为社会代言人的教师，他们有权利也有义务把学生从错误的思想和行为中拯救出来，此种行为对于学生是有益而非有害。如果教师缺乏良好的教育素养和道德观念，引导很有可能会变成强制，这也决定了引导的谨慎，需要教师不断提高引导的艺术与教育的智慧。凯文·瑞安和卡伦·博林强调教师应成为品德教育者，而教师要成为品德教育者，特别要发展几种特别能力。比如，教师本人必须能够以身作则地展示好的品德；教师必须把帮助学生获得道德生活和品德发展作为专业责任及优先任务；教师必须能使学生参与到有关生活中的"应当"的道德对话中，必须能对学生谈论什么是对的和什么是错的；教师必须能在一些道德问题上清楚地表明自己的立场，当然不必把自己的观点强加于学生；教师必须能在教室中确立一种积极的道德风气，一种以高道德标准和尊重所有人为特征的环境。

理性和良心是人的两大潜能，道德教育的一个根本目标就是要创设良好的环境和条件，通过合理适当的引导对理性和良心加以启蒙和激发，并使学生有效地运用它们。而教育者如果扮演的是理性的权威角色，则有利于激发学生的天赋潜能。如此的教育肯定比惩罚和训诫的教育更具有教育意义和道德意义。真正的教育应该是引导性的，而不是训诫性的；是启蒙性的，而不是压制性的。而要发挥引导和启蒙的作用，权威的合理运用是不可或缺的，雅斯贝尔斯甚至认为"对权威的信仰首先是教育的唯一来源和教育的实质。"① 但只有当权威不是以武力而是以爱护、情感和孩子内在的接受为基础时才是正当的，教育者才能对受教育者施加教育的影响。教师的引导必须以尊重学生的自由与权利为前提，以真正为学生的健康成长为根本，采取让学生可以接受的方式来加以引导，"他要在一切教

① ［德］雅斯贝尔斯：《什么是教育》，邹进译，生活·读书·新知三联书店1991年版，第80页。

育中和蔼可亲，在传授知识时温柔耐心，使孩子知道教师爱他，一切都是为了他好。这是对孩子产生爱的唯一途径，将使孩子刻苦用功，津津有味地去学习教师所授的知识。"① 学生的发展离不开教师的合理引导，引导体现了教育的力量和本性。有教育的地方，就有引导的存在。一切抵制、拒绝和反对教师引导作用的观点都是错误的，都是违背教育本性的，当然教师的引导必须是以对学生的真爱和负责为基础的。

三 自由选择与价值引导的二重变奏

我们知道柏拉图提出了感性世界和理念世界的二分，又提出了"回忆说"以实现两个世界的联系与沟通。在他看来，人的灵魂是属于理念世界的，人的本性是由他的灵魂来决定的。因为灵魂属于理念世界，所以本身也是善的。但是，灵魂的存在又依附于人的肉体之中，而肉体有各种各样的欲望。于是，肉体的欲望就会干扰或污染灵魂，使灵魂的善性模糊起来。于是，灵魂对于善和恶，就不能辨认清楚了。理念世界中善的知识也就被掩盖了，遮蔽了。当然，由于它本身是善的，所以对善的向往依旧存在。而由于它善恶不清，因而在向往善时却追求恶。在他看来，是人自身就包含了善知识，而善知识的获得就是通过自己的努力而"回忆"起来的，于是，人获得善就是一种内在的追求过程。当人通过"回忆"而回到理念世界时，他就拥有了善知识。我们从这里可以看出柏拉图的观点，人是向往善的，因为人本来拥有善，但后来受肉体的影响而遮蔽了善；因此，人可以内在地通过"回忆"来发现善并重新拥有善。在柏拉图看来，只要人们是在追求善，而无论人如何追求善，那么，只要拥有了善的知识并随意而行就意味着拥有了自由。在他看来，追求善知识是我们的根本任务。这种观点其实把自由与求善等同起来了。向善固然是正确的，但人对善的追求不能不考虑人的自由。因此，我们必须一方面承认人的确具有向善的本性；另一方面，我们对善的追求必须是以个体的自由选择为基础的、为前提的。

道德教育理应是唤醒、激发和启迪人的向善之心的，因此其所关注的选择理应是道德性的，具有道德意义的。这决定了道德教育无法逃离价值引导的使命与职责。发挥价值引导作用是道德教育的内在本性。现象学教

---

① ［英］伊丽莎白·劳伦斯：《现代教育的起源和发展》，纪晓林译，北京语言学院出版社1992年版，第97页。

育学的代表人物范梅南强调对于成人和孩子而言，教育生活是一个不断进行阐释性思考和行动的实践。孩子们持续地理解自己的生活，不断地形成对成长在这个世界上的意义的理解。这说明成人和孩子的生活是指向一个方向的。而作为成人，我们在我们对孩子们的影响的合理性和善良性方面是要承担责任的。责任的存在与承担决定了教育者要发挥自己的引导职责，合理地引导学生去追求、去选择正确的生活方式。同时，道德选择是由道德主体做出的，是道德主体的自由选择。选择体现了人是自由的存在。而道德教育本身亦不得不关注自由，不以自由为基础的道德不是真正的道德，不以自由为基础的道德教育不能称之为真正的道德教育。既然如此，道德教育必定会面临道德引导与学生选择自由的矛盾和冲突。

尊重学生的选择自由是且仅仅是道德教育的前提和基础，不可能是道德教育的核心与关键，更不可能是道德教育的全部。“教育这一概念本身，便以一种尖锐的形式提出了责任性自由概念中所固有的悖论。……不论教师——或父母——如何坚定地决心尊重孩子的自由，都不能不影响他们的自由。自由不是一种真空中的实践。如果没有需要克服的障碍——即是说，如果人不必作出选择，那么，自由也就毫无意义。自由总是‘处于境况’之中的。因此，不论教师的言行如何，他都是在创造一种境况，而学生将根据这种境况去作出他们的自由选择。”① 一味地强调和鼓吹个体选择的自由和权利的漂亮词句而忽视对教育秩序必要性的强调，同样会导致道德教育的专制或者道德教育的霸权。在道德教育中，对受教育者自由选择的无动于衷甚至是一味迎合，其本质上都无疑是背离了教育的本性，放弃了道德教育的担当意识和引导使命，不仅不利于人的生成，反而会导致人对生命的放纵，对自由的滥用。雅斯贝尔斯认为自由与权威是共在的，双方都是以对方为存在的依据，失去任何一方，那么自由将转换成混乱，而权威则意味着专制。

教育中的一些限制性规范、纪律以及教师权力在很大程度上维持着教育秩序，保障了受教育者自由选择的权利。事实上，关于这一问题，康德早就指出启蒙时期教育中最大的结构性困难就是如何使用合法的约束性手段以便最终使儿童获得自由。而这一问题依旧是当前教育生活和道德教育实践面临的根本性问题。现代法国著名哲学家阿兰雷诺强调康德时代的教

---

① ［美］黑泽尔·E. 巴恩斯：《冷却的太阳——一种存在主义伦理学》，万俊人等译，中央编译出版社1999年版，第315页。

育问题和我们现在的教育问题根本上没有什么不同。那个时代，由于自由平等价值的提升已经导致教育问题困惑重重。人们开始探寻对自由的追寻和作为教育的不可缺少的约束手段之间配合的方式，同时人们也了解到即使是采用这种约束手段也并不是要将教育转换成驯服，这依然是我们面临的问题。只不过，这一问题在当代变得更加复杂，更加困难。

道德教育中各种限制性的规范虽会在某种程度上限制人的某部分自由，但由此并不能说明限制的存在是没有必要的，是没有价值的。从人的存在和发展来看，从道德教育的存在和使命来看，限制无疑是必要的，是不可或缺的。康德认为，教育包括两个方面：一方面是把某些东西教给人；另一方面是靠自身将某些东西发展出来。教育中最重大的问题是把服从于法则的强制和运用自由的能力结合起来。[①] 为此，康德专门提出三条建议：一是只要儿童没有妨碍别人的自由，就在各方面保障其自由；二是向儿童表明，只有他让别人也实现自己的目的时，他才能实现自己的目的；三是要向儿童证明，施加一定的强制是为了指导他运用自己的自由。

涂尔干非常强调纪律在教育中的重要作用，认为纪律是道德的首要因素。在他看来，纪律的主要作用在于它可以使人学会对自己的欲望进行限制，而缺少这种限制，就不利于个体人格的成长，从而不利于对幸福的追寻。教育正是通过纪律才能教给学生如何控制自己的欲望，确定欲望的限度，并借助这种限制来确定各种活动的目标。培养学生区分自己的欲望并具有自我控制的能力，应是道德教育的一个主要任务。同样，怀特海认为自由和纪律是教育的两个要素，这两个原则并不是相互对立的，教育应调节这两个原则以适应儿童个性的自然发展，“一种设计完美的教育，其目的应该是使纪律成为自由选择的自发的结果，而自由则应该因为纪律而得到丰富的机会。”[②] 他所主张的教育的节奏就是对自由和纪律的调节以适应儿童的天性发展，过去许多教育的失败恰恰是忽略了这种节奏的价值。教育的开始阶段和结束阶段的主要特征是自由，中间阶段是纪律占主导地位。人的整个智慧的发展就是由多个这样的三重循环阶段交替构成。怀特海将第一个阶段自由称为浪漫阶段，第二个阶段纪律称为精确阶段，第三个阶段自由称为综合运用阶段。杜威也非常重视纪律在教育中的重要价

① ［德］康德：《论教育学》，赵鹏、何兆武译，上海人民出版社2005年版，第13页。

② ［英］怀特海：《教育的目的》，徐汝舟译，生活·读书·新知三联书店2002年版，第55页。

值，但他认为纪律必须是积极的，必须是有利于学生发展的。威吓其精神，抑制其爱好，强制其顺从，禁锢其欲望的行为，都不能算是纪律。

可以看出，教育本身就是以价值的关涉为前提而存在的，没有价值关涉，没有价值引导，教育将不成其为教育。人的存在与生活无法脱离价值，价值引导着人的生活，人从根本上就是一个价值的存在物。人们无法逃避这一事实，即必须作出选择，只要作出选择，就无法回避道德价值；只要存在道德价值，就无法保持道德中立主义。道德教育的中立导致的就是道德教育的去价值或者说去道德，“价值中立的方法只能强化当今业已泛滥的看法，即价值并不重要，价值纯粹是主观的，它只是一个观点问题。不认真扎实地吸收各种观点和论点，学生就没有适当的基础来发展他们自己的价值观。从教育学意义上讲，价值中立也让学生感到无所适从，探寻潜在的日常事务，并逐渐变得对事业感到沮丧。”①

事实上，道德教育之所以能够发挥其教化价值，根本的方面就在于它如何发挥其引导作用，教育其实就是一个如何合理引导的过程。金生鈜认为教育的本意是引导，是在生活者的灵魂深处激发源于内在的对善、德性、美的热爱和追求，教育引导灵魂转向就是引导人对真善美的向往和追求，对德性品质的培育。道德教育若放弃了引导的作用，也就放弃了道德教育的目标指向。道德教育便会碌碌无为与无所作为，无法体现其教化的价值与本性，出现道德教育非道德或不道德的现象，甚至会带来“反教育”或“反道德”的后果。当然，道德教育保持自己的价值立场，发挥自己的引导作用绝不是要树立价值权威，更不是实施价值专制，对学生实行强制性教育，蒙蔽性教育，奴役性教育。相反，道德教育则是在引导人去不断思考与追问生活的价值和意义的基础上去自由选择，使学生的选择向着善的方向，“向善的方向并非某种可任意选择的附加物，某种我们可以根据意志介入或放弃的东西，而是我们有特性存在本身的条件。”②

强调学生的选择自由并不是意味着道德教育在学生的选择面前或随风摇摆，或无动于衷，仅仅让学生随心所欲地选择就可以了，即不是怎么选择都行，选择什么都行。如果学生提出这样的道德问题，“我应该选择什

---

① ［加］克里夫·贝克：《优化学校教育——一种价值的观点》，戚万学、赵文静等译，华东师范大学出版社2003年版，第160页。

② ［加］查尔斯·泰勒：《自我的根源：现代认同的形成》，韩震等译，译林出版社2001年版，第102页。

么样的生活"、"什么样的选择才是对生活有价值的"问题，而教育者却对他们说，根据你自己的需要和意愿进行选择吧，只要是你自己选择的就可以了。道德教育若是如此，这无疑是道德教育对自身责任的逃避。"问题不是告诉他们去做什么，而是帮助他们更加清楚地知道该如何选择，以及如何决定做什么。而这个过程直接地、即时地需要教师的参与：教师作为一个可以进行创造性思考的人，一个愿意展示他们的个人原则、逻辑和真实生活的人，一个真正关注、关心教育的人。"① 教师在教育过程中必须保持一个适度的立场。当教师帮助学生处理道德问题时，他们需要明确地传达道德问题在他们自己生活中的重要地位。适当的时候，他们应该分享他们自己的观点。没有比让道德中立者教学生更危险的事情了。贝克认为，在教育中教师的价值中立是不可能的，道德和价值的支持者是教师的一个重要角色，某些特定的价值信念必须在学校的日常生活中由教师加以传授，传授不是强加价值观，"解决向学生强加价值观这一问题的方法，不是禁止教师支持某种道德和价值，而是创造一种学校和课堂气氛，使学生真正自由地发表不同意见，提出各种解决问题的方法，并不断检验和修改他们的观点。实现这一目的的最佳途径就是教师向学生表明，他们虽坚信自己对价值的看法，而且有充分理由支持他们的看法，但这些看法并不是固定不变的，他们愿意根据校内外不断的探究修改自己的观点。"②

道德教育对人存在的关注必须不断地追问存在的意义，生活的意义，引领人去追问与反思究竟什么样的生活是值得过的生活，对此，道德教育不能保持价值中立，而必须根据学生的实际情况，引导学生明晰各种欲望存在的合理性与局限性，知道自己应该取消或打消哪些欲望，选择什么目标。"如果道德教育不能给青年人的想象展示道德秩序和惩恶扬善的景象，不能提供伴随行为和解释行为的高尚演说，不能展示道德选择剧中的正面人物和反面人物的行为，不能揭示处于这样的选择之中人的利害关系感，以及当世界破除传统忽然'醒悟'时给人们带来的失望，道德教育就不能存在。此外，教育成为向儿童灌输'价值观念'的徒劳尝试。"③

---

① 玛克·辛格林、张华军：《"清醒"和道德地生活》，《中国德育》2010年第1期。

② ［加］克里夫·贝克：《优化学校教育——一种价值的观点》，戚万学、赵文静等译，华东师范大学出版社2003年版，第160页。

③ ［美］艾伦·布鲁姆：《走向封闭的美国精神》，缪青、宋丽娜等译，中国社会科学出版社1994年版，第56页。

道德教育的出发点与落脚点在于关注存在的完整性与生活的完整性，创造出有利于本真自我生成的合乎人性的育人环境，即提供以人为目的的基于个体的自由、自主、自律、自觉而展开的教育的所有方面，以宽容、尊重、和谐、向善的精神展开教育与个体的交往的教化方式。克里希那穆提如下的一段话或许在很大程度上道出了道德教育的部分真谛，“正确的教育，与任何的意识形态都不相关——不论这意识形态保证能在未来产生何种乌托邦；正确的教育，不是以任何学说为基础——不论它是多么精心构想得来；正确的教育也不是一种手段，借以把个人加以某种特定的限制。真正的教育，乃是帮助个人，使其成熟、自由，绽放于爱与善良之中。这才是我们应该关心的事，而非按照理想的模式来塑造孩子。”[①] 同时，我们也要充分认识到学生是形成中的作品，他们需要成为自己品德的塑造者和培养者，成为自己生活的设计者、建构者，这也是道德教育的根本诉求。裴斯泰洛齐在他的斯坦瑟信中，作了这样的表述：成人期望好的品质，孩子愿意对之敞开胸怀。但是，孩子想要那些好的品质并不是为了老师。孩子是为了他自身才想要那些好的品质。而且你想让孩子所具有的好品质不应该受到你的心血来潮或一时激情的支配；相反，它必须本身就是好的，在本质上就是好的。而且它必须让孩子觉得就是好的。然后，在孩子期望同样的好的品质之前，孩子必须感觉到你是根据他的情境、他的需求来期望的好的品质。孩子想要所有他喜欢的东西。孩子想要所有那些给他信任的东西。孩子想要所有那些唤醒他内心伟大的期望的东西。孩子想要所有那些给他以力量，那些使他能够说“我能够做到”的东西。

关于自由选择与价值引导的张力问题，马克斯·范梅南认为张力和矛盾属于教育学的体验，“对于自由与控制的二律背反的阐释全部向一面倾斜，从教育学的角度上说是有问题的。儿童的生活既需要自由也需要秩序。他们需要受到控制的自由以及那种将自由推向前进的控制。具有讽刺意味的是，一个高度放纵的和几乎完全没有约束的环境似乎并不是如有些人所提出的那样，能促进年轻人的那种合作性、温和性、积极的自我概念和自律。而一个森严的规章制度，盲目的服从，强加的纪律和严厉的惩罚，高度规章化的环境同样也是对年轻人的积极成长极为不利的。高度放纵和高度规章化的环境一直是与年轻人的毁灭性的、充满冲突的和无序的

---

① ［印］克里希那穆提：《一生的学习》，张南星译，群言出版社2004年版，第22—23页。

行为相联系的。”[①] 道德教育始终在这种张力和冲突中前行，践履自己的使命和职责。这种冲突和张力为道德教育更好地履行自己的使命和职责设置了种种阻碍和困境。但消解了这种冲突和张力，也就消解了道德教育。道德教育努力的方向就是实现学生个体自由选择与价值引导的平衡，使二者相得益彰，更好促进学生公民德性与公民人格的养成，这是对教育和道德教育永恒的挑战，也是道德教育需要永远思考的根本性问题。

① ［加］马克斯·范梅南：《教学机智——教育智慧的意蕴》，李树英译，教育科学出版社2001年版，第84页。

第四章　德性教育：学会道德选择的合理路径

美德既是以一种道德上卓越的方式思考、感觉和行动的性情，也是这种性情的实践。而且，它不仅作为人类幸福的手段，也作为其目的。作为一种手段，美德是那种能使我们更优雅地履行我们的义务的习惯和性情。……作为目的，美德（诸如善良、勇敢、智慧、同情和责任等）代表了人类生活值得追求的理想。

——［美］凯文·瑞安、卡伦·博林：《在学校中培养品德》

如果你只去做你想做的事，如果你只预感到会有一种满足才去发挥你的积极性，那么，在你的生活里将不会有任何珍贵而神圣的东西，你的心灵不会理解什么是爱，什么是忠诚，你的愿望会是鄙俗而贫乏的，而那种没有崇高愿望的生活则必然空虚而凄凉。……只有精神上的伟大才能产生真正的人的需要——即对世界上珍贵的、唯一的人的需要。

——蔡汀、王义高、祖晶：《苏霍姆林斯基选集》（第2卷）

人的道德选择不能逃避对善的追求，道德选择应指向于道德自我的人格完善，这为德性的存在与实践提供了可能与必要。德性自身具有善的价值，体现了人性的优秀和卓越。德性使人的道德选择自觉向善，主动为善，而非被动为之、消极为之。从根本上来说，德性形成的过程就是追求善的过程，追寻善的生活必定要选择有德性的生活。德性教育使学会道德选择名副其实。道德教育要想引领人的选择为着美好生活追寻，为着道德自我的生成与完善，自然无法回避对德性的关注与教化，其核心任务自然要指向于自我德性的生成与完善，这是引领人学会选择的根本之路。

第一节　德性的历史

无论是中国还是西方，德性很早就成为哲学家和教育家所关注的重要问题，并在传统社会中始终处于显赫的位置。西方的苏格拉底、柏拉图、亚里士多德、德谟克利特、阿奎那、阿拉伯尔等都是德性思想的阐释者和捍卫者。而在中国，儒家思想的代表人物，从孔子到孟子、从朱熹到二程、从王阳明到陆九渊等皆是德性思想的拥护者和践行者。

德性的思想在儒家道德文化传统中一以贯之，孔子则是中国传统德性思想的核心人物。钱穆指出：德性论“早在中国社会实践人生中，有其深厚之根柢，孔子亦感激于此等历史先例，不胜其深挚之同情，而遂以悬为孔门施教之大纲”。[①] 面对“礼崩乐坏”的社会现状，孔子力图恢复周礼以改变“天下无道”的现实，重新实现社会的和谐。以仁释礼，行礼成仁，追求人格完善，实现社会和谐便成为孔子德性思想的主旨和特色，也奠定了儒家文化发展的基本格调。孔子认为，礼的形式化和虚假性是导致春秋末期价值失范的主要原因。面对礼崩乐坏的客观现实，孔子强调礼必须以仁为基础，以此反对礼的表面性、仪式化。林放问孔子礼的根本是什么，子曰：“大哉问！礼，与其奢也，宁俭；丧，与其易也，宁戚。”（《论语·八佾》）因此，孔子说：“人而不仁，如礼何？人而不仁，如乐何？”（《论语·八佾》），并且强调“为仁由己，而由人乎哉？”（《论语·颜渊》）而在社会治理方面，孔子则主张德治，以德为本：“为政以德，譬如北辰。居其所而众星拱之。”“道之以政，齐之以刑，民免而无耻；道之以德，齐之以礼，有耻且格。”（《论语·子路》）作为儒学的奠基者，孔子提出了20多个道德范畴，如仁、义、礼、智、信、孝、悌、温、良、恭、俭、让、敬、宽、敏、惠、勇等等，讲得最多的是仁与礼。经孔子系统化的这种德性思想，经由统治阶级的维护与儒家知识分子的传播，逐步演变为深厚的道德文化传统，成为历代统治者和思想家们支配性的指导原则，并渗透在人们的道德观念、行为方式与思维方式中，构成中华民族道德文化传统和民族心理的突出标志。

在儒家看来，普天下的人通过自身坚持不懈、持之以恒的道德修养，

---

① 钱穆：《钱宾四先生全集》18卷，台湾联经出版公司1994年版，第277页。

都可以达到善的境界，实现身心的和谐。并且只有先做好自身的道德修养，才能够推己及人，最终达到“内圣外王”的境界。《大学》提出了修身、齐家、治国、平天下的顺序。“古之欲明明德于天下者，先治其国。欲治其国者，先齐其家。欲齐其家者，先修其身。欲修其身者，先正其心。欲正其心者，先诚其意。欲诚其意者，先致其知。致知在格物。物格而后知至，知至而后意诚，意诚而后心正，心正而后身修，身修而后家齐，家齐而后国治，国治而后天下平。自天子以至于庶人，壹是皆以修身为本，其本乱而末治者否矣。”在此前提下，儒家文化在长期发展中形成了以仁义礼智信为核心的传统美德体系，重视道德自觉和道德人格的培育和完善。儒家不仅提出了一套理想人格理论，而且在实现理想人格的方法上进行了许多有意义的探索。从孔子提倡的学思结合、反求诸己、反省笃行，到孟子所主张的尽心、知性、养性，讲良知、良能，再到宋明理学主张“敬”、“格物”、“尊德性”，都是强调道德自觉与修养的践行功夫，强调“内圣外王”之学。

在西方，古希腊三哲尤其是亚里士多德可以说是西方德性思想的巨擘。苏格拉底、柏拉图和亚里士多德三人皆非常重视德性在个体生活和社会生活中的价值。苏格拉底认为使我们成为人，把人与动物区分开来的，是人具有理性能力。人可以用理性来控制欲望。在苏格拉底看来，被欲望控制的生活是猪的生活，是不值得过的生活。在《申辩篇》中，他提醒人们不要只关注于人身和财产，更重要的是要照顾自己的心灵，关心灵魂的至福至善，去努力地“认识你自己”。因为财富并不带来美德，而美德却会带来财富和其他一切福祉。他认为未经反思的生活是不值得过的生活，正是在此基础上，提出了“知识即美德”，认为对知识的追求是获得美德的源泉。如果人只专注于获得钱财和声誉而不关心对真理的思考、对灵魂的完善是有损于做人的尊严的。苏格拉底向雅典人宣称以善为代价追求财富、名声和荣誉是愚蠢的。人性的完善，不在于衣物的光鲜、财富的数量，而在于对智慧和美德的追寻。他在《申辩篇》里说道[①]：雅典人啊！我尊敬你们并且热爱你们，但我将宁可服从神而不服从你们，而且只要我还有生命和气力，我就不会停止哲学的实践和教诲，劝勉我所遇到的你们中的每个人，照我的方式对他说：你，我的朋友，伟大、强盛和智慧

① ［古希腊］柏拉图：《游叙弗伦－苏格拉底的申辩》，克力同、严群译，商务印书馆 1983 年版，第 66—67 页。

的雅典城邦的一个公民，你只专注于积累大量钱财和猎取声誉，却毫无关心和留意于智慧、真理和灵魂的最大改善，难道不以为为羞耻吗？如果这人说：是啊，可我是注意的呀！这时我就不离开他，也不让他走开，而要来回地盘问他；如果我发现他并无美德，只是口头上说他有，我就要责备他忽视了最宝贵的东西，倒把无价值的东西看得非常重要。我要把这些话反复地对我所遇见到的每个人去讲，不管他年轻或年老，是公民还是仆人，但是特别要对你们这些公民们说，因为你们是我的同胞。要知道这是神的命令，我相信，在我们国家里再没有什么比我对神的服务是更大的好事了。因为我所做的事情只是到处去劝说你们，不论老少，不要只考虑你们个人和财产，首要的是要关心灵魂的最大改善。我告诉你们，金钱不能带来美德，而只有美德才会带来金钱和其他一切好事，包括公共的和私人的好事。这就是我的教义。

柏拉图继承了苏格拉底的理性和美德思想，完全以理性作为道德智慧的源泉，所谓的美好生活就是遵循关于善的理性知识。教育的顶点是关于善理念的知识，因此教育的终极目的就是引导人问询善的本体，认识到善是一切存在之根由。柏拉图认为教育的本质是实现各种德性的内在一致性，从而实现人与宇宙的和谐。“我心中的教育是从童年起所接受的一种德性教育，这种训练使人们产生一种强烈的、对成为一个完善的公民的渴望，这个完善的公民懂得怎样依照正义的要求去进行统治和被统治。”“无论在世界上的什么地方，都不可藐视教育，因为当它与伟大的德性结合起来时，乃是一宗价值无法估量的财产。如果教育腐败了，它是可以正确地重建的，每个人在他整个一生中必须尽其所能去支持教育。”① 在他看来，没有被美德所武装的人，就没有理想，没有学问，没有事业心。他们的眼睛只是往下看，而不是向上看，聚集在一起寻欢作乐，沉溺于物质生活的满足。不仅如此，一旦将美德从年轻人的心灵中加以扫净，虚假的狂妄的理论和意见就会乘虚而入，控制他们的心灵，于是，就会出现这样的情形，“当他们在一个灿烂辉煌的花冠游行的队伍中走在最前头，率领着傲慢、放纵、奢侈、无耻行进时，他们赞不绝口，称傲慢为有礼，放纵为自由，奢侈为慷慨，无耻为勇敢”。②

而亚里士多德则以德性（arete）为核心，建构了一个系统全面的德

① ［古希腊］柏拉图：《法律篇》，张智仁译，上海人民出版社2001年版，第27页。

② ［古希腊］柏拉图：《理想国》，郭斌和、张竹明译，商务印书馆1986年版，第337页。

性伦理的体系。亚里士多德认为，人天生就具备武器，凭智谋和德性加以运用，只不过有些人却竭尽可能地朝相反的方面运用。因此，一旦脱离德性的作用，人就会变得十分邪恶和残暴，无比地放荡和贪婪。德性不仅可以保证我们道德选择的目标的正确，还可以保证目标的实现。“什么是选择？什么是受美德指导的选择？为什么它是一种欲望？‘我们把我们肯定是善的东西作为选择的对象’，亦即：一个理性主体的沉思，引申出一个人们立即要去追求的一种或多种善的结论，引申出一种追求这种善的、具有合理性基础的欲望。”[①] 在亚里士多德看来，美德的价值不仅体现在对人们在理智和实践上直接全面地向善，而且还对人们立即做出合理正确的行动选择尤为重要。因为若没有美德的参与和作用，就无法探讨道德选择的合理性与正当性。“邪恶的人错误地从关于善的谬误前提出发进行论证，而纵欲之人则忽视了他有效的健全论证，只有有美德的人才能正确地论证这一结论，即他们的行动，这正是美德在他们生活中所起的两种不同作用的结果。”[②]

现代性对德性进行较早解构的重要思想家马基雅维里认为，前现代人对完美至善的追求是虚构的，在现实生活中根本行不通，从而从根本上颠覆了柏拉图和亚里士多德所主张的德性论思想。“如果一个人主张人们如何应当依赖美德过日子，那么他就进入了一个虚幻的王国或共和国。古典传统的哲学家们正是这样做的。他们因此进入了《理想国》和《政治学》的理想政体形式。”[③] 在他看来，纯粹的美德是不可能实现的，对德性的追求只是一种幻想，本质上是一种扭曲了的欲望。因此马基雅维里指责那些为建立臆想道德和理想国而写作的哲学家，以及那些推崇理想的生活方式而忽略了人们的实际生活状况的论点。他强调哲学家要充分考虑人类的主要欲望（当然是自然性的欲望），而不能引导人们去追求和践行所谓的美德，因为对这些美德的追求会使人对生活感到厌倦。然而纯粹的欲望却是完全可以实现的。这种不受美德约束的纯粹欲望，在马基雅维里看来存在于自然状态之中。正是由于他对纯粹欲望的强调标志着人类哲学思想的

---

① ［美］阿拉斯戴尔·麦金太尔：《谁之正义？何种合理性?》，万俊人译，当代中国出版社 1996 年版，第 193 页。

② 同上书，第 191—192 页。

③ ［美］列奥·施特劳斯：《政治哲学史》（上），李天然等译，河北人民出版社 1998 年版，第 328 页。

重大转向。人类开始去追寻什么是人的欲望，如何顺应并满足人的欲望。欲望解放的时代由此开启，“我们的欲望成为一种我们必须尊奉的神谕圣言；它现在成了不容置疑的训示，而在过去提及情欲，则会被认为是我们自身中令人怀疑和危险的一部分”。①

社会契约论的思想出现于启蒙运动时期，是西方伦理学家或哲学家为了摆脱中世纪宗教神学对人性的压抑和摧残，为人性的存在寻求一种新的合法性依据的结果。社会契约论强调外在的普遍化规则对于人的生活的价值，规则取代了德性的位置，古典意义上的德性开始走向了边缘。

霍布斯是社会契约论思想的开创者。在霍布斯所描绘的自然状态中，人本性上是自私的、是恶的，从人性中展现出来的都是权利欲、占有欲、财富欲，因此人与人之间的关系是敌对的关系，人与人的关系像狼一样，相互之间处于一种每个人对其他所有人的战争状态。而人又是有理性的，因此在自然状态中，每个人皆按照自己的利益做事，按照自己所倾向的方式运用理性的力量来保全自己的生命自由。在这里，根本没有什么道德规则或道德规范，冲突的解决方式借助于武力。于是，为了各自的利益，大家需要共同制定一些规则，以维护和保障各自对自我生命保全的需要。规则是人们相互约定、相互妥协的产物和结果，也就是人们订立的契约。即是说以契约的形式建立基本的道德规则。道德规则存在的价值就在于禁止对人的生命造成伤害，这是人们追求自利自保、保障个体权利，以避免危害个体自我保全权利而进行妥协的结果。

从本质上来看，契约论者主张社会是各成员为了各自的私人利益而联合起来组建的组织。社会存在的目的就是保障个人利益不受损害。社会中每个成员都有自己的目标和利益，为了自己的利益必须借助于他人的力量。否则，目标达成的可能性较小，实现的程度较低。这种思想无疑是把社会作为达成个人利益的工具。人与人之间的结合也完全是利益的驱动。他人在自己眼里，只能是达成别人利益的工具，而自己在他人眼里，也只能充当工具的角色。在洛克看来，自然法的基础是植根于每一个人心中的最强烈的欲望——自我保存的欲望。自然法以和平与保存为目的，人们之所以遵守它，是因为人们都有自我保存的欲望；它的实施也不依赖于对其他人的义务。自我保存的欲望决定了人们的行为方式，既然人们不能以其

① ［美］艾伦·布鲁姆：《走向封闭的美国精神》，缪青、宋丽娜等译，中国社会科学出版社1994年版，第185页。

他方式活动，那么这样的行为就绝不可能是错误的。

社会契约论支配下的道德生活的目标就是为了人的自我保存，使自我的生命得以存在和延续。自我保全成为一切道德的根源，其他一切道德规则的制定都不能违背自我保全。斯宾诺莎在其《伦理学》中主张德性的基础在于努力保持人的自我存在，而一个人的幸福也仅仅在于保持自我的存在。在他看来，自我保存是德性首要的且是唯一的基础。18 世纪法国启蒙思想家爱尔维修指出："利益是我们的唯一推动力。人们好像在牺牲，但是从来不为别人的幸福牺牲自己的幸福。河水是不向河源倒流的，人们也不会违抗他们的利益的激流。"① 霍布斯、洛克皆把自利、自我保全看作人类道德活动的第一动机，甚至是唯一动机。一旦自我保全成为人选择的最高标尺，其结果将是选择的道德性的消失，"一旦自我保全被选为行为的最高标准，其价值就会逐渐且无情地高涨——直到其他的所有考虑都遭贬值，所有道德或宗教的禁令都被打破，所有是非之心都遭否认和抛弃"。②

可以看出，在社会契约论的视野里，道德只是具有消极的工具意义，当然它可以在很大程度上保障和促进社会的发展，满足人类生活的某些需要，但它却割裂了道德与人类生活的内在关系，抹杀了道德对于人存在的积极意义，同时也漠视了人类本性上对道德的内在需求。绝大多数社会契约论者之所以仅仅重视道德的工具性的一面，在很大程度上是由于他们将道德的视域局限在了社会道义规范的层面上，而将古典意义上的德性推到了边缘。社会契约论者在具体主张上虽然各有不同，但在这个根本立场上是相同的。无论是在启蒙运动时期的霍布斯、洛克所代表的古典契约论那里，还是在当今的新自由主义者罗尔斯、诺齐克所代表的现代契约论那里，都基本没有违背这一立场。

以边沁和密尔为代表的功利主义伦理思想在很大程度上冲击了古典社会契约论的思想，功利主义伦理观占据了主要的位置。18 世纪后期和 19 世纪世界发生了一系列巨变。法国大革命和拿破仑帝国分崩离析的后果是现代民族国家的陆续兴起；"自由、平等、博爱"的新思想显示了强大的

---

① 北京大学哲学系外国哲学教研室：《十八世纪法国哲学》，商务印书馆 1963 年版，第 537 页。

② ［英］鲍曼：《现代性与大屠杀》，杨渝东、史建华译，译林出版社 2002 年版，第 189 页。

变革力量；工业革命导致了社会的完全重构。在这样的社会背景下，人们对道德的思考也发生了变化，毕竟以往的思考方式已经过时。在此背景下，边沁对新的道德概念的论证有强烈的影响力。他提出，道德不是要取悦上帝，也不是要忠诚于抽象的规范。道德是要使世界有最大可能的幸福。边沁认为，有一个终极的道德原则，即功利原则。这个原则要求我们，总是选择给每个相关的人带来最好结果的行为或社会政策。换句话说，就是每一个人所实施的行为或所遵循的道德规则应该为每一个人带来最大的好处或幸福。

康德对功利主义伦理观进行了批判，强调人的善良意志，认为只有出于义务或责任的选择才是道德的选择。康德认为，无论在世界之内、还是在世界之外，唯有善良意志是自足的、唯一的无条件善，是最高的善。就其自身而言，它自为地就是无比的高贵。它是日常生活中所有选择的前提。任何一种选择若不以善良意志为出发点，其结果都可能变成极大的恶。善良意志所固有的无可估量的价值取决于它的行为准则摆脱了一切只由经验提供的偶然原因的影响。它不因它所期望的事物而善，也不因它达成的目标而善，而仅仅是由于意愿而善，它自身就内在地具有价值。人的德性若离开了善良意志，其自身的德性就会丧失，并很有可能变为不道德。不以善良意志为基础的德性已经失去了德性的本性，而不能再称为德性。康德认为责任是善良意志的体现。一个选择要具有道德价值必须是出于责任的，而合乎责任的选择不一定具有道德价值。而且一个出于责任的选择，其道德价值决不取决于它所要实现的意图，与任何欲望对象没有什么关系，也不取决于其所达成的结果，而只取决于它所被规定的准则。一个选择之所以是道德的，就在于其对道德律令的尊重，在于他做事情时的道德动机是否纯正，即看他是否是因事情本身而采取的行动。人之为人的尊严，在康德看来，就是人对道德律令的尊重和遵循。而康德“心中的道德律令”，是可普遍化的“绝对律令”，是每个人都认同的。在他看来，遵循了绝对律令就是理性的，就是自由的；反之，则是非理性的、不自由的。正是在此意义上，康德的伦理学被称为义务论伦理学，其核心思想概括来说，就是以义务为出发点和根本依据，也可以说是为义务而义务。

20 世纪 70 年代，以罗尔斯为代表的新自由主义深刻批判了功利主义的伦理观，恢复了社会契约论传统。该理论流派立足于康德的社会契约论思想力图重构康德的规范伦理学，主张“权利优先于善”或“正当优先于善”，实现了规范伦理学的复兴。新自由主义伦理学强调“权利优先于善”或“正当优先于善”，强调个人权利优先，认为个体权利的正当合理性是第一位的，非常重视社会和国家对个人权利的保障，从而高度重视普遍化规则在公共生活中的地位，而忽视德性的作用和力量。道德教育的重心和主要任务也变成了规则教育，古典意义上的德性教育走向了没落。现代伦理学以道德法则为核心。这样，德性观念中原来包含的肯定的、主动的和积极的内容消失了，道德行为就成了单纯地服从法则的问题，德性也仅仅蜕化为对道德法则的服从。道德规则成为道德生活中的根本标尺。

对于此点，麦金太尔、桑德尔、泰勒等人都进行了深刻的批判。泰勒强调在善的视野被完全忽略的同时，道德哲学关注的对象仅仅是指导行为的原则、诫令或标准。道德只狭义地关心我们应当做什么，而不再关心什么东西本身是有价值的，或者是我们应该欣赏什么、热爱什么、追求什么。麦金太尔认为，现代道德观念最重要的变化是德性由复数（virtues）变为单数（virtue）。在古代和中世纪，当德性与实践和人类生活紧密相关的时候，实践和人类生活的多样性决定了德性的多样性。现代社会破坏了古代和中世纪多元化的生活方式，社会生活变得越来越一体化。社会生活的一体化在道德上表现为德性内涵的单一化。具体来说，麦金太尔认为现代德性已经完全了抛弃了亚里士多德所主张的德性内涵，也不具备一种与规则相区别、相对照的作用和功能，而演变为现在的单一德性，这种单一的德性就是对道德法则的服从，而德性则被定义为服从道德法则的气质。这一思想在罗尔斯那里得到了很好的继承和发展，他认为一种行动的欲望来自于相应的道德准则，而德性则是一种为较高的有序欲望所调节的多种相互关联的倾向，德性成为纯粹个人性的道德意愿和欲望。麦金太尔一再强调现在的道德已经不同于历史上的道德，因为那曾经在历史上是道德的东西，明确说来就是体现人性中优秀与卓越的因素丢失了。“不论人们公开承认的理论立场是什么，在很大程度上，好像人们现在所想、所说和所做的都表明情感主义是正确的。情感主义已变得具体体现于我们的文化中了。当然，我这样说，不仅仅是主张现在的道德已不是历史上的道德，而且更重要的是强调，历史上那曾是道德的东西在很大程度上必定消失了，而这标志着一种衰退，一种严重的文化丧失。”①在麦金太尔看来，现代道

① ［美］A. 麦金太尔：《德性之后》，龚群、戴扬毅等译，中国社会科学出版社 1995 年版，第 29 页。

德哲学尤为强调个体的自主性，强调自主选择的能力，这自然是合理的，但也必须客观认识到人的脆弱性和痛苦以及随之而来的依赖性在道德上的重要性，这就自然要求人类必须具有德性。近现代以来，人类虽然拥有了普遍的个体自由以及相对完善的法律，但没有实现所承诺的美好状态，相反世界却充斥着恐怖、犯罪、战争、环境污染，个体则变得冷漠麻木、贪得无厌、欲壑难填或不择手段，人们美好生活之路似乎渐行渐远。出现这种情况的原因固然是多方面的，但只强调外在规则和制度而忽略德性，是根本原因之一。

在我国，自 20 世纪 90 年代以来，由于面临道德危机与道德困境的问题，很多学者在肯定规范伦理及其价值的基础上，也对德性伦理及其当代价值进行了深入的探讨，呼吁德性伦理的重要性，恢复德性在道德中的地位。万俊人强调：现代社会结构的公共转型乃是导致传统美德伦理逐渐式微并陷入深刻危机的最终原因。社会结构的多元化和价值观念的多元化成为社会发展的必然要求。与社会生产方式的转型和社会结构的转型相适应，社会权利和社会义务的平等和公正成为人与人关系的正当要求，道德的评价也就转而关注人们的行为，至于人的内心生活，则是每个人自己的事情，是个人自主自由的事情。因此，社会的道德评价体系从德性论到规范论的转型，其积极的意义是将属于个人的东西还给了个人，肯定了个人在成为一个什么样的人这一领域内的自我决定的权利，即肯定了个人的自由和自主；而将普遍性的规范限制在共同的社会生活领域，也就是人的外在行为的领域。但是，其消极的意义是，因为规范论仅仅关注对个人外在行为的约束和限制，而在关于个人追求自我完善方面保持沉默，就容易导致个人追求自我完善这一要求的丧失，而这就意味着人本身的丧失。① 国内学者陈根法的如下一段话，至少在很大程度上点出了人们重视德性在当代个体生活和社会生活中的价值和意义："站在现代社会的角度上看，追求德性的意义和价值已日益变得重要。现代人随着他的横向性的知识的不断扩大，他对他们要达成的目的和手段已愈来愈清楚了。工具性思维的发达导致了现代社会的现代人将一切都外在化、对象化，并对这些外在化对象化的存在物加以攫取。这一病态的现象，在唯利是图价值观念支配下，使世俗取代了理想，功利取代了德性。而匡正时弊正是今日我们重提德性

① 万俊人：《关于美德伦理学研究的几个理论问题》，《道德与文明》2008 年第 3 期。

之意义的目的和用心。"[①]

第二节　德性与道德选择的价值勾连

既然德性对于个体生活和社会生活如此重要，那么人的道德选择若是为了道德自我的生成与完善，能否脱离德性的力量？若不能，德性到底在人的道德选择中发挥什么样的作用呢？又如何作用于人的道德选择呢？德性又具有什么样的内在构成？这些都是我们要探讨的基本问题。

人作为道德的存在，价值的存在，总是不断地追求自身多方面的发展和完善，而德性则可以很好地体现人性发展的状况，规定人精神发展的方向，同时又在人们日常的道德生活中支配着人的选择，使道德选择合乎道德，向着善的方向。离开德性的生成，人精神的超越和存在的完善就必定会落空，就很有可能导致自我心灵的封闭乃至窒息。是否具有德性的品质关系到人生的目的是否正确以及这种正确的人生目的能否顺利实现。从这个意义上说，德性具有存在论的意蕴，即德性是人作为人而存在的最重要标志。亚里士多德指出："我们探讨德性是什么，不是为了知，而是为了成为善良的人。若不然，这种辛劳就全无益处了。"[②] 他又在《欧德穆伦理学》中指出有意图的选择，其目的正确性的原因是德性，德性实践的直接后果便是采取一种正确行动的选择，因此，德性使选择成为向善的选择的核心所在。著名教育学者鲁洁先生把主体的德性看作享用美好世界的"器官"，认为德性可以使人体验到实际存在着的他人的善良，洞察到人性中向善的可能、求善的潜能，相信人类与社会走向理想与完美的趋势。并进一步强调只有一个德性得到充分发展与完善的人才能对生活充满美好的感觉，充满理想与希望，充分享受生活。也只有这样的人才能处处体会到他人对自己的爱意及善行，从而经常对他人心怀感激，使自己沐浴于人间美好的情怀之中。现代人的许多孤独、失落与痛苦正是由于人缺少德性而引起的。在很大程度上，我们可以这么说德性使人成其为人，德性体现了人之为人的尊严，是人安身立命之本。从道德的角度来讲，成就道德自我从根本上意味着成就德性。没有德性就无法体现真正的人性，没有德性作为人存在的根基和依据，人性就很可能会沦为兽性，人与动物无异。德

① 陈根法：《德性论》，上海人民出版社 2004 年版，第 11 页。
② 苗力田编：《亚里士多德全集》第 8 卷，中国人民大学出版社 1994 年版，第 29 页。

性不仅实现了自我存在的完善与提升，而且还保障人与他者处于一种和谐状态，保障成就自我与成就他者的统一。在此意义上，德性也是构建社会共同体的根本条件。任何把德性的生成仅仅看作个人的私事，将其限定在私人领域，都是不合理的。

我们主张人的道德选择要合乎人性，合乎道德，离不开德性的力量和作用，并不是对人实行禁欲，也不是要限制人的自由，而是要使人的欲望接受德性的引导。对欲望的控制并不是要消除和杜绝欲望，否认欲望存在的价值，因为欲望本身是无所谓好坏、善恶的，但对欲望的追求和欲望的满足方式却有善恶之分，因此要对欲望进行合理的控制与正确的引导，“我们必须区分那些与人性吻合因而对人而言是善的，以及那些败坏了他的天性或人道因而是坏的人类欲望和喜好。如此我们就导向了一种生活、一种人生的观念，此种生活是善的，乃是因为它符合人性。”① 自我不是被欲望所支配、所奴役，而应是欲望被自我所引领，所控制。自我是欲望的主人，不是欲望的奴隶，苏格拉底指出：“一个不能自制的人和最愚蠢的牲畜有什么分别呢？那不重视最美好的事情，只是竭尽全力追求最大快感的人，和最蠢笨的牲畜有什么不同呢？”②

那么，德性是如何控制或引导或以其他方式作用于人的欲望的呢？在《理想国》中，柏拉图将人的灵魂分为理性、欲望与激情三个部分。如果理性处于支配地位，欲望与激情受理性所支配，则说明人的灵魂是和谐的，反之则是不和谐的。理性实现了灵魂的统一与和谐，因为只有理性才能保证不同的成分履行各自的功能而不越界。由此可见，在柏拉图看来，欲望和理性是截然对立的，而理性是至高无上的，人的欲望总是不好的，因此也就不存在合理与不合理的欲望之分。因此，对于欲望，理性就是控制，而不是进行沟通或者引导。“这两者（理智和激情）既受到这样的教养、教育并被训练了真正起自己本份的作用，它们就会去领导欲望——它占每个人灵魂的最大部分，并且本性是最贪得财富的——它们就会监视着它，以免它会因充满了所谓的肉体快乐而变大变强不再恪守本份，企图去控制支配那些它所不应该控制支配的部分，从而毁了人的整个生命。”③

① ［美］列奥·施特劳斯：《自然权利与历史》，彭刚译，生活·读书·新知三联书店2003年版，第95—96页。

② ［古希腊］色诺芬：《回忆苏格拉底》，吴永泉译，商务印书馆1984年版，第173页。

③ ［古希腊］柏拉图：《理想国》，郭斌和、张竹明译，商务印书馆1986年版，第169页。

关于此点，麦金太尔曾作过如下评论：欲望冲突的实质是为人提供了一个在欲望之间进行选择的机会，而柏拉图关于灵魂划分的学说使冲突成为一场激烈的竞争，而且没有选择的余地，我不是面对着我的欲望，而是被分裂成两个独立的部分，理性和情欲，或者说我就是理性，正在与情欲作斗争。

亚里士多德虽然认识到了欲望和理性之间存在着冲突，但却不像柏拉图认为的那样存在着必然的冲突，对于欲望不能一概而论，必须加以区分，从而强调了欲望在人的生活中的价值。对于人的欲望，理性是可以加以引导与调控的，而不是完全进行控制。并且他认为人们对情欲的关心是为了理性的，对身体的关心是为了灵魂的。亚里士多德认为德性之为德性，就在于人不是神，自然存有无法根除的欲望，然而人却能正确运用理性，控制欲望的不良影响，形成好的德性品质，从而避恶趋善，形成德性，“人欲没有止境，除了教育，别无节制的方法”。[①] 根据麦金太尔对亚里士多德的解读，没有德性，欲望便不可能受理性指导，不可能有效地变成理性所要求的那种欲望。合理的欲望在实践中的有效性依赖于人的美德。而且正是德性的力量，不仅排除了生理欲望的影响，而且根本不会再让它们影响一个完全有理性的主体。因而，一个进行选择的判断之所以是真实的、有合理根据的和有效的，仅仅因为美德在这个判断的起始和内容的形成上起了作用。正是美德才使欲望成为合理的欲望。道德教育不可能忽视人的欲望，关键是合理地区分和控制人的欲望，使人的欲望服务于道德自我的精神建构。欲望虽然和理性是冲突的，但却不是无法联系的。对欲望的调控，需要理性的力量。“对高尚意义的深刻理解要比对仪表的感受来得迟一些；但是，这种理解是由感觉经验作好准备的，而且实际上包含在感觉经验中。因此，感觉渴望什么和理性后来认为善是什么，二者并不相互抵触。教育不是教训儿童违反他们的本能和乐趣，而是在他们感觉什么与他们能够和应该成为什么人之间提供自然的延续。但是，这是一种失传的艺术。如今，我们已经来到完全相反之点。”[②]

可以看出，德性对道德选择的作用是离不开理性的。如果说人的道德选择是为着好生活的追寻的，是立足于人的生活实践的，那么人的德性作

① ［古希腊］亚里士多德：《政治学》，吴寿彭译，商务印书馆 1965 年版，第 70 页。

② ［美］艾伦·布鲁姆：《走向封闭的美国精神》，缪青、宋丽娜等译，中国社会科学出版社 1994 年版，第 80 页。

为人的内在品质，则从根本上体现了人的理性本质。理性是人道德实践和道德生活的构成因素，是人存在不可或缺的因素。真正合乎人性的选择其实是德性和理性共同作用的结果，“选择是实践的始因（选择是它的有效的而不是最后的原因），选择自欲求和指向某种目的的逻各斯开始。所以离开理智和某种品质也就无所谓选择”。[①] 并且德性的形成也是以理性为内在依据的。正是由于人具有理性，所以德性的形成才有了可能。“人因为有理性，才分享了善的理念，灵魂才能向上飞升，领受灵魂的完美与和谐，才有正义的生活，因而理性是德性的根源，有了理性，人才属于精神的存在，才是向善的，同时，人也有肉体的欲望和冲动，所以人也属于自然界，连接人的神性与兽性的是心灵的激情，它是对理性的敬畏，支持理性对欲望的克制。”[②]

苏格拉底非常重视理性在人的生活中的重要价值，是理性而不是非理性支配着人们的选择和生活，正是在此意义上，他认为理性是人区别于物的根本性标志。他反对智者派从感觉主义出发，只重视个人的主观感受与喜好，让人们按照自己的经验和情感去认识那些能使他们获得个人利益的东西。如果人的道德选择仅仅依靠欲望而不借助于理性或理性的知识，其结果往往会导致黑白混淆，是非颠倒。苏格拉底一直强调使我们成为人，将我们与动物隔绝开来的，是我们的理性能力和理性地约束自己的欲望的能力。在他看来，欲望主宰的生活是猪的生活，因此是不值得过的生活。

亚里士多德认为每种生命物都有它特有的活动。植物共同的活动是营养和发育，动物共同的活动是感觉和意识。亚里士多德认为理性是人之所以为人而区别于其他一切生命物的重要标志，指出人是理性的动物，“对每一事物是本己的东西，自然就是最强大、最使其快乐的东西。对人来说这就是合于理智的生命。如若人以理智为主宰，那么，理智的生命就是最高的幸福”。[③] 正是由于理性是人所特有的实践，所以人类所特有的卓越之处就体现在对理性的运用上。而人的灵魂包括两个部分：理性和非理性。而灵魂的理性部分相比较于非理性部分，其地位显得优越与崇高。在他看来，只有理性才能体现人之为人的本质，是人类区别于其他生物的根

---

① ［古希腊］亚里士多德：《尼各马可伦理学》，廖申白译注，商务印书馆 2003 年版，第 168 页。

② 金生鈜：《德性教化乃是心灵转向》，《湖南师范大学教育科学学报》2002 年第 2 期。

③ 苗力田编：《亚里士多德全集》（第 8 卷），中国人民大学出版社 1997 年版。

本所在。作为亚里士多德思想继承者的伽达默尔进一步强调了这一点，“实践固有的基础构成了人在此世界上的中心地位和本质的优先地位，因为人固有的生活并不听从本能驱使而是受理性的指导。从人的本质中引出的基本倾向就是引导人的‘实践’的理智性”。[①] 亚里士多德将人的功能界定为灵魂遵循或运用理性原理的一种活动，“我们所说的有德者或道德完美的好人，其实就是一位能够遵循理性而生活，将他自身的理性功能发挥得很好的人”。[②] 假如一个人想过一种高尚的生活，追求人的尊严，就应该让理性来主宰和驾驭非理性。反之，如果人选择另一条道路，让自己的理性听命于非理性，即选择以满足自己的感官欲望为乐，且置于优先的位置，最终他将沦为与动物无异的地步。他明确强调自我放纵从其本质上来说是一种耻辱，因为它与人类的行为不相适应，反倒与禽兽的行为表现出高度的相似性。

对应于灵魂中理性和非理性的部分，亚里士多德将德性分为理智德性和伦理德性。他之所以将其分为这两种，首要依据在于两种德性的获得方式是不一样的。理智德性通过教育获得，而伦理德性则是通过习惯性行为实践获得的。但二者之间决不是断裂的、不相关的，恰恰相反，两者是密切联系的、不能分离的。因为人要把先天的那些潜在的东西变为伦理德性，就必须按照正确的理性加以锻炼。理智德性的运用使一种先天气质与那种相应的德性有了根本。反过来，实践理性的运用也离不开伦理德性的作用，离开伦理德性的作用，就可能导致手段与目的的断裂，使理性服务于不是善的目的，而理性也就变成了一种狡诈的能力或现代人所谓的小聪明，理性产生了误用。在《政治学》中，亚里士多德强调：“理性的教导在先，还是习惯的教导在先。这两者需要彼此一致，一致之后方能产生最佳的效果。因为理性有可能偏离最优良的宗旨，而习惯的力量也同样难以幸免。”[③]

德性，特别是伦理德性，一旦形成就变得稳定可靠。在亚里士多德看来，德性的形成决非一时之功，人的某一次体现道德的行为并不能说明他

---

① ［德］伽达默尔：《赞美理论——伽达默尔选集》，夏镇平译，上海三联书店 1988 年版，第 70 页。

② 黄藿：《理性、德行与幸福——亚里士多德伦理学研究》，台湾学生书局 1996 年版，第 26 页。

③ ［古希腊］亚里士多德：《亚里士多德选集：政治学卷》，颜一编，中国人民大学出版社 1999 年版，第 268 页。

具有了某种德性。伦理德性的价值在于可以帮助我们确定每一个行为的正确目的。而实践理性[①]（也可以翻译为明智或实践智慧）作为理智德性的一种特殊形式，其意义就在于为我们选择达到每一具体目的的正确手段，而且要以对幸福的全面考虑为坐标。“明智与道德德性完善着活动。德性使得我们的目的正确，明智则使我们采取那个目的的正确的手段。”“与没有德性的情形一样，离开了明智我们的选择就不会正确。因为德性使我们确定目的，明智使我们选择实现目的的正确的手段。”[②]如果只有伦理德性而没有实践理性，则正确的目的就会因为缺乏正确的手段而无法实现；如果只有实践理性而没有伦理德性，则有效的手段就可能被错误的目的所利用，而服务于错误目的的聪明才智并不配称为实践理性。在亚里士多德看来，实践理性从根本上是不能同人生的根本目的是相违背的，一个具有实践理性的人总是会选择他认为道德上正当的事情，正是在此意义上，他认为具备实践理性的人必定是好人。伦理德性是灵魂养成的优良习惯，它可以保证我们的行为总是趋向正确的目的。但伦理德性本身不包含考虑与反思的因素，因此需要灵魂中理性部分的帮助。实践理性作为一种特殊的理智德性，其价值就在于理性地思考与道德选择相关的种种因素，以寻求达到目的的正确手段。因此，人的伦理德性的形成是无法离开人的理智德性的。任何伦理德性的形成都必定蕴含着理性的因素。离开理性的参与，德性的形成就失去了源泉和动力。在亚里士多德看来，德性不仅是符合正确规则的状态，而且也是蕴含正确规则的主体，这就是德；而实践理性就是有关这种事情的正确规则。[③]正是由于此，麦金太尔对亚里士多德作了如下的评价：“那些现代戏剧完全不可或缺的人物，其中包括那些以价值中立的方式把达到目的的手段相比较的专家，和那些比比皆是的没有实际精神缺陷的道德家，在亚里士多德的学说里或者是在古代传统中很难找到真正的相似者。在实践理智与德性之间的联系牢固建立起来的任何

---

① 关于实践理性，麦金太尔在《德性之后》也强调了其在生活中的价值，他认为拥有这种德性并不意味着有如此多的可供我们实践推理的大前提的普遍规则或格言的知识；倒不如说这种德性表现在一种判断能力中，借助于它，人可以知道如何在相关的许多准则中选择准则和如何在特殊的环境中运用准则。

② ［古希腊］亚里士多德：《尼各马可伦理学》，廖申白译注，商务印书馆 2003 年版，第 187、190 页。

③ 黄藿：《理性、德行与幸福——亚里士多德伦理思想研究》，台湾学生书局 1996 年版，第 33 页。

文化中，要奉迎官僚式的专家确实是非常困难的。”①

道德选择不仅仅表示人的行动是自愿的，还意味着人对个人的能力与素质、对自己生活的最终目的、对当下行动的目标与生活目的的关系、对行动的情景和后果有清楚的判断。由此可见，选择的生活理应是理性的生活，人的道德选择离不开理性的参与和力量，理性指导人们经过深思熟虑和比较分析后做出最适合自我的选择。现代人所面临的道德选择困境迫切需要这种理性精神的回归与复兴。德国思想家康德就对“什么是启蒙运动”的问题作出了这样的回答：“启蒙运动就是人类脱离自己所加之于自己的不成熟状态。不成熟状态就是不经别人的引导，就对自己的理智无能为力。而其原因不在于缺乏理智，而在于不经别人的引导就缺乏勇气与决心加以运用时，那么这种不成熟就是自己所加之于自己的了。Sapere aude！要有勇气运用你自己的理智！这就是启蒙运动的口号。”② 启蒙运动时期的思想家正是真诚地想要开启民智，要把潜藏于每个人自身之中的理性召唤出来，使人类走出不成熟的依附和奴役状态，成为敢于公开运用自己理性的独立个体。

在某种程度上，我们可以说只有依托于这种理性精神，才能帮助人在现实世界中走出道德选择的困境，实现生存样式的转变，走向不断超越自我、超越现实的生成之路。理性帮助人合理区分自己的欲望，正确节制自己的欲望，要求人将单纯感性的生活变成人的生活，要求人不断追求灵魂的净化、精神的超越与个性的完善。包尔生指出：“全部道德文化的主要目的是塑造和培养理性意志使之成为全部行动的调节原则。我们把这样一种德性或美德称为自我控制：这种德性通过独立于短暂易逝的情感之外的理性意志调节着我们的行为。我们也可以把这种德性规定为以目的和理想来调节生活的能力。它是全部道德德性的基本条件，是全部人类价值的基本前提，甚至是人类本性的基本特征。动物为盲目的冲动驱使，而人的特有的美德在于他的意志决定他的生活。离开了自我控制，就没有自由和个性。”③

---

① ［美］A. 麦金太尔：《德性之后》，龚群、戴扬毅等译，中国社会科学出版社 1995 年版，第 195 页。

② ［德］康德：《历史理性批判文集》，何兆武译，商务印书馆 1991 年版，第 22 页。

③ ［德］弗里德里希·包尔生：《伦理学体系》，何怀宏、廖申白译，中国社会科学出版社 1988 年版，第 412 页。

正是凭借理性的精神，苏格拉底甘愿充当古希腊城邦的“牛虻”，对生活中的庸俗之气、不正义之风进行了有力的针砭，还积极主动同希腊人民对话，以唤醒他们沉睡的灵魂或被异化的心灵，引导其把握和了解个体真正的现实意识，激发其对美德的追求。当然，他本人用一生践行着理性的精神，不断追问“什么样的生活是值得过的生活”，坚持未经思考的生活是不值得过的生活。“对每一个道德主义者来说，理性的功能都是支持使生命超越自身的那些冲动，都是扩大这些冲动的社会性的范围与程度。因此，认为日益增长的理性是人日益增长的道德的保障是没有错的。我们理性的发展程度越高，我们就越能够正确地评价其他生命的需要，就越能够意识到我们自己的动机与冲动的真正性质，就越能够协调产生于我们自己生命的冲动与产生于社会的冲动之间的相互冲突，就越能够选择有效的方法去实现我们所赞许的目的。在许多情况下，理性的发展都能够增进我们的道德能力。”①

德性不仅仅代表人具有行善的能力，还必须具有对于善的热爱。道德感也是德性的重要组成部分。“每个人‘在自己的心灵深处都埋藏着道德的种子，需要能干的农夫去灌溉，让种子发芽’。需要创造‘人为的习惯’来改造人，使人真正成其为人。但是，这样做并不是像禁欲主义者所主张的那样，要拔除人的感情，而是把感情和谐地控制在一定的范围之内。”②立足于人的道德情感，激发起对善的热爱与向往，才会使人自觉地向善，形成向善的意向和态度。人的道德选择如果离开道德情感的力量，而单纯地依靠理性的作用把道德认识转化为人的行动，往往会造成对人性的压抑，久而久之则会形成道德冷漠甚至是道德逆反。尼布尔认为不管道德感具有什么独特的特征，重要的事实是人似乎在其道德资源中拥有一种对善的责任感，而不论怎么定义善，并且强调善的责任感是可以培养的。

当然，更重要的还在于德性的实践性。德性必定是在人的生活实践中得以生成的，因为德性是一种获得性人类品质，是人道德实践的结果。亚里士多德将德性分为伦理德性和理智德性，二者都不是先天的产物，而是后天实践的结果。伦理德性需要通过习惯来养成，而理智德性则主要通过

① ［美］莱茵霍尔德·尼布尔：《道德的人与不道德的社会》，蒋庆、王守昌等译，贵州人民出版社1998年版，第23页。

② ［意］加林：《意大利人文主义》，李玉成译，生活·读书·新知三联书店1998年版，第164页。

教导而得以发生和发展。麦金太尔关于德性的思想的阐述并没有超越亚里士多德，他对德性本性的界定，依旧看作一种获得性品质，对德性的拥有和践行，可以使人获得实践的内在利益。当然，他本人也承认他的德性论是亚里士多德主义的，以一种实质上是亚里士多德主义的方式，把评价和解释联系起来。麦金太尔强调德性的内涵应包括三个方面，但尤其突出了德性的实践性，并给"实践"赋予了特定的含义：通过任何一种连贯的、复杂的、有着社会稳定性的人类协作活动方式，在力图达到那些卓越的标准的过程中，可以获得此种活动方式的内在利益，同时人的力量以及人的目的和利益观念也得到了系统地扩展。而在儒家道德文化传统上，亦非常重视德性的实践，孔子讲："力行近乎仁。"（《中庸》）"君子欲讷于言而敏于行。"（《论语·里仁》）"不闻不若闻之；闻之不如见之；见之不若知之；知之不若行之。学至于行之而止矣。"（《荀子·儒效》）并且对人的道德评价也看行为而定，"始吾于人也，听其言而信其行；今吾于人也，听其言而观其行"（《论语·公冶长》）。德性价值必须体现在人们的选择和行动中。只有在实践中德性才能发挥其力量。麦金太尔指出："在某人的生活中的一个德性之整体，唯有作为一个整体生活，即一个能被看作也可被评价为一个整体的生活的特征才是可理解的。"① 德性可以使人在选择自己的生活样式、实现自己的生活目的过程中拥有善，可以不断地提醒自己反思究竟什么样的生活才是值得过的生活，自己应该追寻什么样的生活目的，应该坚持的是什么道德信念与道德准则。由此可见，人的德性的存在形式是动态的，是不断变化的，是实践着的，个体的德性随着个体的不断践行而得以不断提升和完善。

值得指出的是，我们所强调的德性不是一个个具体的德目，而是多种德目的整合体。因此德性体现的不是人某一方面的品质，而是表征着人的整个存在，体现的是一个人的整体精神风貌。德性从根本上保证了人是整体性的存在，而不是碎片式的存在。作为涵摄主体存在的内在人格，德性构成了人的多方面发展所以可能的根本性条件。有学者指出德性的这种统一性往往以人格为其存在形态，以人格为形式，德性统摄、制约着人的日常存在，"德性的整体性与人生的整体性相辅相成、彼此互动，二者统一

① ［美］A. 麦金太尔：《德性之后》，龚群、戴扬毅等译，中国社会科学出版社 1995 年版，第 258 页。

于生活世界中的历史实践，表征为德性人格”。[①] 德性从根本上可以保证人去探究选择的目的本身究竟意味着什么，什么样的目的才是值得人选择的，什么样的生活目的才是正当的、合理的。“他的生存，是不能借助于任意的手段、散乱的情感、盲目的冲动或者一种偶然和奇想。他生存所需的是由其本性所决定的，他的选择也并非任意的。这种选择的自由仅在于他是否发现这种本性，是否选择正当的目标和价值。”[②] 德性促使人去不断地反思道德选择的合理性何在，增强人道德选择的审慎性，避免人道德选择的随意性和盲目性。现代人在道德选择时的不思考、不批判、不质疑，无疑给他个体的生活造成了难以承受的责任。于是，现代人对责任的逃避和开脱也是顺其自然的。失去了德性的观照，人们的道德选择发生了严重的偏离，尽管人想实现做人的尊严，希望得到别人的认可与尊重，但似乎却选错了方向，“人们竟然会指望发展那样一些倾向，它们摧毁了灵魂的力量，摧毁了精神的伟大，摧毁了心灵的高贵，摧毁了一切从心灵深处产生的真正的高傲和荣耀。人们竟然会指望发展自我利益、攫取金钱和好逸恶劳；指望发展对财富、头衔和权力的愚昧赞赏；指望发展一种盲目的令人讨厌的服从；指望发展一种不仅不允许热情而且还迎合最厚颜无耻的顺从的焦虑和恐惧”。[③]

不仅如此，人的道德选择也是为着人的德性生成的，因为德性的生成是人对美好生活的追寻不可或缺的。“德性必定被理解为这样的品质：将不仅维持实践，使我们获得实践的内在利益，而且也将使我们能够克服我们所遭遇的伤害、危险、诱惑和涣散，从而在对相关类型的善的追求中支撑我们，并且还将把不断增长的自我认识和对善的认识充实我们。”[④] 对德性的追寻就是对好生活的向往和追求。因此，麦金太尔又进一步指出：“人的好的生活是在寻求好生活之中度过的生活，对追寻所必须的德性是将使我们懂得更多的有关人的好生活是什么的那些德性，我们把德性不仅

---

① 杨国荣：《道德系统中的德性》，《中国社会科学》2000 年第 3 期。

② ［美］爱因·兰德：《新个体主义伦理观——爱因·兰德文选》，秦裕译，上海三联书店 1993 年版，第 16 页。

③ ［德］弗里德里希·亨利希·雅各比：《莱辛所言：〈评教皇之旅〉》，载［美］施米特编《启蒙运动与现代性》，上海人民出版社 2005 年版，第 205 页。

④ ［美］A. 麦金太尔：《德性之后》，龚群、戴扬毅等译，中国社会科学出版社 1995 年版，第 277 页。

置于与实践相关的情形中，而且置于与人的好生活相关的情形中。”① 人性的优秀、卓越就是在追寻德性的过程中展现出来的。人在追求善的生活中生成着德性，践行着德性，也完善着德性。

德性的价值不是为了人的自我保存，不是为了人外在利益的获取，不是为了鼓动人对欲望的无限制开发与利用。德性是保证人追寻美好生活的核心性品质。德性关涉的是人的精神生活与意义世界，实现的是个体灵魂的治理与提升，个体精神生活的追求与意义世界的构建从根本上取决于人的德性生成与践行。不仅如此，德性还拓展了个体与社会共同体之间的关系，增进了个人与他人之间的价值共契感，从而为每个道德自我在世界和社会共同体中追寻更值得过的生活提供了积极的内容和正确的方向，在很大程度上实现了个体精神生活的丰富与充盈，推动了个体人格的完善与健全。正如有学者所指出的那样，德性本来就具有存在论的意蕴。德性是人作为一种精神性存在的核心部分，是人的精神性潜能发展、意义世界与价值世界建构的极为重要的内容。以至于有些思想家将德性理解为人的本真自我，理解人发展的目的。虽然这种观念有将德性先验化的倾向，但的确突出了德性在人的发展于自我实现中的重要意义，是人作为人而存在、而挺立于世界的最重要的标志。② 由此可见，德性且只有德性的力量使道德选择成为道德的选择，向善的选择，使道德自我的选择朝着人性优秀、卓越与美好的方向。

一个国家的兴衰存亡，与这个国家上至天子诸侯、下至黎民百姓的道德状况、道德水准有着非常紧密的联系，孟子曾说：“天子不仁，不保四海；诸侯不仁，不保社稷；卿大夫不仁，不保宗庙；士庶人不仁，不保四体。”（《孟子·离娄章句上》）马丁·路德强调一个国家的前途，不取决于它的国库之殷实，不取决于它的城堡之坚固，也不取决于它的公共设施之华丽，而在于它的公民的文明素养，即在于人们所受的教育、人们的学识、开明和品格的高下，这才是利害攸关的力量所在。著名的道德学家塞缪尔·斯迈尔斯也强调：“哪一个民族缺少了品格的支撑，那么，就可以认定它是下一个要灭亡的民族。哪一个民族如果不在崇尚和奉行忠诚、诚实、正直和公正的美德，它就失去了生存的理由。一旦一个国家的人民如

---

① ［美］A. 麦金太尔：《德性之后》，龚群、戴扬毅等译，中国社会科学出版社 1995 年版，第 277 页。

② 李佑新：《走出现代性道德困境》，人民出版社 2006 年版，第 163 页。

此热衷于对财富的追求、对感官快乐的追求和如此热衷于宗派活动，以至于荣誉、秩序、忠诚、美德和服从都已经成为了过去的东西，那么，在这种堕落的社会风气之中，就只有等到那些诚实的人……到处摸索并让每个人都有了深刻的认识之后，这个民族仅存的希望还只在于使失去的品格得以恢复，使每个个体的品格得到升华，只有这样，这个民族才能够得到拯救。”① 在我们看来，世俗社会物质上的进步使人的生活质量在某些方面有所提高，但这并不能保证美德的发展，人欲横流往往忽视了德性的培育和形成。单纯依靠制度的建设和法制的力量，而忽视公民德性的成长，就无法促进社会稳定与和谐。现代社会发展过程中所出现的信仰失落、道德堕落、享乐主义、拜金主义、人格扭曲等等现代精神疾病的缓解与治疗，德性及其培养无疑是一副良药。许多人虽然意识到了生活世界问题的严重，但并没有正确认识到问题的症结之一在于我们德性的缺席，忽视了德性的养成。开展德性教育以促进公民德性的养成自然变得十分必要，而且非常迫切。

第三节 走向德性教育

一 规则教育的乏力

在道德教育领域中经常存在着这样的偏见，主要有如下两种观点，一种认为道德教育只要解决好了基本规则问题，人们自然会向更高、更好要求的道德前进。这无疑是在说明人的生成与发展是自动的，是自然展开的。另一种观点认为，道德教育连基本规范的传授问题都未能做好，还奢谈什么德性？不可否认，我国过去的道德教育承担了许多本不该承担的责任，道德教育更多地扮演着政治教育的角色，成为政治的附庸或工具，即是说道德教育出现了失位现象。于是道德教育需要回归，需要归位，回到属于自己的领地，保持道德教育的相对独立性。然而道德教育转向的结果却是道德教育变成了规则教育，规则教育成为道德教育的第一要务和根本使命。如此的转变能否从根本上体现道德教育是精神教化的本性，能否更好地保持道德教育的超越性，引导人去追寻，去

① ［英］塞缪尔·斯迈尔斯：《品格的力量》，王正斌、秦传安译，中央编译出版社2007年版，第15页。

构建意义世界？

价值多元的社会导致人们在价值追求上呈现出很大的差异，而各种价值之间的冲突且不相容性客观上自然要求人们理应在某些方面达成价值的共识，以维持社会秩序的和谐发展和生活的有序进行，即是说人的生活需要一种人人都必须加以遵守的道德规则。规则的建立最终还是为了人的个性得到自由全面的发展，而不能反过来说培养人们美德仅仅是为了满足一定的社会秩序的需要，人只能做规则的奴仆。最关键的是，道德准则不能帮助我们发现生活的意义。国内学者赵汀阳一再强调规范对于生活是必需的，但却不是道德生活的根本。规范从根本上无法解决人的价值问题，力图借助规范来探讨生活的价值和意义问题只能是无用之举。事实上，规范不仅不会解决人的价值问题，还会遮蔽人们对生活价值问题的探讨，使生活问题变得模糊。规则从根本上是一个社会的“技术性”存在条件，更多地具有社会学的性质，所以规则主要照顾社会的要求，而不是照顾某些人的道德要求。因此，从道德情感的角度来看规范，或批判规则越来越坏，或夸大某些规则的道德光辉，是完全错误的。在某种意义上，伦理规范相当于一种社会管理技术，它首先考虑如何把社会中的人和事情管理起来，而不是考虑如何让社会中的人和事情变得更有价值、更有意思。

现代人的道德世界，在很大程度上可以说是一个正规的、秩序化、程序化的世界。在这个世界里，所谓的有道德的人要做的就是始终如一地以一种系统的方式接受法律、法规、规范和原则的指导，否则就要面临不道德的危险。在特定条件下该做什么和不该做什么都有明确的规定，人们只需照办和遵守就可以，个体的选择基本上是个程序化和技术化的过程。教育人们成为有道德的人无非就是要求人们学习、认同并遵守社会所制定的伦理准则与职业规范。在日益追求民主的现代社会，限制人的选择的主要方式往往就是通过对规则的宣传与说教而进行的，而放弃了传统社会利用强制性的方式。通过规则的宣传而实现的对人的选择的支配，是潜移默化的，给人以温和的印象，但其实质依旧是对人的控制，限制了人的选择。人们正是在不知不觉中被同化了，丢失了自我自由选择生存方式的权利。关于此点，鲍曼指出法律和各种伦理规则在一定程度上是强制个体服从，从而剥夺了个体自主进行道德选择的可能，因此他强调以规范伦理为典型特征的现代伦理，很容易会导致这样的结果，“用对规则的服从代替紧张的、但从未完全成功地听从令人愤怒的无言的道德冲动，导致了难以想象的可怕后果：它不仅赦免了行为者对所做错事的个人责任，而且为他解除了犯有罪孽的可能性。”① 道德教育对规则的过分宣传与一味强调，其目的无非是把人塑造成为社会所期望的形象。道德教育按照社会的既定模式培养着学会模仿与顺从的人，不敢也不能对现行的可普遍化规则进行质疑与反抗。人对生活意义的追寻演变成了对规则的遵守与运用。市场经济和消费社会的发展导致人不断降低价值目标和道德追求，正当合理性的规范化要求逐步遮蔽了人对卓越、优秀的美德追求。

当然，我们不是说道德教育对规则的强调不必要，认为道德教育可以抛弃这些东西。规则是社会秩序得以建立的基本条件，是任何一个生活在社会共同体的个人选择所必须遵循的基本要求。梯利指出：“道德规范的目的在于使个人和社会生活成为可能，道德行为具有促进个人和社会利益的倾向。可以说，道德画了个圆圈，人们在圈内可以安全地追求各自的目的而不会相互损害。”② 生活在某一共同体中的人无法脱离规范对个体选择的限制，而必须参照该共同体所规定的道德规则，道德规范和其他社会规范的目的就是防止个体的选择出现越轨或反常现象，导致社会的失序甚或混乱。然而，规则的传授占据了现代道德教育的中心位置。现代道德教育最重要和最现实的任务就是引导个人认同、接受并内化这些道德规则，并且甚至把遵守基本层次的道德规则也当作了道德高尚的标志。一个受教育的人也在于合理地按道德规则来规划自己的生活，来支配自己的选择。对道德规则的学习取代了德性的生成，道德教育已经不再致力于激发与唤醒个人灵魂与内在精神，引导他们不断追求和探寻更值得过的生活，更能展现人性优秀、卓越与美好的因素。可以看出，人若只遵循规则来进行道德选择，其结果导致的恰恰是选择自主性和创造性的缺失。更重要的在于，个体的选择若以规则为根本依据，其导致的结果只能是生活的单调与乏味，人在循规蹈矩中延续着自己的生命。生活因变得没有乐趣而对人失去了诱惑力，人对生活丧失了热情与信心。人们所追求和向往的生活应该是充满无限乐趣、折射出美感的生活。英国哲学家怀特海认为：“道德包含在追求理想的目标中。最低的道德也是要防止向下的沦落。因此，呆滞

① ［英］齐格蒙特·鲍曼：《生活在碎片之中——论后现代道德》，郁建兴等译，学林出版社 2002 年版，第 5 页（序言）。

② ［美］弗兰克·梯利：《伦理学导论》，何意译，广西师范大学出版社 2002 年版，第 183 页。

是道德的死敌。……人类一直都在受低调道德家的折磨，他们反对从某个伊甸园里被逐出。在某种意义上来说他们是正确的，因为不管怎样，倘不立足于一套被吸收得很好的习俗，我们便什么也不能追求。侥幸的变化总是与‘缓慢的漫步手挽手’的。”①

当道德教育一味地聚焦于对规则的传授，则会在许多情况下变成一种宣传和说教，人性内在的美德资源被遮蔽，那种支撑和推动人生活的内在价值被淡忘。宣传不是教育，说教也不是教育，宣传和说教导致的往往不是精神的提升和转向，而更多的是精神的奴役和顺从，灵魂的阻隔与禁闭。在此意义上，我们可以说道德教育在很大程度上已经放弃了对人思想的启迪、精神的历险，而扮演了规则宣传和规则传授的角色，为社会中的既定规则“摇旗呐喊”，根本上偏离了精神教化的使命。道德教育若仅仅扮演规则宣传的角色，或者将其置于中心，就很有可能迷失自己的精神追求，失去自己存在的相对独立性，而成为社会的附属品，被现实生活中不合理的现象、不正义的问题模糊了视野，那么从教育世界中走出的人往往是没有灵性，缺乏自主选择意识和能力，充满服从气息、习惯按部就班的庸俗之人。金生鈜教授强调：“在这样一个多元混杂的时代，我们已经对普遍化道德准则的道德教化的有效性失去了信心，也许我们的道德哲学的努力也只能使那些对自己的生活的本真目的有所悟解的人能更清晰地理解自己对美好生活的追求，从而对更多的个体形成一种影响，使他们在个人性的善的生活的追求中践行道德与培养德性。”②

看来，现行的道德教育是到了应该好好反思，进行深刻的自我检讨的时候了！否则，道德教育存在的合法性危机只会愈演愈烈！

二　德性教育的价值

对理想的追求、对幸福的向往、对善的追寻是人的内在本性，这些问题无法逃离人的生活视界。而诸如此类的问题，规则是无能为力的。无论人类社会的规范化程度达到一个什么样的高度，都不能满足于或停留于规范化建设的层面，“美的东西并不是由理性的思维根据美学的规则构想和制造出来的，善的东西和完善也同样不是根据伦理学的规则构想和制造出来的。……美学和伦理学的规则并不具有一种天生固有的推动力，它们的

① ［英］A. N. 怀特海：《观念的冒险》，周邦宪译，贵州人民出版社 2000 年版，第 316 页。
② 金生鈜：《德性与教化》，湖南大学出版社 2003 年版，第 32 页。

职能是防止僭越和违犯；它们不是创造性的，而是限制性的。”[①] 每个道德主体即每个选择者，都希望生活多姿多彩，富有意义，而不是枯燥、单调和刻板化。个人面对道德规则是自由的，这种自由表现为道德规则只有借助于个人的德性才能转化为真正的道德生活和道德实践。并且个体对道德规则的遵循无法离开德性的作用，正如麦金太尔所指出的那样：在美德与法则之间还有另一种关键性的联系，只有对于拥有正义美德的人来说，才可能了解如何去运用法则。

国内学者王海明断言：“从伦理学体系的构成来看，‘道德’、‘规范’和‘行为’、‘做什么’是前提、理由、原因，占有首要的、主要的、根本的、绝大部分的内容；而‘品德’、‘美德’、‘是什么人’则是结论、结果，仅仅占有最后的、次要的、非根本的、极少部分的内容。这是不难理解的，因为前提总比结论更为复杂，更为重要；原因总比结果更为根本，更具决定意义。所以，‘规范’和‘做什么’总是比‘美德’和‘是什么人’更为根本、更为复杂、更为重要、更具决定意义。”[②] 这种观点看似很有道理，推理也非常严密，然而却存在着巨大的误识，因为他推理的前提是根本错误的。规则和美德之间决不是什么前提和结论、原因和结果的关系。简单来说，德性和规则的区别主要表现在以下几个方面：（1）出发点不同。规则的出发点是关注人的行为，即关注“人应该如何行动”；德性则是关注人的品质，即“人应该成为什么样的人”。（2）外延不同。美德比规则的内容丰富得多，规则充其量只能帮助人们处理特殊境遇道德选择的行为方式问题，却不能帮助人们处理他的整个生活方式和人生追求。而美德关涉的则是整体的生活，因此具有完整性、稳定性、自觉性的特点。一个有美德品质的人经常能够作出符合道德的选择，但是规则却不能保证一个人经常能够作出符合道德的选择。（3）作用方式不同。美德突出了道德的主体性、自觉性即道德的自律特征和激励功能，而规范伦理则着力强调的是道德的社会调控、他律特征和约束功能。前者常常表现为“劝告”与“激励”，而后者则常常表现为“禁止”与“被要求”。可以看出，相对于规则，德性与个体之间呈现出更为切近的关系，德性与生活之间的关系更为密切。并且从实践的角度来，规则要发挥作用，必须

---

① ［德］弗里德里希·包尔生：《伦理学体系》，何怀宏、廖申白译，中国社会科学出版社1988年版，第303页。

② 王海明：《新伦理学》，商务印书馆2001年版，第10页。

落实为个体，而这无法离开人的德性力量。德性保证了人的道德选择的自觉性和方向性，保证了人自愿向善的态势、主动为善的能力，它在本质上体现了道德的本真意义。

麦金太尔等哲学家对德性的强调与呼吁，正是看到了无论是个体的道德生活还是人类的社会生活，单纯地依靠道德规则的制定与遵守是无济于事的，是无法实现普遍规则的理论设想的。善是人类生活追求的目标，而德性恰恰是实现人类生活善的内在条件。同时，他还认为善本身也是一种共同体的善，从而德性也是构成共同体的善的内在条件，“构成人类的善是人的最好时期的全部人类生活，德性的践行是这种生活的必要的和中心的部分，并非仅仅确保这种生活的准备性实践。这样，如果不参照德性，我们就不能恰当描述人类的善”。① 所以，在他看来，没有德性，就没有正义，就不会有人类生活的幸福。现代人面临的生活意义的困境与危机，在很大程度上都是由于德性的缺失。麦金太尔对德性的强调和重视绝对不是荒谬之论，在很大程度上确实深刻揭示了现代人在道德生活所存在的危机。现代人更多地聚集于事物所带来的舒适愉悦，以为生活的主题与真谛也就取决于此。追求生活品质的超越、生活层次的提升已经成为奢侈之举。在经济、社会与他人的重重压力下，个体无力也不想去进行所谓的性情陶冶与品格完善，毕竟舒适与安逸已经成为人之追求的至高目标。“时代的压力已经驱走了由早先生活方式存留下来至今仍为人所赏识的较为高尚的情感力量成分，现在我们是根据保存能量的原则来自娱。”②

正是由于麦金太尔对德性在道德生活和社会生活中价值的强调，唤起了人们对德性的重视。越来越多的哲学家和道德学家开始深刻反思新旧规范伦理的缺陷，反对把道德原则和道德规则普遍化、抽象化和技术化，反对把道德规则和道德原则认为是道德的根本体现，而重新关注德性的价值，强调德性对于人的生活的重要性，要求恢复德性对于道德的根本性意义。正是由于人具有德性品质，才使道德教育必须给予每一个人必要的伦理空间和道德自由。道德选择体现了人的实践智慧，体现了人的创造精神。

国内教育学者鲁洁、班华、金生鈜等皆认为道德教育的根本任务在于

---

① ［美］A. 麦金太尔：《德性之后》，龚群、戴扬毅等译，中国社会科学出版社 1995 年版，第 188 页。

② ［德］齐美尔：《时尚的哲学》，费勇等译，文化艺术出版社 2001 年版，第 119 页。

人德性的生成。班华教授指出："对德育现代化或现代德育的理念，可能有多种理解，我认为其主要特征，就是关怀人、关怀人的德性发展，或者说它的根本精神就是以道德主体（儿童）的德性发展为本，走向主体——发展性的德育。这是现代人的发展和社会发展的要求，是时代的呼唤。"[①] 台湾学者黄藿认为德行（性）伦理学是道德教育重建的哲学基础[②]。之所以做此结论，他具体分析了五个方面的因素：(1) 德行伦理学比较能对我们关心的诸多道德议题提出因应之道。现代人需要的伦理学并不是一套与个人生活无关的抽象理论探讨，而是能对我们日常生活中所遭遇到的道德两难情境指引出路。德行伦理学较能对我们关心的诸多道德议题提出因应之道。(2) 德行伦理学是最符合人性的一套伦理学理论。德行论在西方重新受到重视，使道德教育哲学理论的探讨也同样受到德行论的影响。以往的道德教育的哲学理论基础都只考虑义务论和效益论的观点，过分重视道德规则或原理的遵循以及道德义务的履行，这种冷峻且又无趣的教育方式不但没有助长道德教育的推行，反而扼杀了道德教育。(3) 德行伦理学强调德行的培养，极其自然，也最为有效。而德行的培养要从日常生活做起，养成良好的生活习惯，身教重于言教，用以身作则的方式，让儿童、青少年学生来仿效。(4) 德行伦理学重视情绪教育（情意教育）。它教导我们如何控管我们的情绪，将潜在的具有毁灭性质的负面情绪予以疏导或抑制，而将比较正向的情绪作恰当的或理性的指引。(5) 德行伦理学是最能与中国传统儒家道德思想传统契合的一套伦理学。

德性的被遗忘、被遮蔽、被扭曲、被窄化都将制约道德教育的教化本性的发挥，都将无助于保证道德教育视野中的道德选择的存在论意义。道德教育对德性的淡化和弱化，从根本上威胁着道德教育的力量，极有可能导致道德教育对个体精神生活引导作用的软弱无力，导致人的道德选择失去善的观照，失去道德的价值。施特劳斯如是说："真正的自由人今天最紧迫的责任莫过于要全力对抗那种堕落的自由主义，这种堕落的自由主义宣扬人的唯一目的就是只要活得开心而不受管教，却全然忘了人要追求的

① 班华：《德育理念与德育改革——新世纪德育人性化走向》，《南京师范大学学报》（社会科学版），2000 年第 4 期。

② 黄藿：《台湾道德教育的困境与重建》，载金生鈜主编《教育：思想与对话》（第 1 辑），教育科学出版社 2005 年版，第 286—288 页。

是品质高贵、出类拔萃、德性完美。"[①] 之所以作此结论，是因为他看到了大众对平庸生活的迷恋不仅导致了个体生活趣味的单调、生活方向的迷失，还看到了人的公共精神的迷失和贫乏。所以他提倡自由教育，认为自由教育针对的是大众文化的腐蚀性影响，它是大众文化的解毒剂，可以避免教育造就没有精神的专家和没有心肝的纵欲者。施特劳斯所言的大众文化是一种被没有任何智识和道德努力，并因此被极为廉价的最平庸的能力所占据的文化。当然，大众文化也需要被称为新观念的事物的不断支持。而所谓的自由教育就是要唤醒人自身的优异和卓越。自由教育是从庸俗中的解放，其教化方式就是同伟大的心灵进行对话。道德教育要给人以情感的共鸣，以心灵的震撼，以思想的启迪，从而引领人将道德选择指向正确的方向，以构建符合自我本性的意义世界。

美国兴起的新品格教育运动也恰恰折射了德性教育的重要性。自 20 世纪 80 年代起，品格教育运动在美国得以复兴并不断推进，渐渐成为学校德育的主流声音，以至于"品格教育"一词成为当今美国道德与公民教育研究领域的主导术语。在品格教育运动中表现最具特色和影响力的主要是"品格关注联盟"和"品格教育协会"这两大组织，它们分别以广泛推广品格教育的各种模式、鼓励品格教育并提供品格教育资源而成为品格教育的主要倡导者和思想库。在两大组织及其他方面的努力下，美国参众两院于 1994 年通过法案确定每年 12 月 16—22 日为"全美品格关注周"。2002 年 6 月 19 日，时任总统布什在白宫专门召开了题为"品格与社会"的研讨会。布什在会议发言中强调：智育是教育中重要的一部分，但不是全部。我们要培养的是儿童的友爱、正派、同情心、责任感和自我控制等品质。儿童必须学会生存，但他们更应该学会如何生存，这是一个重大的社会责任。品格教育的目标就是为儿童参与社区服务做准备，而这种服务是出于良好的动机帮助他人并给予生命以目标和意义。品格教育协会提出 12 种美德为：

诚实正直——真诚地对待他人、自己；

可信赖——说话要真实；

端庄而富有同情心——对人有礼貌，关心他人；

忠诚——遵守法律法规，对国家、学校、朋友要信赖；

---

① Leo Strauss：The Liberalism of Classical Political Philosophy，in his *Liberalism Ancient and Morden*，Cornell University Press，1989，p. 64.

聪慧——能发现知识和事实真相，即基本生活本质

自由——做出决策时，由表达自己的意见；

正义——公正对待他人，承担自我行为的结果；

平等——支持所有人自由选择的机会；

差异和宽容——欣赏人类和自然界里的差异性和多样性；

责任——维持个人责任，作为一个在民主社会里的公民使用权利和发挥影响；

团结——欣赏人与人之间的相互联系，并支持家庭和团队的团结

自律和勇气——表现出自我节制，坚持自己的信念。

目前，美国已有超过30个州获得了教育部品格教育的国家认可，16个州通过了有关品格教育的立法。在新品格教育运动的提倡者看来，日益增多的暴力、青少年自杀和其他许多社会疾病，正在威胁着美国的年轻人，学校和教师要重新承担起品格教育的使命。品格教育不是一种简单的教育潮流，而是好教育的基本维度，是对个体理智和精神发展的长远考虑。教育在其完整的意义上不可避免地是一项道德事业，它不断地引领学生去了解并追求善的和有价值的东西。培养学生的品格应作为国家真正教育改革的开始。

道德教育的使命和本性体现在唤起学生对优秀品质的向往，对高尚事物的冲动，对美好生活的追求，而这事实上也是体现道德教育的“教育”本性的根本所在与关键所在。因此，道德教育从根本上是为了避免那些自私自利的唯我主义倾向，矫治那些玩世不恭、甘于沉沦的犬儒主义的思想，疏导那些唯利是图、见利忘义的拜金主义倾向，其所要追求的，所要教化的，应是具有正直、节制、沉着、智慧、慷慨、善良、勤奋、仁义、谦虚、诚实等精神品格的人。人正是具备了这些美德，无论他选择了什么样的生活方式，他都可以在立足于现实生活的基础上不断追求超越，既有利于保障个体的福祉，使自己健康地生活，又有益于社会的福祉，促进人与人的和谐相处。为此，道德教育只有从本质上是德性的教育，而不是规则的教育，才能真正体现道德教育的道德本性。否则，道德教育的“道德”本性便失去了合法性依据。正是在此意义上，我们可以说，不培养学生德性品质的道德教育根本上不是真正的道德教育。德性是体现道德本性的根本标志，德性的培育是道德教育引领人学会道德选择的根本诉求。离开德性的力量，人的道德选择将无法走在追求美好生活的路上，生活将

会步入歧途，陷入误区，生命将变得碌碌无为。

三　回归生活的德性教育

德性总是与人的生活相联系的，而不是脱离个体生活的静态因素。德性脱离了现实生活就无法形成，不存在脱离生活的德性。现实生活世界是德性得以形成和不断完善的源泉和动力。德性的力量只存在于生活实践之中。道德教育对人之德性的培养也必定以学生的生活世界为基础。回归生活自然成为德性教育的根本理念。

德育与生活世界的割裂或脱离是导致道德教育低效的根本原因。一旦脱离生活实践，德性便失去了生存的土壤和环境。只有植根于生活世界，道德教育才能具有深刻的基础和强大的生命力。现代教育更注重引导人去获得知识，并用所获得的知识去征服他人，征服自然，征服世界。在知识的理性化、客观化、普遍化的支配下，教育探寻生活意义的功能遭到了放逐，教育成为“无意义”的教育。知识的获得虽然重要，但不能成为教育的根本，更毋庸说是全部。教育的本质还是在于意义世界的建构。远离了意义世界的教育，也从根本上远离了生活。道德教育回归生活世界就是为了从根本上回归人的价值世界，回到人的意义世界，建构人的精神家园。鲁洁认为，道德就是对于生活方式、生命实践的理解和选择，它是生活的解释系统，它所要破解的是人的生活意义，它的存在就在于使人对生活意义有更合理、更深刻的理解。道德又是生活的目的系统，道德是一种目的行为，它所指向的是生活的展开与提升，是更为合理的生活方式、更为完善的生命实践。生活就是道德存在的根据，只有在生活中道德才会展示。[①] 生活世界是道德教育得以立足的根基所在。道德教育要想打破“无人”的教育就必须回到生活世界。只有立足于生活世界，道德教育才能保证道德的世界是人的世界，道德的生活是人的生活。道德教育不能从知识出发、从概念出发，而要从生活出发，让受教育者在生活中认识到道德对生活的重要性，认识到道德就在自己身边，是为个体的和谐发展服务的。道德更多的是体现在人们的日常生活中。道德作为一种实践理性，其价值就在于对个体的道德生活有所指导。换句话说，它的真理性与合理性也正是在日常生活中形成的，并在日常生活中得以强化。离开了个体的生

① 鲁洁：《生活·道德·道德教育》，《教育研究》2006 年第 10 期。

活实践，道德必定会成为无源之水和无本之木。一种道德如果已经和个体的日常生活发生断裂或脱离，那道德必定演变成一种伪道德或伪善。让道德回到生活，并非把在生活世界之外存在的现成的道德规范拿到人的现实生活中来，而是强调要在人的现实生活中来发现、发掘、体认高尚的道德观念、道德行为和道德品质，并发挥它们的价值引导作用。所以，让道德回到生活就是要克服道德建设或道德教育中的形式化倾向，克服把道德的存在同鲜活的现实生活割裂开来的倾向。

对于道德教育而言，当其引领个人进行道德选择时，道德教育就参与了个人的生活，实质上道德教育原本就应该参与学生的生活，引导他们选择一种合乎道德的生活方式，所以道德教育的这个生活品性正是其教育人追寻美好生活的根据所在。关注生活世界包括两个方面的内容。一个方面是关注学生个体的现实生活。另一个方面就关注公共生活，关注学生成长所处的公共空间。这两个方面对于个体德性的生成皆是不可或缺的。并且这两个方面之间不是相互隔离的，而是相互联系的。个体的健康发展和社会的和谐发展需要良好的个体生活和公共生活。现代社会导致了私人领域和公共领域的分离与断裂。

现代人认为个体德性的生成是私人之事，德性的生成也仅仅限制在私人空间，这种观点一方面窄化了德性的内涵，另一方面也从根本上阻隔了德性的生长与发展。人与人之间不是原子对原子的孤立式的关系，而是一种相依的关系，是共在的关系。现代社会非常强调个体的尊严。但个体的尊严需要在超越动物性存在的层面上，即要在人的社会性、道德性存在中去寻找。将人还原为孤立的个体，也就无所谓尊严。人的尊严必然体现于与他人、与各种共同体的关系中。而霍布斯认为人的尊严和自由只存在于法律管不到的地方，因而最大限度的自由就只存在于自然状态，即每个人对所有人战争的状态。这样的尊严和自由是狼的自由，对于人来说当然毫无意义。人是公共性的人，人只有在公共生活中、与他人的交往中才能体现自我的尊严。尽管萨特十分重视选择的责任问题，但“他人即地狱”的论断依旧将人与人的关系敌对化，人与人之间没有价值的共契与责任的共负。个体的选择只有面对与个体一样具有主动性的他人的选择时，才会显示出其价值。“教育正是借助于个人的存在将个体带入全体之中。个人进入世界而不是固守着自己的一隅之地，因此他狭小的存在被万物注入了新的生气。如果人与一个更明朗、更充实的世界合为一体的话，人就能够真正成为他自己。"① 也正是以承认他人同样享有选择的权利，责任对人行动的限制和约束才成为可能，否则只能是形同虚设。个体的自由、尊严不是逃避他人，把他人当作丛林中的敌人，把他人、道德、社会看作实现自利的纯粹工具。社会性是人之存在的构成性特征。道德、社会是人的本质所在。只有在具体的道德生活与社会实践中，人才有谈论个体尊严的资格和必要。人的生活也不可能完全封闭在个人所营造的私人城堡里，而需要一个共同生活的空间。正是在这个共同生活的空间里，个体的德性获得了践行的条件与可能。

亚里士多德之所以强调"人是城邦的动物"，就是深刻认识到了人只有生活在城邦中才能不断展现人之为人的特性，才能不断地促进德性的生成与完善。城邦是培育善和德性的公共空间。弗莱雷指出："追求完善的人性不能在孤立状态或个人主义思想下进行，而应在伙伴关系和衷共济的氛围中进行。"② 在此意义上，我们说道德教育不仅仅要致力于关心每个人的生活，还必须致力于改善个体所置身的公共空间与公共生活。当然，良好的公共生活与公共空间的构建与形成还必然需要国家与社会的积极努力。国家在形成良好的政治和制度方面负有不可逃避的责任，只有良好的政治和制度才会孕育和造就良好的个体。

道德教育内容来自生活，这不是说生活就是道德教育的内容，而是立足于学生的日常生活，以现实生活中与学生的生活相关的道德性问题或生活性问题为蓝本，为原材料，生成道德教育的主题。因为道德教育根本上无法依靠强制灌输和简单说教，而必须依靠个体内在的体验和现实的实践。值得强调的一点是，促进学生的德性成长，理性固然重要，但道德体验不可或缺，理性担当不起德性生成的全部承诺。孔子反对礼的形式化，一再强调内心感受对于礼的重要性，践行礼必须有真情实感，礼要以仁为支撑，以此反对礼的表面性、仪式化。林放问孔子礼的根本是什么，子曰："大哉问！礼，与其奢也，宁俭；丧，与其易也，宁戚。"（《论语·八佾》）强调了情对于礼的基础作用，情构成了礼的深层底蕴。假如一个人处处行礼，举止得体，但内心毫无敬意，这样的虚假表现不值得关注。

---

① ［德］雅斯贝尔斯：《什么是教育》，邹进译，生活·读书·新知三联书店1991年版，第54页。

② ［巴西］保罗·弗莱雷：《被压迫者教育学》，顾建新等译，华东师范大学出版社2001年版，第36页。

孔子说："人而不仁，如礼何？人而不仁，如乐何？"（《论语·八佾》）没有真切的道德体验，就无法养成完整的道德品性，还很有可能会导致学生对道德和道德教育的厌恶感和对立感，疏远甚至嘲讽道德。而培植学生的道德情感必须克服道德说教、灌输和训诫的方法，直面学生真实的道德生活，即直面现实生活中的真善美与假恶丑，倾听他们内在的道德冲突、道德困惑和道德憧憬，实现对道德的真切体验与真实感受，从而从内心深处建立起认同道德、敬畏道德和喜爱道德的情感。如此，不仅能实现学生由被动遵守规范到自觉践行规范的转变，更重要的是能真正激发学生的道德热情和生活勇气，追求道德自我完善，而这正是德育的根本旨趣与追求。

对于道德教育要回归生活世界，我们必须清醒地看到，教育和道德教育在回归生活的过程中的确存在着大量迎合现实生活与当下需求的现象，这在很大程度上导致了道德教育的肤浅和平庸。肤浅和平庸的道德教育不是导致人格的完善与提升，而是个体人格的萎缩和人性的堕落。道德教育要回归生活世界，必然要立足于学生的日常生活，并不是要与学生的日常生活保持吻合与一致，不是对学生日常生活的再现与重复，不是对学生生活旨趣与价值追求的迎合与附和，即不是机械地反映生活，滞后性地品评生活，盲目地迎合生活。反之，必须要高于学生的日常生活以实现对日常生活的超越，积极、正确地引导生活，从而建构可能的生活，追求更值得过的生活。如此，每个道德主体才可以根据自己的实际情况叙述性地理解自我，积极自主地思考、体验、探索和领悟生活，真正洞察和明晰自我发展的道德愿望和人生旨趣，在此基础上可以更好地做出适合自我的选择，更利于自我本性发展的选择，即更本真的选择。而道德教育的过程无疑就成为每个选择者的精神世界和意义世界不断建构、扩展、提升和充盈的过程，在此过程中，个体的德性也不断得以展现、提升与完善。

道德存在的价值和魅力就在于对经验生活的超越，对世俗生活的提升，对美好生活的追求。道德教育回归生活世界的根本目的是引导人超越现实的世俗生活，不断培育和完善自身的德性而走向自我超越与自我提升之路，避免个体生活的庸俗化和畸形化。走向生活世界的教育是为了引导人立足于现实的日常生活去追寻更值得过的生活，去担当起自我人生的使命和职责，追求和实现人性的卓越。在此，值得强调的是，事实上一种好的教育本身就是一种好的生活，好教育即好生活。教育不仅仅是为了生活，教育本身也是目的。在教育中生活，在生活中教育。于是，德性教育本身也自然是一种好生活。

为此，道德教育理应保持超越的品性，持守德性养成这一根本使命，积极拓宽人的生活空间，丰富人的生活内容，不断挖掘人向善的潜能，引领人探究生命的真相和生活的真谛，追寻善的生活。如此，道德教育才可以引导每个选择者在积极追寻“什么是美好生活”的基础上选择适合自己的，可以尽可能地展现人性优异性的生活方式，从而不断提升生活的志趣和人生的境界，实现自我存在的不断超越与完善。否则，道德教育不仅无法体现其精神教化的本性，无法实现其灵魂引导的使命，不能将人引向更高更好的美善价值和道德生活方向的，甚至还极有可能背离自己的教化使命，导致无人化的教育或非人化的教育。走向德性生成之路，是道德教育引导学生学会道德选择的合理路径，亦是道德教育体现其本性、践履其使命、追求其理想的内在要求和自然逻辑。

余　论

没有一个人知道自己是什么和自己能干什么，他必须去尝试。选择的严峻性，对此良心会详细地告诉自身，同样也不应由外界的判断来承担责任，只有选择的严峻性能决定人们走向尝试之途。

——［德］雅斯贝尔斯：《什么是教育》

每时每刻你都在选择，但是你的选择是为了你真正的自己吗？人的身体和精神方面有千万种发展的可能供你选择，但其中只有一种与你的本质相符合。你只有摒弃了一切肤浅庸俗的情感，排除一切受好奇心、贪欲驱使而发展、行事的可能，才会找到这唯一正确的道路。因为这些东西只会阻碍你坚定地去体验生命的奇观，使你无法看到自己的本质，意识到你的内心深处还有一个神奇的、你自己的“自我”。

——［美］巴士卡里雅：《爱和生活》

道德选择是人类的永恒课题。道德选择肩负着做人的使命。做人的使命决定人必须沉思与追问道德的真理和生活的意义，这是生活得以不断发展的源泉和动力，也是道德教育得以发展的源泉和动力。人选择了什么样的生活方式，也就体现了其对生活的看法，也就决定了其对个人生命的演绎。生活在选择中铺开，意义在选择中显现。既然如此，人在选择时就不应该是任意的、随便的、敷衍的，而应该是审慎的、严肃的、认真的。生活的不可重复性和善恶不确定性，决定了人的选择容不得人的轻率与轻浮。人对选择的轻率与轻浮导致的是人对生活的游戏，对自我生命的玩弄，其实质是对人之为人本性的不尊重或蔑视，甚或是践踏。“如果一个人意欲郑重严肃地生活，就必须正视下述问题：理性与神祈，自由与必然，民主与专权，至善与邪恶，肉体与灵魂，自我与他人，城市与人类，永恒与时间，存在与虚无。我们不断探究和怀疑的天性，使得我们领悟到生活中各种各样的选择，但是直到最近，我们才被给予了解除我们选择方面困惑的方法，找到进行选择的基础。严肃的人生意味着充分领悟各种选择的意义，带着触及人生存与死亡的重大问题，心神专注地思考这些选择，从而充分认识到：人生的每一种选择都是一场巨大的冒险，它必然给人类带来难以承受的种种后果。"① 如何选择正确的生活方式成为人无法回避的根本性问题。对此问题的追问反映了个体对生命、生活的价值承付和价值担当意识，是对自我的负责。此问题不问，生活的伦理性便形同虚设，选择也无所谓复杂不复杂、确定不确定、痛苦不痛苦，因为选择变成了无需思考之事，变成了无需评判与断定之事，变成了怎么选择都可以的情况。如此的选择则很可能使人偏离正确的生活方向，导致人性的堕落。如是，选择对于人的存在和人的生活而言，也就没有什么价值了。因此，道德选择不可能随意，不可能怎么都行，必定包含着一定的标准与尺度。人按照"人"的样子活着，活出人的尊严来，就应该严肃地对待自己的生活，保持对生活和生命的敬重和敬畏之心，作出合乎道德的选择。

人的存在就其根本性上来说是"悲剧性"的。人存在的根本性悖论决定了人生活的根本处境是苦难，是同"悲剧性"命运的抗争。道德选择的艰辛已经被无数人的道德实践和道德生活所证实，也将进一步得到证实。克尔凯郭尔的"畏惧"，海德格尔的"烦"，萨特的"焦虑"，加缪的"荒谬"，都充分说明了生活无法做到轻松、惬意、潇洒。艰辛与苦难并不能削弱或扼杀人存在的勇气和对生活的希望。关于道德选择的艰辛性，我们可以从我们生活中经常遇到的道德两难问题来进行简单分析。人们在生活中经常会碰到许多的道德两难问题。道德两难问题足以让人体验到道德选择的磨难，恰恰说明了生活根本不是一件乐事，活着难以轻松，生活本身是严肃的。无论你作出哪种道德选择，都必定会给你带来莫大的痛苦。"在真正的道德两难中，不存在那种能告诉我们做什么才是正当的答案。两难境况中的每一个选择对象都牵涉大量的问题，它由个人来作出决定，而当某个特定的个人确实决定了的时候，他懂得其他人可以作出不同的决定，他并不认为他自己的决定就是对他人的必当遵循的选择。"② 痛苦的存在并不能导致人不可以不去选择，人无法逃避选择，在此意义

---

① ［美］艾伦·布鲁姆：《走向封闭的美国精神》，缪青、宋丽娜等译，中国社会科学出版社1994年版，第243—244页。

② 熊伟主编：《存在主义哲学资料选集》（上），商务印书馆1997年版，第343页。

上，我们也要说不选择也是一种选择，但这是一种对自我生命不负责任的选择。可以想象在这种情况下，任何一种选择都不能把选择者从痛苦中拯救出来，“进行选择并不意味着一劳永逸地解决了选择问题，也不意味着解决了让其良心停下来休息的权利”。[①] 人在道德两难困境中的选择经历的是精神的磨难，而决不可能是惬意的体验。“只要我们还是我们现在所是的人，一种绝对没有痛苦和畏惧的生活很快就会使我们觉得枯燥乏味和不可忍受。因为倘若痛苦的原因被排除，生活里就会缺少各种危险、冲突和失败；缺少努力和斗争；对冒险的热爱、战斗的渴望和胜利的凯旋就都要成为过去。生活就会成为一种没有障碍的纯粹满足，没有抵抗的纯粹成功。”[②]

事实上，恰恰是存在的艰辛与苦难助长了人存在的勇气，凸显了生活的价值和意义。人的伟大与高贵不仅在于意识到生存处境的“悲剧性”，更在于对这种处境的理性反思与主动超越。人是悲剧的“主角”和“英雄”。舍勒之言“做人是难的。作为生物族类的人，在‘人性’观念的意义上是一个‘人’，这是罕见的、很罕见的”，[③] 的确也道出了做人的艰辛。在此意义上，我们或许可以说真正的选择是精神的历险、思想的磨砺与意志的锤炼。为此，选择，只有做到审慎，才能更好地促进自我的道德生成。阿奎那指出：没有审慎不可能有实践的德性，对理性来说，作出正确的选择乃是实践的德性所特有的，因为它是一种挑选的习性。正确的选择不仅需要有一个合适结局的意向，而且需要有正确选择的方法。同样理由，一个人要是没有实践的德性，他就不可能有审慎，因为审慎是有关要做的事情的正确理性，而理性的起点则是要做的事情的目的，对于这种目的，人要通过实践的德性才会得到健全的锻炼。

因此，道德教育引导学生具有一种对生活的负责态度，对生活的担当意识，而不能抱着无所谓的态度，更不能选择逃避，而应该置身于道德的困境之中，在痛苦、绝望、畏惧、孤独中养成独立思考、自主决定的品格，具有反思审慎的态度，从而有利于培养真正的道德主体。在我们看来，教育和道德教育本身就是一种严肃的活动，道德教育就在于使人

---

① ［英］齐格蒙·鲍曼：《后现代性及其缺憾》，郇建立、李静韬译，学林出版社 2002 年版，第 246 页。

② ［德］费希特：《伦理学体系》，梁志学、李理译，商务印书馆 2007 年版，第 222 页。

③ 刘小枫选编：《舍勒选集》（下），上海三联书店 1999 年版，第 1378 页。

“不轻松”、“不自在”，并从这种“不轻松”、“不自在”中去洞察与感悟生活，探寻生活之真相，领略生活之美善，不断寻求精神的提升与心灵的完善。道德选择决定了自我的完善，决定了生活的方向，以精神教化为本性的道德教育对于道德选择问题的关注，引导人学会选择，从根本上难道不是为了启迪、唤醒、鞭策与鼓励人去追寻真正的自我，不是为了更好地促进人对生命潜能的开发，不是为了更好地展现每个受教育者生命的丰富与多样，提高其对生命的感悟力吗？不是为了更好地展现生命的美好、卓越与优秀，增添生活的活力与魅力吗？不是为了更好地引领每个受教育者去选择与自己的内在本性相一致的，更能体现自我独特性的生活方式吗？……

在我看来，“人”是个尊称。教育和道德教育作为教化人的有目的的活动，其自身的发展也在不断的选择之中。道德教育需要一个合理的定位，找准自己的位置，并需要在自己的位置上有所作为，尽可能地履行自己的职责。道德教育自身的选择性只是说明了其内蕴着方向和目标。教育之所以存在和发展，究其实质就在于它的目标和方向是把学生培养成为好公民，引导学生过一种可以展现人性优秀、卓越与高贵的好生活。因此，道德教育根本上不是教学生如何进行自由选择，更不是培养学生在谋生和逐利方面的选择能力，而是引导学生追问什么样的道德选择才是有价值、有意义的，什么样的道德选择才是向着人格完善的，以及在此基础上培养学生道德选择的品性和能力。真正的生命是追求善的生命，真正的道德选择是展现人性优秀、卓越与高贵的选择。只有向着人性提升方向的选择方可以称之为是“道德的”选择，方具有道德的意义。道德选择应导向成“人”之路，应为着人性的提升、完善与超越。因此，引导每个人在追问善的过程中，选择适合自己内在本性的生活方式并坚持之，不断培育与完善自身的德性，展现人性的优秀、卓越与美好应是教育和道德教育应尽的义务，也是其未竟的使命。

以精神教化为本性的道德教育理应保持对理想的追求与守护。时下对理想的批评与责难之声可以说是不绝于耳，认为理想太富有理想色彩，不符合教育实际，在教育实践中很多都不适用、都行不通。因此，教育理想是空洞无用的，至于教育的终极理想与终极关怀更是让人莫名其妙，难以相信，而对教育理想的探讨也纯属无用之举，实无必要，其结论也应斥之为无稽之谈。人们信誓旦旦的口号往往是“我们需要的是实在，是有用，是效果，而不是理想。我们的教育可以没有理想，但不能没有现实”……果真如此吗？教育难道真的不需要理想吗？在我们看来，教育的理想体现了教育的本质与内蕴，反映了教育的追求与使命。可以说，教育的理想就是教育的灵魂与生命，就是教育安身立命的根基所在。道德教育要想成为真正的教育，发挥与体现自己的精神教化使命，就必然需要理想，理想使教育成为教育，使道德教育成为“道德的”教育，成为真正关乎人之存在和命运的教育。理想就是理想，而不是现实；现实就是现实，而不是理想；理想不能替代现实，现实也无法替代理想。理想的价值与作用就在于其是与现实保持距离的非现实的东西，是超现实的东西。怀特海指出，当理想降低到实践的水平时，其结果便是停滞不前。实质上，理想是对现实的辩证否定。然而我们说理想是非现实的、超现实的，是对现实的否定，并不是说理想不观照现实，理想不能或无法作用于现实，理想是脱离于现实的，而是意在指出并强调理想对现实的作用不可能是直接的，而只能是间接的。这种间接一方面体现在理想站在高处或远处对现实的教育实践进行理性的审视，客观的批评，谨慎的引导，全面的治疗；另一方面也体现在人们对教育理想的不断守望、追问与探寻。理想的存在促使道德教育不断地超越现实，不断地批判现实、否定现实，探询好的教育是什么，好的生活是什么。离开理想的引导与驱动，道德教育将会失去最重要的资源和动力。而漠视理想，从根本上依赖经验来推动教育实践的话，其带来的直接后果是人们在教育实践上的盲从与迷信，狂热与躁动，摇摆与无序。道德教育对理想的坚守保证了其超越的品性。道德教育之所以能发挥教化作用，促进人德性的生成，人格的健全与个性的丰富就在于其有理想。鲁洁教授指出：“教育赋予人以现实的规定性，是为了否定这种规定性，超越这种规定性。一切现实的规定性只能规定人的现在，而不是去解决他的未来。理想的教育并不是要以各种现实的规定性去束缚人、限制人，而是要使人从现实性中看到各种发展的可能性，并善于将可能性转化为现实性；它使人树立起发展和超越现实的理想，并善于将理想付之于现实。培养一种理想与现实相统一的人，超越意识和超越能力相统一的人，这才是教育之宗旨。”① 教育和道德教育的根本使命是使人向善，使人成为人，这自然决定了教育具有超越的品性。正是由于理想，道德教育

---

① 鲁洁：《论教育之适应和超越》，《教育研究》1996 年第 2 期。

才能时刻牢记自己的精神教化使命，促进人精神的提升，而不偏离成“人”的教育宗旨，才能保持自身的相对独立性而不至于成为其他东西的附属品或牺牲品，驱动现实的教育实践不断改善而向着更好的、更能体现其本真性的方向发展，而不至于裹足不前或偏离方向，甚至是走向反方向，导致非教育、假教育、伪教育、反教育现象的滋生与蔓延。

“每一条路都是成百上千条道路中的一条。所以你必须记住一条路就只是一条路。你觉得你现在有必要沿着这条路走下去，并不意味着在将来的任何情况下你都不能改变。任何道路都只是一条路。如果你的心告诉你应该离开这条路，那么你或者任何人离开它都没有什么可耻的。但是不管你是沿着这条路走下去，还是背离这条路，都不应该受恐惧和欲念的控制。所以，我要告诉你：对每一条路都要仔细端详、认真考虑。如果你认为有必要，尽可以在路上多试几次深浅。最后问问你自己，只问你一个人，一个问题：对这条路有没有感情？所有道路都一样，都通向无有之乡，区别只是有的从灌木丛中穿过，有的从灌木丛下绕过，有的陷入灌木丛中，走不出来。所以对一条路有没有情感是唯一重要的问题。有便是好路，没有便是无用的路。”① 教育和道德教育领域永远是个开放而富有魅力的领域，永远充满着未知与可能，永远召唤着人们去洞察，去体悟，去探险，去耕耘。我们对教育和道德教育问题的探讨，对教育和道德教育中“真理”的追思，对生活和教育中“智慧”的守护，对人性中“美好”因素的追寻，只能是在无数多的可能中摸索前行，曲折前行，甚至还会常常面临追思的偏离甚或背离！而这一追思的过程也就是从未知进入更大的未知，从困惑进入更大的困惑的过程。追思永远是开放的，永远是无止境的，也永远是有意义的。研究的过程决不可能轻松，亦不可能随意，而应怀着一份执著，一份虔诚。作为每一个真正关心并乐意致力于教育的研究者，永远不能放弃这一神圣的职责，亦不应逃避追思的痛苦与艰辛，以及思而有所得后的愉悦！

① ［美］巴士卡里雅：《爱和生活》，顿珠桑译，生活·读书·新知三联书店1988年版，第82—83页。

附　　录

附录一　中国《公民道德建设实施纲要》

一　公民道德建设的重要性

1. 社会主义道德建设是发展先进文化的重要内容。在新世纪全面建设小康社会，加快改革开放和现代化建设步伐，顺利实现第三步战略目标，必须在加强社会主义法制建设、依法治国的同时，切实加强社会主义道德建设、以德治国，把法制建设与道德建设、依法治国与以德治国紧密结合起来，通过公民道德建设的不断深化和拓展，逐步形成与发展社会主义市场经济相适应的社会主义道德体系。这是提高全民族素质的一项基础性工程，对弘扬民族精神和时代精神，形成良好的社会道德风尚，促进物质文明与精神文明协调发展，全面推进建设有中国特色社会主义伟大事业，具有十分重要的意义。

2. 党的十一届三中全会特别是十四大以来，随着改革开放和现代化建设事业的深入发展，社会主义精神文明建设呈现出积极健康向上的良好态势，公民道德建设迈出了新的步伐。爱国主义、集体主义、社会主义思想日益深入人心，为人民服务精神不断发扬光大，崇尚先进、学习先进蔚然成风，追求科学、文明、健康生活方式已成为人民群众的自觉行动，社会道德风尚发生了可喜变化，中华民族的传统美德与体现时代要求的新的道德观念相融合，成为我国公民道德建设发展的主流。

但是，我国公民道德建设方面仍然存在着不少问题。社会的一些领域和一些地方道德失范，是非、善恶、美丑界限混淆，拜金主义、享乐主义、极端个人主义有所滋长，见利忘义、损公肥私行为时有发生，不讲信用、欺骗欺诈成为社会公害，以权谋私、腐化堕落现象严重存在。这些问题如果得不到及时有效解决，必然损害正常的经济和社会秩序，损害改革发展稳定的大局，应当引起全党全社会高度重视。

3. 加强公民道德建设是一项长期而紧迫的任务。面对社会经济成分、组织形式、就业方式、利益关系和分配方式多样化的趋势，面对全面建设小康社会，人民群众的精神文化需求不断增长，面对世界范围各种思想文化的相互激荡，道德建设有许多新情况、新问题和新矛盾需要研究解决。必须适应形势发展的要求，抓住有利时机，巩固已有成果，加强薄弱环节，积极探索新形势下道德建设的特点和规律，在内容、形式、方法、手段、机制等方面努力改进和创新，把公民道德建设提高到一个新的水平。

二　公民道德建设的指导思想和方针原则

4. 根据党在社会主义初级阶段的历史任务，当前和今后一个时期，我国公民道德建设的指导思想是：以马克思列宁主义、毛泽东思想、邓小平理论为指导，全面贯彻江泽民同志“三个代表”重要思想，坚持党的基本路线、基本纲领，重在建设、以人为本，在全民族牢固树立建设有中国特色社会主义的共同理想和正确的世界观、人生观、价值观，在全社会大力倡导“爱国守法、明礼诚信、团结友善、勤俭自强、敬业奉献”的基本道德规范，努力提高公民道德素质，促进人的全面发展，培养一代又一代有理想、有道德、有文化、有纪律的社会主义公民。

5. 坚持社会主义道德建设与社会主义市场经济相适应。要充分发挥社会主义市场经济机制的积极作用，不断增强人们的自立意识、竞争意识、效率意识、民主法制意识和开拓创新精神。正确运用物质利益原则，反对只讲金钱、不讲道德的错误倾向，在实践中确立与社会主义市场经济相适应的道德观念和道德规范，为改革开放和现代化建设提供强大的精神动力与思想保证。

6. 坚持继承优良传统与弘扬时代精神相结合。要继承中华民族几千年形成的传统美德，发扬我们党领导人民在长期革命斗争与建设实践中形成的优良传统道德，积极借鉴世界各国道德建设的成功经验和先进文明成果，在全社会大力宣传和弘扬解放思想、实事求是，与时俱进、勇于创新，知难而进、一往无前，艰苦奋斗、务求实效，淡泊名利、无私奉献的时代精神，使公民道德建设既体现优良传统，又反映时代特点，始终充满生机与活力。

7. 坚持尊重个人合法权益与承担社会责任相统一。要保障公民依法享有政治、经济、文化、社会生活等各方面的民主权利，鼓励人们通过诚实劳动和合法经营获取正当物质利益。引导每个公民自觉履行宪法和法律规定的各项义务，积极承担自己应尽的社会责任。把权利与义务结合起来，树立把国家和人民利益放在首位而又充分尊重公民个人合法利益的社会主义义利观。

8. 坚持注重效率与维护社会公平相协调。要把效率与公平的统一作为社会主义道德建设的重要目标，在全社会形成注重效率、维护公平的价值观念。把效率与公平结合起来，使每个公民既有平等参与机会又能充分发挥自身潜力，促进经济发展，保持社会稳定。

9. 坚持把先进性要求与广泛性要求结合起来。要从实际出发，区分层次，着眼多数，鼓励先进，循序渐进。积极鼓励一切有利于国家统一、民族团结、经济发展、社会进步的思想道德，大力倡导共产党员和各级干部带头实践社会主义、共产主义道德，引导人们在遵守基本道德规范的基础上，不断追求更高层次的道德目标。

10. 坚持道德教育与社会管理相配合。要广泛进行道德教育，普及道德知识和道德规范，帮助人们加强道德修养。建立健全有关法律法规和制度，把公民道德建设融于科学有效的社会管理之中。逐步完善道德教育与社会管理、自律与他律相互补充和促进的运行机制，综合运用教育、法律、行政、舆论等手段，更有效地引导人们的思想，规范人们的行为。

三　公民道德建设的主要内容

11. 从我国历史和现实的国情出发，社会主义道德建设要坚持以为人民服务为核心，以集体主义为原则，以爱祖国、爱人民、爱劳动、爱科学、爱社会主义为基本要求，以社会公德、职业道德、家庭美德为着力点。在公民道德建设中，应当把这些主要内容具体化、规范化，使之成为全体公民普遍认同和自觉遵守的行为准则。

12. 为人民服务作为公民道德建设的核心，是社会主义道德区别和优越于其他社会形态道德的显著标志。它不仅是对共产党员和领导干部的要求，也是对广大群众的要求。每个公民不论社会分工如何、能力大小，都能够在本职岗位，通过不同形式做到为人民服务。在新的形势下，必须继续大张旗鼓地倡导为人民服务的道德观，把为人民服务的思想贯穿于各种具体道德规范之中。要引导人们正确处理个人与社会、竞争与协作、先富与共富、经济效益与社会效益等关系，提倡尊重人、理解人、关心人，发扬社会主义人道主义精神，为人民为社会多做好事，反对拜金主义、享乐主义和极端个人主义，形成体现社会主义制度优越性、促进社会主义市场经济健康有序发展的良好道德风尚。

13. 集体主义作为公民道德建设的原则，是社会主义经济、政治和文化建设的必然要求。在社会主义社会，人民当家作主，国家利益、集体利益和个人利益根本上的一致，使集体主义成为调节三者利益关系的重要原则。要把集体主义精神渗入社会生产和生活的各个层面，引导人们正确认识和处理国家、集体、个人的利益关系，提倡个人利益服从集体利益、局部利益服从整体利益、当前利益服从长远利益，反对小团体主义、本位主义和损公肥私、损人利己，把个人的理想与奋斗融入广大人民的共同理想和奋斗之中。

14. 爱祖国、爱人民、爱劳动、爱科学、爱社会主义作为公民道德建设的基本要求，是每个公民都应当承担的法律义务和道德责任。必须把这些基本要求与具体道德规范融为一体，贯穿公民道德建设的全过程。要引导人们发扬爱国主义精神，提高民族自尊心、自信心和自豪感，以热爱祖国、报效人民为最大光荣，以损害祖国利益、民族尊严为最大耻辱，提倡学习科学知识、科学思想、科学精神、科学方法，艰苦创业、勤奋工作，反对封建迷信、好逸恶劳，积极投身于建设有中国特色社会主义的伟大事业。

15. 社会公德是全体公民在社会交往和公共生活中应该遵循的行为准则，涵盖了人与人、人与社会、人与自然之间的关系。在现代社会，公共生活领域不断扩大，人们相互交往日益频繁，社会公德在维护公众利益、公共秩序，保持社会稳定方面的作用更加突出，成为公民个人道德修养和社会文明程度的重要表现。要大力倡导以文明礼貌、助人为乐、爱护公物、保护环境、遵纪守法为主要内容的社会公德，鼓励人们在社会上做一个好公民。

16. 职业道德是所有从业人员在职业活动中应该遵循的行为准则，涵盖了从业人员与服务对象、职业与职工、职业与职业之间的关系。随着现代社会分工的发展和专业化程度的增强，市场竞争日趋激烈，整个社会对从业人员职业观念、职业态度、职业技能、职业纪律和职业作风的要求越来越高。要大力倡导以爱岗敬业、诚实守信、办事公道、服务群众、奉献社会为主要内容的职业道德，鼓励人们在工作中做一个好建设者。

17. 家庭美德是每个公民在家庭生活中应该遵循的行为准则，涵盖了夫妻、长幼、邻里之间的关系。家庭生活与社会生活有着密切的联系，正确对待和处理家庭问题，共同培养和发展夫妻爱情、长幼亲情、邻里友情，不仅关系到每个家庭的美满幸福，也有利于社会的安定和谐。要大力倡导以尊老爱幼、男女平等、夫妻和睦、勤俭持家、邻里团结为主要内容的家庭美德，鼓励人们在家庭里做一个好成员。

四　大力加强基层公民道德教育

18. 提高公民道德素质，教育是基础。要紧紧抓住影响人们道德观念形成和发展的重要环节，通过家庭、学校、机关、企事业单位和社会各方面，坚持不懈地在全体公民中进行道德教育，把建设有中国特色社会主义的思想观念和道德要求，不断灌注到全体党员和干部群众的头脑之中，使人们懂得什么是对的，什么是错的，什么是可以做的，什么是不应该做的，什么是必须提倡的，什么是坚决反对的。

19. 家庭是人们接受道德教育最早的地方。高尚品德必须从小开始培养，从娃娃抓起。要在孩子懂事的时候，深入浅出地进行道德启蒙教育；要在孩子成长的过程中，循循善诱，以事明理，引导其分清是非、辨别善恶。要在家庭生活中，通过每个成员良好的言行举止，相互影响，共同提高，形成好的家风。

20. 学校是进行系统道德教育的重要阵地。各级各类学校必须认真贯彻党的教育方针，全面推进素质教育，把教书与育人紧密结合起来。要科学规划不同年龄学生及各学习阶段道德教育的具体内容，坚持贯彻学生日常行为规范，加强校纪校风建设。要发挥教师为人师表的作用，把道德教育渗透到学校教育的各个环节。要组织学生参加适当的生产劳动和社会实践活动，帮助他们认识社会、了解国情，增强社会责任感。

21. 机关、企事业单位是对公民进行道德教育的重要场所。各类机关、企事业单位应当从自己的实际出发，有计划、有重点地抓好道德教育。要把道德特别是职业道德作为岗前和岗位培训的重要内容，帮助从业人员熟悉和了解与本职工作相关的道德规范，培养敬业精神。要把遵守职业道德的情况作为考核、奖惩的重要指标，促使从业人员养成良好的职业习惯，树立行业新风。

22. 社会是进行公民道德教育的大课堂。党政各部门、社会各方面以及城市社区、农村基层组织在公民道德教育中，有着义不容辞的责任。要结合各自的工作职能，运用多种形式和手段，大力宣传基本道德知识、道德规范和必要礼仪，使之家喻户晓、人人皆知。要积极开发优秀民族道德教育资源，利用各种爱国主义教育基地，进行历史和革命传统教育。要不断充实富有时代特色的道德教育内容，推广群众易于接受的各种教育方式。各类市民学校、职工学校、民工学校、农民夜校、家政学校等，要通过编写和运用通俗易懂的简明教材，对公民进行道德教育。

23. 家庭、学校、机关、企事业单位和社会在公民道德教育方面各有侧重、各有特点，是相互衔接、密不可分的统一整体。必须把家庭教育、学校教育、单位教育和社会教育紧密结合起来，相互配合，相互促进。要突出加强社会教育，巩固家庭教育、学校教育、单位教育的成果，促进公民道德教育的深化。

五　深入开展群众性的公民道德实践活动

24. 公民道德建设的过程，是教育和实践相结合的过程。以活动为载体，吸引群众普遍参与，是新形势下加强公民道德建设的重要途径。每个公民既是道德建设过程的参与者，也是道德建设成果的受益者，要坚持在各种类型的群众性精神文明创建活动中突出思想内涵，强化道德要求，使人们在自觉参与中思想感情得到熏陶，精神生活得到充实，道德境界得到升华。

25. 以“讲文明树新风”为主题的创建文明城市、文明村镇、文明行业活动，各级党政机关开展的创先争优、依法行政、公正执法、做人民满意公务员活动，以及社会各界组织的“希望工程”、“送温暖”、“志愿者”、“手拉手”、“幸福工程”、“春蕾计划”、“扶残助残”等公益活动，覆盖面广、参与人数多，对公民道德建设有着深刻的影响。要在各项创建活动中充分体现社会公德、职业道德、家庭美德的内容，明确具体标准，制定落实措施，力求取得实效。

26. 建国以来特别是改革开放和社会主义现代化建设中涌现出来的先进集体、先进人物，是实践社会主义道德的榜样。要广泛开展向先进典型学习的活动，善于发现和运用先进典型，树立可亲、可敬、可信、可学的道德楷模，让广大群众学有榜样、赶有目标、见贤思齐，从先进典型的感人事迹和优秀品质中受到鼓舞、汲取力量，使先进典型的高尚情操成为社会的共同财富。

27. 各种重要节日、纪念日，蕴藏着宝贵的道德教育资源。要利用“五四”、“七一”、“八一”、“十一”等革命节日，“三八”、“五一”、“六一”等国际性节日，以及民间传统节日和重大历史事件、历史人物纪念日等，举行形式多样的群众性庆祝、纪念活动，使人们在集体聚会、合家团圆的同时，增强对祖国、对家乡、对自然、对生活的热爱，陶冶道德情操。

28. 开展必要的礼仪、礼节、礼貌活动，对规范人们的言行举止，有着重要的作用。要提倡在重要场所和重大活动中升国旗、唱国歌，开展入队、入团、入党宣誓、成人仪式以及各种形式的重礼节、讲礼貌、告别不文明言行等活动，引导公民增强礼仪、礼节、礼貌意识，不断提高自身道德修养。

29. 各种道德实践活动源于基层、扎根群众，反映了人民群众对美好生活的向往和追求，有着强大的生命力。要因势利导，发挥基层组织和群众团体的骨干作用、先进典型和先进单位的带动作用、广大群众的主体作用，坚持从具体事情做起、从群众最关心的事情抓起，使道德实践活动与各项业务工作紧密结合，贴近基层、贴近群众、贴近生活，防止和克服形式主义，促进公民道德建设稳步向前发展。

六　积极营造有利于公民道德建设的社会氛围

30. 大众传媒、文学艺术以及体育活动，对公民道德建设有着特殊的渗透力和影响力。一切思想文化阵地、一切精神文化产品，都要宣传科学理论、传播先进文化、塑造美好心灵、弘扬社会正气、倡导科学精神，大力宣传体现时代精神的道德行为和高尚品质，激励人们积极向上，追求真善美；坚决批评各种不道德行为和错误观念，帮助人们辨别是非，抵制假恶丑，为推进公民道德建设创造良好的舆论文化氛围。

31. 广播、电视、报纸、刊物等大众媒体，要坚持团结稳定鼓劲、正面宣传为主，牢牢把握正确舆论导向，满腔热情地宣传两个文明建设中涌现出来的、反映新时期道德要求的新事物、新典型。要利用群众喜爱的名牌栏目，加强对社会普遍关注的道德热点问题的引导。要积极开展舆论监督，有力地批评背离社会主义道德的错误言行和丑恶现象。要发动群众参与，对具有典型意义的人和事展开讨论。计算机互联网作为开放式信息传播和交流工具，是思想道德建设的新阵地。要加大网上正面宣传和管理工作的力度，鼓励发布进步、健康、有益的信息，防止反动、迷信、淫秽、庸俗等不良内容通过网络传播。要引导网络机构和广大网民增强网络道德意识，共同建设网络文明。

32. 电影、电视剧、戏曲、音乐、舞蹈、美术、摄影、小说、诗歌、散文、报告文学等各类文艺作品的创作，要积极反映改革开放和现代化建设的火热生活，热情讴歌人民群众的开拓进取精神和良好道德风貌，以其独特形式和艺术魅力，给人以鼓舞、启迪和美的享受。要在各种文艺评论、评介、评奖中，把是否合乎社会主义道德作为一条重要标准。要加强对人们审美观念的引导，提倡高雅、健康的审美情趣。要坚决制止出版、播映、演出格调低下的作品和节目，依法打击反动、淫秽及各种非法出版物，让健康的文化产品占领思想文化阵地。要切实加强对娱乐服务场所的监督管理，严厉打击卖淫嫖娼、赌博、吸毒等社会丑恶现象。各种类型的商业性广告，要注意文化艺术品位，不得出现有损道德、有伤风化的内容。要大力提倡各种形式的社会公益广告，净化人们心灵，优化人文环境。各种类型的体育活动，要精心组织、加强引导，吸引群众参与，以健康向上、团结拼搏的氛围，激发人们的团队精神和爱国热情。

七　努力为公民道德建设提供法律支持和政策保障

33. 公民道德建设是一个复杂的社会系统工程，要靠教育，也要靠法律、政策和规章制度。必须综合运用各种手段，把提倡与反对、引导与约束结合起来，通过严格科学的管理，培养文明行为，抵制消极现象，促进扶正祛邪、扬善惩恶社会风气的形成、巩固和发展。

34. 加强社会主义法制，是公民道德建设健康发展的重要保证。要按照建设社会主义法治国家的要求，把道德建设与法制建设紧密结合起来。在认真抓好全民法制宣传教育的同时，加大执法力度，严厉打击危害社会的各种违法犯罪活动，维护正常经济秩序、公共秩序、生活秩序，为公民道德建设提供强有力的法律支持。

35. 各项经济、社会政策，对人们的价值取向、道德行为有着直接影响。各地区、各部门在制定政策时，不仅要注重经济和社会事业发展的需要，而且要体现社会主义精神文明和公民道德建设的要求。既要保护和支持所有通过正当、合法手段获取个人和团体利益的行为，又要提倡和奖励多为他人和社会作奉献、道德高尚的行为，防止和避免因具体政策的不当或失误给社会带来消极后果，为公民道德建设提供正确的政策导向。

36. 公民良好道德习惯的养成是一个长期、渐进的过程，离不开严明的规章制度。各地区、各部门、各行业和各基层单位在建立健全规章制度时，要充分体现相关的道德规范和具体要求。要把思想引导与利益调节、精神鼓励与物质奖励统一起来，加强督促检查，严格考核奖惩，确保各种行政规章以及道德守则和公约在实践中得到落实，为公民道德建设提供有效的制度保障。

八　切实加强对公民道德建设的领导

37. 各地区、各部门必须始终不渝地坚持“两手抓、两手都要硬”的方针，充分认识新形势下加强公民道德建设的重要性、艰巨性、长期性和紧迫性，把它作为一项十分重要的工作，放在突出位置，提供有利条件，下决心狠狠地抓，一天不放松地抓，从具体事情抓起。

38. 加强公民道德建设，共产党员和领导干部的模范带头作用十分重要。广大党员特别是各级领导干部要讲学习、讲政治、讲正气，牢记党的根本宗旨，努力改造主观世界，加强道德修养，自重、自省、自警、自励。要严格遵守党员领导干部廉洁从政的有关规定，清正廉洁，勤政为民，要求群众做到的自己首先做到，要求群众不做的自己坚决不做。要教育好自己的配偶和子女，管好身边的工作人员，自觉接受党组织和群众的监督，用良好的道德形象取信于民，带动广大群众进一步做好工作。

39. 推进公民道德建设，需要社会各方面的共同努力。各级宣传、教育、文化、科技、组织人事、纪检监察等党政部门，工会、共青团、妇联等群众团体以及社会各界，都应当在党委的统一领导下，各尽其责，相互配合，把道德建设与业务工作紧密结合起来，纳入目标管理责任制，制定规划，完善措施，扎实推进。要充分发挥各民主党派和工商联在公民道德建设中的作用。

40. 各级文明委和党委宣传部，在公民道德建设中担负着指导、协调、组织的具体职责。要深入实际，调查研究，了解新情况，分析新问题，及时发现、总结和推广群众创造的新鲜经验，探索道德建设规律，改进方式方法，指导面上工作。要在一定时期内，集中力量抓好若干社会影响大、示范作用强、受群众欢迎的实事，促进一些难点问题的解决。

附录二　美国《品德教育宣言》

我们有美德吗？如果没有的话，我们就处于一种悲惨的境地。没有任何理论上的控制，也没有任何形式的政府，能够保证我们的安全。设想任何形式的政府在其人民没有美德的情况下能保证自由或幸福，那只能是一种空想。

——［美］詹姆斯·麦迪逊（James Madison）

只在智力而不在道德上教育一个人，就等于为社会培养危险品。

——［美］西奥多·罗斯福（Theodore Roosevelt）

1996年1月23日，克林顿总统在一年一度的美国总统国情咨文演说中发出紧急呼吁："我号召所有的学校进行品德教育，教授美德，培养好公民。"这回应了麦迪逊总统和罗斯福总统的担忧。

美国学校从创建之日起就有道德要求。然而，在过去的几十年中，学校和教师的道德权威已极大地衰退了。虽然许多教师正在努力工作，以推动学生在课堂上形成良好的品德，但是也有许多教师正在接收混杂和令人困惑的信息。试图通过价值澄清、道德情境和道德两难问题的讨论，来使价值与道德重新回到学校课程中的努力既无力又短暂，它们没有能加强年轻人的品德和行为。我们的学校往往拥护权利而牺牲责任，倡导自尊而牺牲自律。

日益增多的暴力、青少年自杀、少女怀孕和其他许多社会疾病，正在袭击着美国的年轻一代，我们为此感到痛心，我们建议学校和教师重新承担其品德教育者的责任。然而，学校不能独自承担这个责任，家庭、邻里和忠实的社区都必须共同承担这个任务。我们主张把我们对有关品德的呼吁的回应，作为国家真正的教育改革的开始。真正的品德教育也是个体学业上取得优秀、获得个人成功以及成为真正的公民所依赖的关键。它能从我们的学生、教员、全体职员和家长身上引出最好的一面。

我们，这些在下面签名的人，认为下面的指导原则应该是这次教育改革的核心。

1. 教育在其完整的意义上不可避免地是一项道德事业——不断地和有意识地努力引导学生，去了解并追求善的与有价值的东西。

2. 我们强烈地肯定父母是孩子最主要的道德教育者，并认为学校应该与家庭建立合作关系。因此，所有学校都有责任培养学生个人的和公民的美德，如诚实、勇敢、责任、勤奋、服务和尊重他人。

3. 品德教育就是发展美德——能够引导学生成为负责任的、成熟的成年人的良好习惯和性情。在品德教育中，美德应是我们最为关心的。品德教育并不是要获得正确的意见，如当前受到认可的对生态环境、学校中的祷告、性别、学校制服、政治或意识形态等的态度。

4. 学校校长和教师是这项事业的中心，他们必须经过教育、挑选并从思想上受到这一使命的鼓舞。事实上，学校中的所有成人都必须体现和反思家长与社会授予他们的道德权威。

5. 品德教育不是一门单一的课程、一项快速选定的教育计划或张贴在墙上的口号，它是学校生活的必要组成部分。学校必须成为美德团体，在那里责任、勤奋、诚实与善良等美德被示范和教授，为人们所期望和欢迎，并不断地被实践。从教室到运动场，从餐厅到教员室，良好品德的形成必须成为关注的中心。

6. 人类社会储积着大量的道德智慧，其中有许多存在于经典故事、艺术品、文学、历史作品和传记中。教师必须和学生一起从这个道德智慧的宝库中汲取能量，不仅在课程之中，也要在课程之外。

7. 最后，年轻人需要意识到塑造自己的品德是一项基本且必要的生活任务。他们在学校的全部经历——成功的和失败的，学业上的和身体上的，心智的和社交的经历，都为这项个人的任务提供了大量素材。

品德教育不是一种简单的教育潮流或学校的最新时尚，它是好教育的基本维度，也是对个体理智和精神发展的长远考虑。我们需要促使我们的学生动用其头脑、心灵和双手参与到自己的品德塑造中，帮助他们“知善、爱善和行善”。如果这样做了，我们美国将会真正成为一个有品德的国度，并确保“所有人的自由和公正”。

（资料来自凯文·瑞安、卡伦·博林：《在学校中培养品德》，苏静译，教育科学出版社 2010 年版）

参考文献

著作类

1. ［德］鲁道夫·奥伊肯：《生活的意义和价值》，万以译，上海译文出版社1997年版。

2. ［德］弗里德里希·包尔生：《伦理学体系》，何怀宏、廖申白译，中国社会科学出版社1988年版。

3. ［德］黑格尔：《法哲学原理》，范扬、张企泰译，商务印书馆1961年版。

4. ［德］康德：《道德形而上学原理》，苗力田译，上海人民出版社2002年版。

5. ［德］恩斯特·卡西尔：《人论》，甘阳译，上海译文出版社1985年版。

6. ［德］彼得·科斯洛夫斯基：《后现代文化——技术发展的社会文化后果》，毛怡红译，中央编译出版社1999年版。

7. ［德］马克斯·舍勒：《价值的颠覆》，刘小枫编，罗悌伦等译，生活·读书·新知三联书店1997年版。

8. ［德］M. 韦伯：《新教伦理与资本主义精神》，于晓等译，生活·读书·新知三联书店1987年版。

9. ［德］雅斯贝尔斯：《什么是教育》，邹进译，生活·读书·新知三联书店1991年版。

10. ［德］雅斯贝斯：《时代的精神状况》，王德峰译，上海译文出版社1997年版。

11. ［俄］别尔嘉耶夫：《人的奴役和自由》，徐黎明译，贵州人民出版设1994年版。

12. ［俄］别尔嘉耶夫：《论人的使命》，张百春译，学林出版社2000年版。

13. ［法］让-弗朗索瓦·利奥塔：《后现代道德》，莫伟民译，学林出版社2000年版。

14. ［法］卢梭：《爱弥儿》，李平沤译，商务印书馆1978年版。

15. ［法］萨特：《存在与虚无》，陈宣良译，生活·读书·新知三联书店1997年版。

16. ［法］萨特：《存在主义是一种人道主义》，周煦良等译，上海译文出版社1988年版。

17. ［法］涂尔干：《道德教育》，陈光金、沈杰等译，上海人民出版社2001年版。

18. ［古希腊］柏拉图：《理想国》，郭斌和、张竹明译，商务印书馆1986年版。

19. ［古希腊］亚里士多德：《尼各马可伦理学》，廖申白译注，商务印书馆2003年版。

20. ［古希腊］亚里士多德：《尼各马可伦理学》，苗力田译，中国社会科学出版社1990年版。

21. ［加］克里夫·贝克：《优化学校教育——一种价值的观点》，戚万学、赵文静等译，华东师范大学出版社2003年版。

22. ［加］克里夫·贝克：《学会过美好生活：人的价值世界》，詹万生译，中央编译出版社1997年版。

23. ［加］查尔斯·泰勒等：《消极自由有什么错》，达巍等编，文化艺术出版社2001年版。

24. ［加］查尔斯·泰勒：《自我的根源：现代认同的形成》，韩震等译，译林出版社2001年版。

25. ［加］查尔斯·泰勒：《现代性之隐忧》，程炼译，中央编译出版社2001年版。

26. ［美］艾德勒：《六大观念》，郗庆华、薛笙译，生活·读书·新知三联书店1991年版。

27. ［美］艾伦·布鲁姆：《走向封闭的美国精神》，缪青、宋丽娜等译，中国社会科学出版社1994年版。

28. ［美］黑泽尔·E. 巴恩斯：《冷却的太阳——一种存在主义伦理学》，万俊人等译，中央编译出版社1999年版。

29. ［美］丹尼尔·贝尔：《资本主义文化矛盾》，赵一凡、蒲隆等译，生活·读书·新知三联书店1989年版。

30. ［美］J. P. 蒂洛：《伦理学——理论与实践》，孟庆时译，北京大学出版社1985年版。

31. ［美］杜威：《民主主义与教育》，王承绪译，人民教育出版社2001年版。

32. ［美］弗朗西斯·福山：《历史的终结及最后之人》，黄胜强、许铭原译，中国社会科学出版社2003年版。

33. ［美］威廉·W. 弗兰克纳：《善的求索——道德哲学导论》，黄伟合等译，辽宁人民出版社1987年版。

34. ［美］A. J. 赫舍尔：《人是谁》，隗仁莲译，贵州人民出版社1994年版。

35. ［美］约翰·凯克斯:《为保守主义辩护》，应奇、葛水林译，江苏人民出版社 2003 年版。

36. ［美］约翰·凯克斯:《反对自由主义》，应奇译，江苏人民出版社 2003 年版。

37. ［美］柯尔伯格:《道德教育的哲学》，魏贤超等译，浙江教育出版社 2000 年版。

38. ［美］路易斯·拉思斯:《价值与教学》，谭松贤译，浙江教育出版社 2003 年版。

39. ［美］爱因·兰德:《新个体主义伦理观——爱因·兰德文选》，秦裕译，上海三联书店 1993 年版。

40. ［美］保罗·库尔茨:《保卫世俗人道主义》，余灵灵、杜丽燕等译，东方出版社 1996 年版。

41. ［美］约翰·罗尔斯:《正义论》，何怀宏、何包钢、廖申白译，中国社会科学出版社 1988 年版。

42. ［美］约翰·罗尔斯:《政治自由主义》，万俊人译，译林出版社 2000 年版。

43. ［美］阿拉斯戴尔·麦金太尔:《谁之正义？何种合理性?》，万俊人译，当代中国出版社 1996 年版。

44. ［美］A. 麦金太尔:《德性之后》，龚群、戴扬毅等译，中国社会科学出版社 1995 年版。

45. ［美］阿拉斯代尔·麦金太尔:《伦理学简史》，龚群译，商务印书馆 2003 年版。

46. ［美］C·赖特·米尔斯:《社会学的想像力》，陈强、张永强译，生活·读书·新知三联书店 2001 年版。

47. ［美］莱茵霍尔德·尼布尔:《道德的人与不道德的社会》，蒋庆等译，贵州人民出版社 1998 年版。

48. ［美］迈克尔·J. 桑德尔:《自由主义与正义的局限》，万俊人等译，译林出版社 2001 年版。

49. ［美］乔尔·斯普林格:《脑中之轮：教育哲学导论》，贾晨阳译，北京大学出版社 2005 年版。

50. ［美］列奥·施特劳斯:《政治哲学史》，李天然等译，河北人民出版社 1998 年版。

51. ［美］列奥·施特劳斯:《自然权利与历史》，彭刚译，生活·读书·新知三联书店 2003 年版。

52. ［美］列奥·施特劳斯:《霍布斯的政治哲学》，申彤译，译林出版社 2001 年版。

53. ［美］夸梅·安东尼·阿皮亚：《认同伦理学》，张容南译，译林出版社 2013 年版。

54. ［美］弗兰克·梯利：《伦理学导论》，何意译，广西师范大学出版社 2002 年版。

55. ［西］奥尔特加·加塞特《大众的反叛》，刘训练、佟德志译，吉林人民出版社 2004 年版。

56. ［英］齐格蒙特·鲍曼：《后现代伦理学》，张成岗译，江苏人民出版社 2003 年版。

57. ［英］齐格蒙·鲍曼：《生活在碎片之中——论后现代道德》，郁建兴等译，学林出版社 2002 年版。

58. ［英］齐格蒙·鲍曼：《现代性与大屠杀》，杨渝东、史建华译，译林出版社 2002 年版。

59. ［英］彼得斯：《道德发展与道德教育》，邬冬星译，浙江教育出版社 2000 年版。

60. ［英］以赛亚·伯林：《自由论》，胡传胜译，译林出版社 2003 年版。

61. ［英］约翰·格雷：《自由主义的两张面孔》，顾爱彬、李瑞华译，江苏人民出版社 2005 年版。

62. ［英］弗里德利希·冯·哈耶克：《自由秩序原理》，邓正来译，生活·读书·新知三联书店 1997 年版。

63. ［英］怀特海：《教育的目的》，徐汝舟译，生活·读书·新知三联书店 2002 年版。

64. ［英］约翰·怀特：《再论教育目的》，李永宏等译，教育科学出版社 1997 年版。

65. ［英］伊丽莎白·劳伦斯：《现代教育的起源和发展》，纪晓林译，北京语言学院出版社 1992 年版。

66. ［英］A. J. M. 米尔斯：《人的权利与人的多样性》，夏勇、张志铭译，中国大百科全书出版社 1995 年版。

67. ［英］约翰·密尔：《论自由》，许宝骙译，商务印书馆 1959 年版。

68. ［英］迈克尔·欧克肖特：《政治中的理性主义》，张汝伦译，上海译文出版社 2003 年版。

69. ［英］约翰·威尔逊：《道德教育新论》，蒋一之译，浙江教育出版社 2003 年版。

70. 何建华：《道德选择论》，浙江人民出版社 2000 年版。

71. 黄藿：《理性、德行与幸福——亚里士多德伦理学研究》，台湾学生书局 1996 年版。

72. 金生鈜：《德性与教化》，湖南大学出版社 2003 年版。

73. 金生鈜：《规训与教化》，教育科学出版社 2004 年版。

74. 刘小枫主编：《20 世纪西方宗教哲学文选》，上海三联书店 1991 年版。

75. 刘小枫主编：《施特劳斯与古典政治哲学》，上海三联书店 2002 年版。

76. 刘小枫、陈少明主编：《康德与启蒙——纪念康德逝世二百周年》，华夏出版社 2004 年版。

77. 刘小枫：《 拯救与逍遥》，上海三联书店 2001 年版。

78. 刘小枫：《刺猬的温顺》，上海文艺出版社 2002 年版。

79. 刘小枫：《现代性社会理论绪论》，上海三联书店 1998 年版。

80. 刘小枫：《沉重的肉身——现代性伦理的叙事纬语》，上海人民出版社 1999 年版。

81. 鲁洁：《超越与创新》，人民教育出版社 2001 版。

82. 鲁洁主编：《德育社会学》，福建教育出版社 1998 年版。

83. 鲁洁、王逢贤主编：《德育新论》，江苏教育出版社 2000 年版。

84. 萌萌编：《启示与理性——哲学问题：回归或转向》，中国社会科学出版社 2001 年版。

85. 万俊人：《现代性的伦理话语》，黑龙江人民出版社 2002 年版。

86. 万俊人：《现代西方伦理学史》，北京大学出版社 1992 年版。

87. 王敬华：《道德选择研究》，中国社会科学出版社 2008 年版。

88. 颜一编：《亚里士多德选集：政治学卷》，中国人民大学出版社 1999 年版。

89. 杨国荣：《伦理与存在——道德哲学研究》，上海人民出版社 2002 年版。

90. 张汝伦：《历史与实践》，上海人民出版社 1995 年版。

91. 赵汀阳：《论可能生活》，生活・读书・新知三联书店 1994 年版。

92. 赵汀阳：《人之常情》，辽宁人民出版社 1998 年版。

93. 赵汀阳：《一个或所有问题》，江西教育出版社 1998 年版。

94. 邹进：《现代德国文化教育学》，山西教育出版社 1992 年版。

95. 马克斯・范梅南：《教学机智——教育智慧的意蕴》，教育科学出版社 2001 年版。

96. 李佑新：《走出现代性道德困境》，人民出版社 2006 版。

97. 桑德尔：《公正：该如何做是好》，中信出版社 2011 年版。

论文类

1. 班华：《德育理念与德育改革——新世纪德育人性化走向》，《南京师范大学学报》（社会科学版）2000 年第 4 期。

2. 冯建军、周纯基：《自主选择性道德人格：主体道德教育的现实目标》，《内蒙古师范大学学报》(哲学社会科学版)2001 年第 6 期。

3. 蒋红斌:《论自主选择性道德人格的培养》,《教育评论》2000 年第 2 期。

4. 金生鈜:《现代性价值位移与现代人的道德困境》,《西北师范大学学报》(社会科学版)2003 年第 2 期。

5. 金生鈜:《德性教化乃是心灵转向》,《湖南师范大学教育科学学报》2002 年第 2 期。

6. 金生鈜:《教育哲学如何关涉美好生活》,《华东师范大学学报》(教育科学版)2002 年第 2 期。

7. 金生鈜:《教育的多元价值取向与公民培养》,《教育理论与实践》2000 年第 8 期。

8. 金生鈜:《质疑建国以来的道德教育规训》,《教育理论与实践》2001 年第 8 期。

9. 卢风:《道德选择、道德困境与“道德悖论”》,《哲学动态》2009 年第 9 期。

10. 鲁洁:《关系中的人:当代道德教育的一种人学探寻》,《教育研究》2002 年第 1 期。

11. 鲁洁:《教育的返本归真——德育之根基所在》,《华东师范大学学报》(教育科学版)2001 年第 4 期。

12. 鲁洁:《一个值得反思的教育信条:塑造知识人》,《教育研究》2004 年第 6 期。

13. 马晓燕:《道德教育应尊重学生的道德选择吗?》,《江西教育科研》2002 年第 4 期。

14. 潘正云、彭水生:《论价值选择》,《浙江大学学报》1994 年第 4 期。

15. 彭定光、左高山:《当代道德教育的困境和出路——访万俊人教授》,《现代大学教育》2003 年第 4 期。

16. 钱永祥:《我总是活在表层上》,《读书》1999 年第 7 期。

17. 万俊人:《道德谱系与知识镜像》,《读书》2004 年第 4 期。

18. 万俊人:《人为什么要有道德》(上、下),《现代哲学》2003 年第 1、2 期。

19. 王守纪:《重视选择 学会选择——后现代主义选择观给我们的启示》,《中国教育学刊》2002 年第 4 期。

20. 吴康宁:《教会选择:面向 21 世纪的我国学校道德教育的必由之路——基于社会学的视角》,《华东师范大学学报》(教育科学版)1999 年第 3 期。

21. 杨国荣:《道德系统中的德性》,《中国社会科学》2000 年第 3 期。

22. 张夫伟:《道德相对主义与学校道德教育》,《思想理论教育》2005 年第 5 期。

23. 张夫伟:《现代性语境中的道德教育》,《教育研究与实验》2009 年 6 期。

24. 张夫伟:《论现代大学德育的异化》,《江苏高教》2010 年第 1 期。

25. 张夫伟:《工具理性僭越的代价——工具化的道德教育》,《教育理论与实践》2007 年第 12 期。

26. 张夫伟:《工具理性视域中的道德教育》,《教育导刊》2007 年第 11 期。

27. 张夫伟:《道德教育: 自由选择与价值引导的二重变奏》, 《鲁东大学学报》2011 年第 4 期。

28. 张汝伦:《伯林与乌托邦》,《读书》1999 年第 7 期。

29. 张远山:《反道德的道德高标——子贡赎人》,《东方》2001 年第 10 期。

30. 赵汀阳:《我们和你们》,《哲学研究》2000 年第 2 期。

31. 周书俊:《自我选择的哲学意境》,《岭南学刊》2004 年第 1 期。

32. 余维武:《价值多元时代与道德选择、决断能力的培养》,《教育理论与实践》2010 年第 5 期。

外文类

1. Hannah. Arendt, *The Human Condition*, Chicago: University of Chicago Press, 1958.

2. Emile Durkheim, *The Evolution of Educational Thought*, London: Cambridge University Press, 1977.

3. Talor, C, *Multiculturalism and the Politics of Recognition*, New Jersey: Princeton University Press, 2002.

4. Rosalind Hursthouse, *On Virtue Ethics*, Oxford: Oxford University Press, 2001.

后　记

本书是在我的博士论文的基础上修改完成的。对于一个土生土长的农家子弟来说，没有想到自己能够上大学，也没有想到自己会接着读硕士、博士。对自己而言，读博士是荣耀，更是一种磨砺，一种激发，一种奋争；一次艰辛的跋涉，一次风雨的洗礼，一次观念的断裂，个中的酸甜苦辣只有亲历者才能有深刻体味。

在漫长的求学过程中，我总觉得自己是幸运的，碰到了许多好老师和好朋友，得到了他们真诚的关爱和无私的帮助。正是由于他们的关爱与帮助，我才得以顺利完成学业。

首先要感谢我的博士导师金生鈜教授。金老师做人的正直、治学的严谨、为师的宽厚，始终给我以潜移默化的影响。论文从选题、提纲的拟定，到论文的修改以至最终定稿，都凝聚着他的心血和智慧。值此拙著付梓之际，对导师的谆谆教诲与无私关爱，谨表衷心的谢意。

其次要真诚感谢参加我论文评阅和答辩的各位专家学者，他们是华东师范大学的叶澜教授、华中师范大学的王坤庆教授、北京师范大学的周作宇教授、南京师范大学的吴康宁教授、杨启亮教授、张新平教授、冯建军教授。还要感谢参与我论文开题并提出诸多建设性意见的南京师范大学的班华教授、张乐天教授和刘晓东教授。

再次要感谢金生鈜老师指导的众位师兄弟姐妹，尤其是两位师兄李长伟博士（现任教于山东师范大学教育学院）和曹永国博士（现任教于苏州大学教育学院）对我的无私帮助与激励。在南师随园读书求学的日子，最快乐的生活莫过于和众师兄弟姐妹学术沙龙上的唇枪舌剑，自由辩论，任思想和思绪任意驰骋。在这种自由交流和平等对话的过程中，对教育哲学的热情悄然生长，自己的研究素养也随之提高。

在此，还要真诚感谢那些在学生时代给我诸多启蒙与关爱的老师们，尤其要特别感谢与我亦师亦友的曲阜师范大学的柳士彬教授和宁波大学的吴黛舒教授，感谢他们对我学术与生活上的莫大支持与鼓励！正是他们的启蒙与引领使我的学术生涯和人生之路有了梦与理想，给我注入了生机与活力！而怀着梦与理想，我开启了自己的大学教育教学之旅，用激情和理性点燃同样追求梦与理想的莘莘学子们。

家人的关爱和牵挂一直是我生存和前进的动力。多年来一直在外求学和工作，从曲阜到南京，从南京到烟台，很少与家人团聚，反倒让母亲始终在为我牵肠挂肚。母亲对我没有什么要求，就是希望我过得健康快乐，而不是什么名与利，什么事业有成。爱人张红艳无论在工作中，还是在学业上都给予了太多的帮助、理解、支持，甚至牺牲了自己的一些自由和梦想。正是他们使我对生活充满了无限感激之情。

书稿虽已完成，我在感到如释重负的同时，更多的是对学术未达的惶恐。我深知由于自己的水平有限，书稿虽几经修改，仍存在诸多不足和遗憾，对于她的出版我至今仍惴惴不安。当然，研究与写作是一个艰难的过程，其取得的成果总会存在不完善的地方，需要在今后的学习和研究中进一步雕琢与完善。真诚地欢迎各位专家、同行和广大读者提出宝贵的意见和建议，以便促进我对问题认识的深化和细化。

张夫伟

2013年10月